Assistierter Suizid in Deutschland, BVerfGE 153, 182
als Ausgangspunkt für eine gesetzliche Neuregelung

Recht und Medizin

Bd./Vol. 141

Zur Qualitätssicherung und Peer Review der vorliegenden Publikation

Die Qualität der in dieser Reihe erscheinenden Arbeiten wird vor der Publikation durch Herausgeber der Reihe geprüft.

Notes on the quality assurance and peer review of this publication

Prior to publication, the quality of the work published in this series is reviewed by editors of the series.

Şule Karataş Görücü

Assistierter Suizid in Deutschland, BVerfGE 153, 182 als Ausgangspunkt für eine gesetzliche Neuregelung

PETER LANG

Bibliografische Information der Deutschen Nationalbibliothek
Die Deutsche Nationalbibliothek verzeichnet diese Publikation in der Deutschen Nationalbibliografie; detaillierte bibliografische Daten sind im Internet über http://dnb.d-nb.de abrufbar.

Diss., Ludwig-Maximilians-Universität München, 2022

D 19
ISSN 0172-116X
ISBN 978-3-631-89660-0 (Print)
E-ISBN 978-3-631-90062-8 (E-PDF)
E-ISBN 978-3-631-90063-5 (EPUB)
DOI 10.3726/b20763

Peter Lang – Berlin · Bern · Bruxelles · New York · Oxford · Warszawa · Wien

Diese Publikation wurde begutachtet.

www.peterlang.com

Abkürzungsverzeichnis

a. A.	anderer Ansicht
a. a. O	am angegebenen Ort
a. F.	alte Fassung
abl.	ablehnend
ABGB	Allgemeines Bürgerliches Gesetzbuch (Österreich)
Abs.	Absatz
Abschn.	Abschnitt(e)
ALR	Allgemeines Preußisches Landrecht
Art.	Artikel
AT	allgemeiner Teil
Aufl.	Auflage
Az.	Aktenzeichen
BayObLG	Bayerisches Oberstes Landesgericht
Bnd.	Band
BBGHZ	Entscheidungen des Bundesgerichtshofes in Zivilsachen
Bde.	Bände
Bearb.	Bearbeiter
Beschl.	Beschluss
BfArM	Bundesinstitut für Arzneimittel und Medizinprodukte
BGB	Bürgerliches Gesetzbuch
BGHFS	Bundesgerichtshof
BGHFSR	Rechtsprechung in Strafsachen
BGHFSSt	Entscheidungen des Bundesgerichtshofs in Strafsachen
BGHSt	Entscheidung des Bundesgerichtshofs in Strafsachen
BGHSZ	Entscheidungen des Bundesgerichtshofs in Zivilsachen
BGM	Bundesministerium für Gesundheit
BMG	Betäubungsmittelgesetz
BT	besonderer Teil
BT-Drucks.	Bundestagsdrucksache
BtM	Betäubungsmittel
BtMG	Betäubungsmittelgesetz
BGBl.	Bundesgesetzblatt
BGH	Bundesgerichtshof

BVerwG	Bundesverwaltungsgericht
BVerfG	Bundesverfassungsgericht
BVerfGE	Entscheidungen des Bundesverfassungsgerichts
BVerwGE	Entscheidungen des Bundesverwaltungsgerichts
bzw.	beziehungsweise
ca.	circa
d. h.	das heißt
ders.	derselbe
EGMR	Europäischer Gerichtshof für Menschenrechte
EMRK	Europäische Menschenrechtskonvention
entspr.	entsprechend
etc.	et cetera
f.	folgende
ff.	fortfolgende
h. L.	herrschende Lehre
h. M.	herrschende Meinung
Hrsg.	Herausgeber
hrsg. v.	herausgegeben von
krit.	kritisch
LG	Landgericht
LK	Leipziger Kommentar
MK	Münchener Kommentar
n. F.	neue Fassung
Nr.	Nummer
o. V.	ohne Verfasser
o. g.	oben genannt
OGHSt	Entscheidungen des Obersten Gerichtshofes für die britische Zone in Strafsachen
OLG	Oberlandesgericht
RGSt	Entscheidungen des Reichsgerichts in Strafsachen
Rn.	Randnummer
Rspr.	Rechtsprechung
S.	Seite
SelbstG	Selbstbestimmtes-Sterben-Gesetz
SelbstGE	Selbstbestimmtes-Sterben-Gesetz-Entwurf
StHD	Sterbehilfeverein Deutschland

StHG	Selbsttötungshilfegesetz
u. a.	und andere / unter anderem
usw.	und so weiter
VfGH	Österreichischer Verfassungsgerichtshof
vgl.	vergleiche
z. B.	zum Beispiel

Inhaltsverzeichnis

Vorwort

Die vorliegende Arbeit wurde im Juni 2022 als Dissertation an der Juristischen Fakultät der Ludwig-Maximilians-Universität München eingereicht. An dieser Stelle möchte ich allen danken, die zum Erfolg dieser Arbeit beigetragen haben.

Zunächst möchte ich mich bei meinem Doktorvater Professor Dr. Matthias Krüger für seine langjährige Betreuung und Unterstützung bedanken, die aufgrund der menschlichen und juristischen Komplexität des Themas und der unvorhersehbaren und bahnbrechenden Entscheidung des Bundesverfassungsgerichts nicht einfach war, und bei Professor Dr. Andreas Spickhoff für sein sorgfältiges Zweitgutachten.

Ebenso möchte ich dem Ministerium für nationale Bildung (Türkei) und den Professoren und Mitarbeitern der Istanbul Medeniyet Universität für das Postgraduiertenstipendium und ihre Unterstützung während des gesamten Prozesses danken. Ich möchte auch Professor Dr. Dr. hc. Hakan Hakeri, dem Gründungsdekan der juristischen Fakultät der Istanbul Medeniyet Universität, für seine persönliche Unterstützung danken.

Abschließend möchte ich meiner Familie meinen besonderen Dank für ihre ständige Unterstützung aussprechen.

München, November 2022
Şule Karataş Görücü

Einleitung

Jeder wird den Tod erleiden. Die unveränderliche Realität des Todes hat viele Philosophen dazu gebracht, über Leben und Tod nachzudenken. Einige, wie Seneca, haben sich umgebracht, denn wenn es um das Leben geht, war ihm Qualität wichtiger als Quantität. Einige, wie Kant, sehen den Suizid als Verletzung der Moral oder als Verstoß gegen den kategorischen Imperativ. Die semitischen Religionen betrachten den Suizid als Verstoß gegen den Willen Gottes und Verrat gegen das Leben, das Gott dem Menschen zur Bewahrung geschenkt hat. Durkheim betonte, dass Suizid ein soziologisches Problem sei. Sein Nachfolger Halbwachs stellte fest, es sei ein psychosoziales Problem. In diesem Zusammenhang versuchen zahlreiche Arbeiten seit Langem, das Unbekannte in dieser Hinsicht aufzudecken.

Das Thema Suizidhilfe und deren Legalisierung kann nicht getrennt vom Suizid betrachtet werden. Die Ideen darüber sind meistens miteinander verbunden. Deren Akzeptanz in der Gesellschaft ändert sich je nach Zeit, Ort, Kultur, moralischem Ansatz, Religion und demografischer Struktur. In diesem Sinne gehören Suizid und assistierter Suizid in Form einer Sterbehilfe zu den vielseitigen Themen, die interdisziplinär untersucht werden müssen. Diese Arbeit versucht daher, Suizid und assistierten Suizid in vielen Aspekten zu überprüfen. Im ersten Teil werden das Phänomen des Suizids und assistierter Suizid ausführlich diskutiert.

Albert Camus definiert Suizid als das einzig wirklich ernsthafte philosophische Problem. Man weiß nie, ob es wirklich das einzig ernsthafte Problem ist, aber man kann sagen, dass es ein zeitloses Problem ist. Laut der WHO sind die Suizidraten in den letzten 45 Jahren weltweit um 60 % gestiegen. Die Erforschung der Ursachen ist daher für die Suizidprävention von essenzieller Bedeutung. Aus diesem Grund behandelt die vorliegende Arbeit im ersten Kapitel auch die Gründe, warum Menschen Suizid begehen, und einige Strategien zu dessen Prävention.

Die Wörter oder Redewendungen, die für den Suizid häufig verwendet werden, sind in der Regel Maßstab für die Annehmbarkeit der Tat in der Gesellschaft. Die Legalisierung des assistierten Suizids ist eines der umstrittensten ethischen Dilemmata, da es persönliche, religiöse, psychologische, sozioökonomische, demografische, rechtliche und kulturelle Faktoren beinhaltet.

Die Beantwortung der Kernfragen wie, „Warum fragen Menschen nach Sterbehilfe, und warum begehen Menschen Suizid? Wie war dies im Wandel der

Geschichte? Hat die Entwicklung der Technologie etwas verändert? Soll der Staat die Menschen vor sich selbst schützen? Ist ein ‚*Werther-Effekt*' durch Medien möglich? Genügen die staatlichen Programme? Führt eine mögliche Legalisierung einen Dominoeffekt herbei? Kann dies ein gesetzliches Verbot verhindern? Wie ist die rechtliche Lage in Deutschland, und wie kann diese verbessert werden?" bildet ebenfalls die Schwerpunkte bei der Umsetzung eines Verbots oder einer Legalisierung der Sterbehilfe.

Nach intensiven Debatten im Bundestag ist 2015 das „*Gesetz zur Strafbarkeit der geschäftsmäßigen Förderung der Selbsttötung*" in Kraft getreten. Es wurde fünf Jahre später, im Jahr 2020, vom Bundesverfassungsgericht[1] aufgehoben. Das zweite Kapitel der Arbeit fasst dieses Gesetz, seine Alternativentwürfe und die Entscheidung des Bundesverfassungsgerichts zusammen und nimmt dazu Stellung.

Im dritten Kapitel dieser Arbeit geht es um rechtliche Aspekte des Themas. Zuerst wird der strafrechtliche Rahmen des Suizids und der Suizidhilfe im Lichte der neueren Rechtsprechung analysiert. Dieses Kapitel beinhaltet eine Bewertung der Entscheidung des BVerwG[2], wonach das BfArM in extremen Ausnahmesituationen die Erteilung einer Erwerbserlaubnis für Selbsttötungsmittel nicht verwehren darf. Diese Entscheidung erscheint unrechtmäßig.

Abschließend werden die Entwürfe von 19. und 20. Legislaturperiode zusammengefasst, die nach der Entscheidung des Bundesverfassungsgerichts entstanden sind. Die Verfassungsmassigkeit der Entwürfe wurde geprüft. In dieser Arbeit werden auch die Strafbestimmungen des BT-Drs 20/904 kommentiert. Diese Arbeit argumentiert, dass ein freier Suizid nicht verhindert werden sollte, und betont die Bedeutung eines kontrollierten und sicheren Prozesses bei der Suizidhilfe für die Gesellschaft und den Einzelnen. Dementsprechend sollte ein umfassendes Suizidhilfegesetz vorbereitet und Regelungen zur Rechtsstabilität im Strafgesetzbuch und im BtMG getroffen werden.

---

1 BVerfG, Urteil des Zweiten Senats vom 26. Februar 2020 - 2 BvR 2347/15.

2 BVerwGE 158, 142

Kapitel 1: Das Phänomen des Suizids

A. Thematischer Begriff des Suizids

Das Thema Suizid und seine Berücksichtigung in Bezug auf verschiedene moralische Konzepte ist so kontrovers, dass in der Geschichte eine Reihe verschiedener Wörter aufgetaucht sind. *Mors Voluntaria*, Selbstvernichtung, Hand-an-sich-Legen, Selbstentleibung, Selbstmord, Selbsttötung und Freitod sind nur einige der zahlreichen Bezeichnungen in der deutschen Sprache, um den unnatürlichen Tod zu beschreiben, wenn sich jemand selbst vorsätzlich das Leben nimmt.[3] Obwohl sie alle die Selbsttötung zum Ausdruck bringen, haben einige dieser Wörter einen einzigartigen Charakter in den Bereichen der Philosophie, der Religion und des Rechts erlangt, und es gibt darüber hinaus Nuancen davon.

Der Begriff *suicida* (Suizid), der von dem lateinischen *sui cidium* (Selbsttötung) bzw. *sui caedere* (sich töten) abgeleitet ist, wurde zum ersten Mal im Jahr 1177 erwähnt.[4] Das Wort wertet die suizidale Handlung neutral, und daher wird es häufig in der Wissenschaft mit dem Begriff Selbsttötung verwendet. Das älteste deutsche Wort „Selbstmord" (Mord an sich selbst) lässt sich auf die Mitte des 17. Jahrhunderts zurückverfolgen, während die erste Bezeichnung des eigenen Todes als Mord schon mindestens auf das 16. Jahrhundert zurückzuführen ist.[5] Wegen der Betonung der mörderischen Tat und somit der Rechtswidrigkeit, breitete sich die Verwendung des Wortes „Selbstmord" rasch aus. Denn die katholische Kirche und die Gesellschaft betrachteten die Handlung des Suizids zu dieser Zeit als illegitim.[6] Jedoch wurde der Begriff bereits im 17. und 18. Jahrhundert kritisiert.[7] Die Kritik des Wortes erscheint juristisch auch angemessen, weil die Selbsttötung nicht den Tatbestand eines deutschen Tötungsdelikts erfüllt.

Im letzten Jahrhundert haben sich sowohl Befürworter des Rechts auf Sterben und dessen Assistenz als auch die Verwendung des Begriffs *„Freitod"* verbreitet.

---

3 *Santos-Stubbe*, in: Metzler Lexikon, S. 285.

4 *Santos-Stubbe*, in: Metzler Lexikon, S. 285.

5 Siehe für die Zitate Deutsches Wörterbuch von *Jacob und Wilhelm Grimm*. 16 Bde. 1854–1961, Online-Version vom 16.10.2019, S. 485 f.; Siehe auch *Lind*, Selbstmord in der frühen Neuzeit, S. 19.

6 *Santos-Stubbe*, in: Metzler Lexikon, S. 285; *Nationaler Ethikrat*, Selbstbestimmung, S. 80.

7 *Lind*, Selbstmord in der frühen Neuzeit, S. 19.

Dieser Begriff stammt aus einer Kapitelüberschrift *„Vom freien Tode"* in Nietzsches Werk *„Also sprach Zarathustra"*.[8] Im Gegensatz zum Begriff des Selbstmords, wirkt die Bezeichnung Freitod positiv und unschädlich und deutet auf eine freiverantwortliche Entscheidung des Suizidenten hin.

I. Erscheinungsformen von Suiziden

Ein Suizidentschluss kann von verschiedenen biopsychosozialen Bedingungsfaktoren abhängen. Die Begrifflichkeiten im Sinne des Suizids wurden jedoch nicht einheitlich bestimmt und können nach unterschiedlichen Kriterien kategorisiert werden. Die Kategorien können im Gesetzgebungsprozess hilfreich sein, um mögliche Grenzen der Suizidhilfe zu definieren.

Erstens kann ein Suizid je nach Spontaneität der Entscheidung in zwei Formen eingeteilt werden. Bei spontanen Suiziden ist die rationale Abwägung von Lebensumständen meistens nicht vorhanden. Vielmehr handelt es sich um eine spontane Kurzschlusshandlung, die auf eine emotional sehr intensive Situation zurückzuführen ist. Im sogenannten „impulsiv reaktiven" Suizidzustand leiden diejenigen, die sterben wollen, unter einer geringen Frustrationstoleranz.[9]

Andererseits basieren nicht alle Suizidwünsche auf spontanen Gedanken. Zum Beispiel gibt es den psychologischen Begriff *„Bilanzsuizid"*[10], der von Alfred Hoche abgeleitet und von Peters genauer definiert wurde. Peters postuliert den Bilanzsuizid als eine *„überlegte Selbsttötung psychisch gesunder Personen als freie Willenshandlung. Die Bilanz des bisherigen Lebens und der gegenwärtigen Situation wird aufgerechnet~ als negativ befunden und als Konsequenz die Selbstvernichtung ausgeführt."*[11] Als Beispiel führt er die Situation einer älteren Person ohne Verwandte an, die an einer unheilbaren Krankheit leidet. Allerdings braucht man für den Bilanzsuizid nicht unbedingt unter einer unheilbaren Krankheit zu leiden. Laut Hoche liegt auch ein Bilanzsuizid in den Fällen vor, in denen Kassierer und Banker, die seit vielen Jahren ein gutes Leben mit ausländischen Geldern führen, immer ein Gift bei sich tragen, um zum Zeitpunkt der Verhaftung ihr Leben zu beenden.[12] Aus psychiatrischer Sicht ist zweifelhaft, ob es überhaupt

---

8 *Nietzsche*, Also sprach Zarathustra, S. 335.

9 *Neitzke, Coors et al.*, Ethik Med 2013, 349, 353.

10 *Hoche*, Vom Sterben, S. 212.

11 *Peters*, Wörterbuch der Psychiatrie, S. 345; andere Definierungsversuche bei *Stein*, Psychother Forum 2019, 81, 82; *Scobel*, Suizid-Freiheit oder Krankheit, S. 101; *Birnbacher*, Tod, S. 61.

12 *Hoche*, Vom Sterben, S. 212.

einen Bilanzsuizid geben kann, da in den meisten Fällen die Suizidalität ein instabiles und vorübergehendes Gefühl ist.[13] Es wurde sogar behauptet, dass der Todestrieb als nicht normal angesehen werden sollte, sondern als psychopathologische Zeichnung.[14] Demnach basiert jede Suizidhandlung auf einer psychisch krankhaften Entscheidung und sollte daher als unfrei eingestuft werden.[15] Dies führt zu dem Konzept des Appell-Suizids, das dadurch gekennzeichnet ist, dass der Wunsch, Suizid zu begehen, nicht endgültig, sondern bedingt ist.[16] Suizidwille besteht, weil ein aktuelles Lebensproblem nicht allein gelöst werden kann. In diesem Szenario ist der Wunsch zu sterben ein Hilferuf.

Eine zweite Kategorie von Fragen basiert auf dem Kriterium, ob der Suizid eigenständig oder mit fremder Hilfe begangen wird. Hierbei stellt sich auch die wichtige Frage, ob es sich um eine Suizidbeihilfe im Sinne einer medizinisch bedingten Sterbehilfe handelt. Dieses Kriterium ist für die Bestimmung einer möglichen Haftung infolge eines erfolgreichen Suizids wichtig.

Drittens kann über die *„harten“* und *„weichen“* Suizidmethoden gesprochen werden. Zu den *„weichen“* Suizidmethoden gehören die Vergiftungen mit tödlichen Medikamenten und anderen Mitteln. Die härtere Methode beinhaltet eine autoaggressive Aktion und sogar brutales Verhalten gegen sich selbst. Die Befürworter einer Legalisierung der Suizidhilfe sind der Ansicht, dass die Legalisierung die Anzahl der Suizide verringern und die Auswahl härterer Methoden verhindern könne. Ein wichtiges Problem hierbei ist, dass es unmöglich ist, die Begriffe scharf voneinander zu trennen. Es gibt auch Fälle wie bei dem des Kassierers und des Bankers, die zeigen, dass ein Bilanzsuizid möglicherweise nicht endgültig ist, sondern ein Hilferuf mit einem bloßen appellativen Charakter.

---

13 *Klesse*, der Todeswunsch aus psychiatrischer Sicht, abrufbar unter: http://www.imabe.org/index.php?id=454, letzter Zugriff am 25.09.2021; *Ernst*, Exposé zu neueren epidemiologischen Studien, S.5; *Bringewat*, ZStW 1975, 623, 634 ff.; *Jellinek*, Allgemeine Staatslehre, S. 419; Bis 90 % suizidaler Handlungen entstehen wegen psychischer Erkrankung und Psychopathologie wie Depression, Schizophrenie oder Sucht: *Wolfersdorf*, Nervenheilkunde 2015, 451, 455.

14 *Ringel*, der Selbstmord, S. 133.

15 *Sonneck*, in: Suizid und Euthanasie, S. 77; *Ringel*, der Selbstmord - Appell an die anderen, S. 13. *Ringel* erklärte später im Vorwort zum Nachdruck desselben Buches, dass in vielen Fällen das präsuizide Syndrom von gesellschaftlichen und kulturellen Kreisen beigetragen wurde. zit. nach *Teising*, Suizidprophylaxe 1994, 26; Überblick bei *Gavela*, Ärztlich assistierter Suizid, S. 19; Überblick der Krankheitsthesen bei *Christ-Friedrich*, Suizidales Handeln, S. 78 ff.

16 *Neitzke, Coors et al.*, Ethik Med 2013, 349, 353.

Auch an einer unheilbaren Krankheit leidende alte Menschen ohne Angehörige begehen spontanen Suizid. Ein weiteres Problem besteht darin, dass die härteren und milderen Suizidmethoden gleichzeitig in einem Fall bestehen können, was die Bestimmung praktisch erschwert. Begriffsklärung und Kategorisierung sind in drei Punkten wichtig:

1) um die empirischen Daten korrekt zu halten und somit die Suizidraten bzw. Suizidbeihilfedaten richtig einzuschätzen,
2) die Gestaltung einer möglichen Verbotsnorm im Lichte empirischer Daten und die Bestimmung der Tatbestände einer Straftat,
3) eine Verhinderung der Auslegungsprobleme von Rechtsnormen in der Praxis.

Mit Statistiken lässt sich leicht feststellen, ob ein Thema soziale Probleme verursachen kann. Auf diese Weise hat die WHO gezeigt, dass Suizid ein weltweites Problem ist. Somit können die notwendigen Maßnahmen ergriffen werden. Die Daten aus anderen Ländern könnten daher helfen, um potenzielle Probleme in der Praxis zu erkennen und zu beseitigen.

In den deutschen juristischen Diskussionen stimmen die rechtlichen Folgen von Kriterien nicht überein. Nach dem abgeschafftem § 217 StGB bestand kein Unterschied zwischen der Beihilfe zum Suizid und Suizidbeihilfe im Sinne einer medizinisch bedingten Sterbehilfe. Das BVerwG ging in seiner letzten Entscheidung jedoch einen anderen Weg und sah einen Unterschied zwischen normaler Suizidbeihilfe und medizinisch bedingter Suizidbeihilfe vor. Nach seinem Urteil haben schwer und unheilbar kranke Menschen, die sich in extremer Notlage befinden, das Recht auf Sterben und dessen Umsetzung.

Letztendlich erkannte das BVerfG in seiner „bahnbrechenden" Entscheidung auch das Recht zu Sterben und das Recht, bei ihrer Umsetzung zu helfen, an. Dementsprechend hängt das Recht auf Sterben und seine Umsetzung nicht davon ab, ob die Suizidhandlung auf einem medizinischen Hintergrund beruht oder nicht. Das Urteil des BVerfG konzentriert sich vielmehr auf die Selbstbestimmung und Autonomie des Sterbenden. In Anbetracht dieses Urteils wird es noch wichtiger festzustellen, ob ein Suizid frei begangen wurde.

II. Freiverantwortlichkeit eines Suizids

In der rechtswissenschaftlichen Fachliteratur findet sich der Terminus „Bilanzsuizid" bei Diskussionen über die Möglichkeit eines freiverantwortlichen Suizids wieder. Es wird argumentiert, dass im Falle eines „bilanziellen Suizids" vor dem Hintergrund eines wirtschaftlichen oder persönlichen Notfalls die Rationalität der Suizidhandlung eher auf eine beibehaltene Fähigkeit zur Selbstbestimmung hinweist.[17] Diese Ansicht wird kritisiert, da die psychischen Symptome einer depressiven Stimmung manchmal vernachlässigt werden.[18]

Unter dem Einfluss psychiatrischer Ansichten wird in der Rechtsliteratur auch argumentiert, ob ein frei verantwortlicher Suizid möglich ist, da die Wahrnehmungsfähigkeit bei einem in verschobener Wertewelt lebenden Suizidenten beschränkt ist.[19]Andererseits wird behauptet, dass medizinisches Wissen im Strafrecht nicht einfach normiert werden kann.[20] Wie die Freiverantwortlichkeit zu bestimmen ist, war auch umstritten. Während der Bundesgerichtshof eine lange Zeit es vermieden hatte,[21] in dieser Angelegenheit Maßstäbe zu setzen, wurde es in der Lehre ausführlich besprochen. Ein Teil des Schrifttums schlug vor, dass das Exkulpationsregeln-Verantwortungsprinzip (z. B §§ 19, 20, 35 I StGB, § 3 JGG), das Maßstab für die Tötung/Verletzung eines anderen ist, doch nicht unmittelbar, sondern analog angewendet werden sollte.[22] Nach Exkulpationsregeln ist im Falle einer Fremdschädigung zu überprüfen, ob die strafrechtliche Verantwortung des Täters gemäß der jeweiligen Vorschriften auszuschließen ist, anders gesagt, ob der Fremdschädiger als Täter entschuldigt werden könnte.[23] Unter Beachtung dieser Regeln könne die Suizid-Entscheidung einer Geisteskranken (§ 20 StGB), eines Kindes (§ 19 StGB) oder eines unter den Voraussetzungen des § 35 I StGB Handelnden nicht als freiverantwortlich angenommen werden.[24] Dementsprechend kann die Teilnahme am Suizid nur

---

17 *Wessels*, StrR, BT I, Rn. 61.

18 *Fischer* StGB, Vor § 211 Rn. 29.

19 *Jähnke*, in: LK-StGB, Vor § 211 Rn. 27 f; *Gavela*, Ärztlich assistierter Suizid, S. 19; *Bringewat*, ZStW 1975, 623, 634, 637.

20 *Klinger*, Strafbarkeit, S. 69, 72; Chatzikostas, Disponibilität, S. 297 f.; *Frisch*, Tatbestandsmäßiges Verhalten, S. 158*; A.C. Fischer*, Mitwirkung, S. 57 f.

21 *Achenbach*, in: Über Tod, S. 137, 144; *Vöhringer*, Abgrenzung des § 216 StGB, S. 118, 121; *A.C. Fischer*, Mitwirkung, S. 49 f.*; Jähnke*, in: LK-StGB, Vor § 211 Rn. 25; *Schneider* in: MüKo StGB, Vor § 211 Rn. 37.

22 *Neumann* in: NK-StGB, Vor § 211 Rn. 64 f.; Vgl. *Roxin*, StR AT II, § 25, Rn. 139 ff.; *Roxin*, in: FS Dreher, S. 331, 346 ff.; *Roxin*, GA 2013, 313, 319 f.; *Beckert*, Suizidbeteiligung, S. 144 ff.; *Bottke*, Suizid, S. 248, 267; *Vöhringer*, Abgrenzung des § 216 StGB, S. 116, 118; *Magnus*, Patientenautonomie, S. 257; *Dölling*, in: FS Maiwald, S. 119, 123, 130; *Gallas*, JZ 1960, 686, 692; *Hirsch*, JZ 1979, 429, 432; *Jakobs*, StR AT, § 21 Rn. 97 f.; *Klinger*, Strafbarkeit, S. 86, 94; *Knauer* in: Spickhoff-MedR StGB, § 216 Rn. 5; *Schneider* in: MüKo StGB, Vor § 211 Rn. 38.

23 *Wessels/Beulke/Satzger*, StR AT, § 16 Rn. 778.

24 *Joecks/Jäger* in: Studienkommentar StGB, 12. Aufl. 2018, § 20 Rn. 3 ff.

bestraft werden, wenn der Suizid aufgrund der jugendlichen Unreife, einer psychischen Erkrankung, einer schweren psychischen Störung oder eines schweren Notfalls geschieht.[25] Diese liberale Sichtweise führt zu einer weitreichenden Straflosigkeit für die Suizidbeteiligung.[26]

Dennoch wird auch heute überwiegend angenommen, dass eine Einwilligungsfähigkeit (Einsichts- und Urteils-Steuerungsfähigkeit) des Suizidenten, vorhanden sein sollte.[27] Nach der Einwilligungslösung sollte die Suizidentscheidung, wie das Verlangen im Sinne von § 216 StGB, eine ernsthafte Entscheidung für den Tod sein.[28] Im Einklang damit muss nach dem Deutschen Juristentag, um einen Suizid als freiverantwortlich zu werten, die Entscheidung *„nicht auf einer voraussichtlich nur vorübergehenden Stimmung beruhend"* sein, sondern *„eine ausdrückliche oder sich aus den Umständen ergebende ernstliche Entscheidung"* vorhanden sein. Darüber hinaus sollte die Suizidfähigkeit nach den Maßstäben der §§ 20, 21 StGB beurteilt werden.[29] In diesem Zusammenhang ist zu erwähnen, dass sich jemand, der wegen einer Psychose (seelische Störung) sterbewilligen Menschen zur Selbsttötung verhilft, sich möglicherweise als Täter eines Totschlages nach § 212 StGB oder ggf. sogar Mordes nach § 211 StGB strafbar machen kann.[30] Im Schrifttum und in der Rechtsprechung wird argumentiert, dass in allen Fällen, in denen der Suizident eine seelische Störung oder Geisteskrankheit aufweist, eine Freiwilligkeit des Suizids nicht von vornherein ausgeschlossen ist.[31] Hier ist entscheidend, ob die Suizidentscheidung auf Defiziten der Willensbildung beruht. Dasselbe gilt, wenn der Suizident minderjährig ist. In diesem Fall muss überprüft werden, ob der Suizid-Entschluss infolge *„altersbedingt defizienter Entscheidungskompetenz"* gefasst wurde.[32]

---

25 *Schneider* in: MüKo StGB, Vor § 211 Rn. 38.

26 *Schneider* in: MüKo StGB, Vor § 211 Rn. 38.

27 *Kühl*, StR AT, Rn. 88; Vgl. *Jähnke*, in: LK-StGB, Vor § 211 Rn. 27 ff.; *Eser/Sternberg-Lieben* in: Schönke/Schröder StGB, Vor §§ 211 ff. Rn. 36; *Meyer*, Ausschluß der Autonomie, S. 230ff.; *Neumann*, in: NK-StGB, Vor § 211 Rn. 65; Vgl. auch *Hillenkamp*, JZ 2019, 1053, 1055.

28 *Rengier*, StR BT II, Rn. 4; *Momsen*, StR BT 1 § 1 Rn. 2..

29 Deutscher Juristentag, Beschlüsse des 66. deutschen Juristentages, S. 12.

30 *Roxin* in: Roxin/Schroth, Handbuch des MedStR, S. 75; *Koranyi/Verrel*, FPPK 2013, 273.

31 *Neumann* in: NK-StGB, Vor § 211 Rn 66; *Arzt, Weber, Heinrich et al.*, StR BT, S. 108; BGHSt, 32, 367.

32 *Neumann* in: NK-StGB, Vor § 211 Rn 66; BGHSt 19, 135, 137 überprüft die Möglichkeit eines freiverantwortlichen Suizids eines 16jährigen Mädchens.

Im Jahr 2019 hat der BGH mit einem Beschluss im Einklang mit der vorherrschenden Auffassung in der Lehre die Voraussetzungen für eine freiverantwortliche Selbsttötung bestimmt. Dementsprechend muss der Selbsttöter *„die natürliche Einsichts- und Urteilsfähigkeit“* für seinen Suizidentschluss haben, der Wille zum Suizid muss *„mangelfrei“* sein, und die Entscheidung muss eine *„innere Festigkeit“* aufweisen.[33] Laut BGH kann im Falle der *„Minderjährigkeit“* oder *„krankheits- sowie intoxikationsbedingter Defizite“* des Selbsttöters die Freiverantwortlichkeit des Suizids ausgeschlossen sein.[34] Darüber hinaus kann die Entscheidung zur Selbsttötung auch mangelbehaftet sein, wenn sie unter dem Einsatz von *„Zwang“*, *„Drohung“* oder *„Täuschung“* getroffen wird.[35] Ein Suizidentschluss ist auch dann mangelhaft, wenn er aus einer *„bloßen depressiven Augenblicksstimmung“* hervorgeht und daher nicht *„von innerer Festigkeit“* und *„Zielstrebigkeit“* getragen wird.[36]

2020 hat das BVerfG in ihrem endgültigen Urteil die Freiverantwortlichkeit des Suizids ausführlich erörtert. Es verwies auf andere Urteile, die besagen, dass bei der Beurteilung des Rechts auf Freiheit die tatsächliche Möglichkeit des freien Willens nicht ausgeschlossen werden kann.[37] Dementsprechend muss der Sterbewillige die Fähigkeit haben, seinen Willen *„frei und unbeeinflusst von einer akuten psychischen Störung“* zu formen, und in der Lage sein, auf diese Einsicht zu reagieren.[38] Darüber hinaus müssen dem Betroffenen tatsächlich alle für die Entscheidung relevanten Faktoren bekannt sein. Erforderlich ist, dass er über alle Informationen verfügt und die Vor- und Nachteile auf einer ausreichenden Bewertungsgrundlage realistisch abwägen kann.[39] Die Regeln, die für eine aufgeklärte Zustimmung auf einer medizinischen Behandlung benötigt werden, gelten hier als Grundsatz.[40] In diesem Sinne muss der Sterbewillige über alle

---

33 BGH, Urteil vom 03.07.2019 - 5 StR 393/18; BGH, Urteil vom 03.07.2019 - 5 StR 132/18.

34 BGH, Urteil vom 03.07.2019 - 5 StR 393/18; BGH, Urteil vom 03.07.2019 - 5 StR 132/18.

35 BGH, Urteil vom 03.07.2019 - 5 StR 393/18; BGH, Urteil vom 03.07.2019 - 5 StR 132/18.

36 BGH, Urteil vom 03.07.2019 - 5 StR 393/18; BGH, Urteil vom 03.07.2019 - 5 StR 132/18.

37 BVerfG, Urteil des Zweiten Senats vom 26. Februar 2020 – 2 BvR 2347/15 -, Rn. 241 Vgl. BVerfGE 58, 208, 224 f.; 128, 282,304 f.; 142, 313, 340 Rn. 76 ff.; 149, 293, 322 Rn. 74.

38 BVerfG, Urteil des Zweiten Senats vom 26. Februar 2020 – 2 BvR 2347/15 -, Rn. 241.

39 BVerfG, Urteil des Zweiten Senats vom 26. Februar 2020 – 2 BvR 2347/15 -., Rn. 242.

40 BVerfG, Urteil des Zweiten Senats vom 26. Februar 2020 – 2 BvR 2347/15 -, Rn. 242.

wesentlichen Umstände und Alternativen zum Suizid informiert werden.[41] Dies ist für die Bildung eines freien Willens notwendig. Der Sterbewillige muss in der Lage sein, seine Situation abzuwägen, nachdem er detaillierte Informationen über Optionen erhalten hat.[42]

Der freie Wille erfordert auch, dass die suizidale Person eine Entscheidung trifft, die frei von jeglichem Druck oder Einfluss ist.[43] Schließlich muss die Entscheidung eine gewisse *„Kontinuität im Herzen"* aufweisen, damit von einem freien Willen gesprochen werden kann. Dies ist vom Gericht mit den Begriffen *„Dauerhaftigkeit"* und *„innere Festigkeit"* erklärt worden.[44] Das Gericht stellte fest, dass die Suizidentscheidung auf sehr komplexen Motiven beruhte und oft ambivalent und veränderlich war.[45] Es verwies auf empirische Studien bezüglich in dieser Arbeit als *„spontan"* bezeichneten und laut der Bezeichnung des Gerichts auf *„kurzfristig gefasstem"* Suizidentschluss beruhenden Suizidversuchen. Demnach kommt es etwa in 80 bis 90 % der Fälle vor, dass die Menschen ihre Suizidversuche im Nachhinein bereuen.[46] Das Kriterium der Dauerhaftigkeit setzt voraus, dass sich der Suizidentschluss nicht aus „einer vorübergehenden Lebenskrise" begründet.[47]

Außerdem hat das BVerfG auf den Sachverständigen, die behaupten, dass die psychiatrische Erkrankung eine Gefahr für einen Suizidentschluss darstelle, verwiesen. Empirische Daten zeigten, dass 90 % der Suizidfälle auf psychiatrischen Krankheiten beruhten. In der Entscheidung wurde erwähnt, dass 40 oder 60 % hiervon durch Depressionen verursacht werden.[48] Darüber hinaus

41 BVerfGE 128, 282, 301.; BGHZ 102, 17, 22; 106, 391, 394; 168, 103, 108 Rn. 13. zitiert nach BVerfG, Urteil des Zweiten Senats vom 26. Februar 2020 – 2 BvR 2347/15-, Rn. 242.

42 BVerfGE 128, 282, 301; BGHZ 102, 17, 22; 106, 391, 394; 168, 103, 108 Rn. 13. zit. nach BVerfG, Urteil des Zweiten Senats vom 26. Februar 2020- 2 BvR 2347/15-, Rn. 242.

43 Für die Einwilligung in medizinische Maßnahmen BVerfGE 128, 282, 301 zit. nach BVerfG, Urteil des Zweiten Senats vom 26. Februar 2020- 2 BvR 2347/15-, Rn. 243.

44 BVerfG, Urteil des Zweiten Senats vom 26. Februar 2020- 2 BvR 2347/15, Rn. 244; Vgl. BGH. Urteil vom 3. Juli 2019- 5 StR 132/18-, NJW 2019, S. 3092, 3093 f.

45 BVerfG, Urteil des Zweiten Senats vom 26. Februar 2020 - 2 BvR 2347/15, Rn. 244.

46 BVerfG, Urteil des Zweiten Senats vom 26. Februar 2020 - 2 BvR 2347/15, Rn. 244.

47 Vgl. *Vollmann*, Selbstbestimmungsfähigkeit, 2008, S. 176, 180.; Vgl. auch BGH, Urteil vom 5. Dezember 1995 – XI ZR 70/95-, NJW 1996, S. 918 (919); *Cording/Saß*, Nervenarzt 2009, S. 1070, 1072 ff., zit nach BVerfG, Urteil des Zweiten Senats vom 26. Februar 2020- 2 BvR 2347/15, Rn. 246.

48 BVerfG, Urteil des Zweiten Senats vom 26. Februar 2020 – 2 BvR 2347/15, Rn. 245.

wurde erwähnt, dass 20 bis 25 % der Patienten mit Depressionen, die selbst von den Ärzten schwer zu diagnostizieren sind, nicht in der Lage seien, dem Suizid zuzustimmen.[49] Es wurde festgestellt, dass das Risiko einer Depression bei Patienten in fortgeschrittenem Alter höher ist und dass eine Depression bei diesen Patienten zu einem höheren Suizidbedürfnis führen kann.[50] Das BVerfG ist der Ansicht, dass eine unzureichende Aufklärung auch eine Bedrohung für einen selbstbestimmten Suizid darstellt.[51] Das BVerfG weist darauf hin, dass sachkundige Dritte der Ansicht sind, dass Suizidentscheidungen häufig auf der Grundlage unrealistischer Annahmen und Befürchtungen getroffen werden. In einer solchen Situation geben Patienten, die ausreichend über die Situation und die Behandlungsalternativen informiert sind, ihren Suizidwunsch auf, wenn sie das Problem erneut überdenken. Das BVerfG setzt daher zwangsläufig eine umfassende Beratung und Informationen zu möglichen Lösungen voraus, wenn von einem selbstbestimmten Suizid die Rede ist. Denn die freiverantwortliche Entscheidung, Suizid zu begehen, sollte auf einer realistischen und rationalen Bewertung der eigenen Situation beruhen und nicht auf falschen Bewertungen.[52]

Es ist unstreitig, dass, wenn der Suizident sich selbst als vorsatzloses Werkzeug benutzt und das Geschehen von einem Dritten beherrscht wird, die Selbsttötung nicht freiverantwortlich ist.[53] In diesem Fall kommt Fremdtötung in mittelbarer Täterschaft in Betracht, wie im berühmten Fall Sirius.[54] Der Suizid ist auch unfreiwillig, wenn sich der Suizident in einem Irrtum über den Erfolg der tödlichen Handlung befindet. Hier kann sich der Beteiligte am Suizid nach §§ 212, 211 StGB strafbar machen.[55]

---

49 Vgl. *Vollmann*, Selbstbestimmungsfähigkeit, S. 176; BGH, Urteil vom 5. Dezember 1995 – XI ZR 70/95 - NJW 1996, S. 918, 919; *Saß*, Nervenarzt 2009, 1070 (1072 ff.) zit. nach BVerfG, Urteil des Zweiten Senats vom 26. Februar 2020- 2 BvR 2347/15, Rn. 245.

50 BVerfG, Urteil des Zweiten Senats vom 26. Februar 2020- 2 BvR 2347/15, Rn. 245.

51 BVerfG, Urteil des Zweiten Senats vom 26. Februar 2020- 2 BvR 2347/15, Rn. 246.

52 BVerfG, Urteil des Zweiten Senats vom 26. Februar 2020- 2 BvR 2347/15, Rn. 246.

53 *Rengier*, StR BT II, § 8 Rn. 4; *KüpperBörner*, StR BT I, Rn 16; *Arzt, Weber, Heinrich et al.*, StR BT, S. 109.

54 BGH, Urteil vom 05.07.1983 - 1 StR 168/83, BGHSt 32, 38 ff.

55 *Neumann* in: NK-StGB, Vor § 211 Rn. 69; BGHSt 43, 177.

B. Sterbehilfe im Laufe der Zeit

I. Geschichte der Sterbehilfe

Der Begriff Euthanasie leitet sich aus den griechischen Wörtern *Eu* (gut) und *Thanatopsis* (Tod) her und bedeutet „guter Tod“ bzw. „sanftes und leichtes Sterben“.[56] Die ersten Hinweise auf den Begriff Euthanasie gehen auf das 4. und 3. Jahrhundert v. Chr. zurück, und es scheint, dass sie zuerst von griechischen Komödienschriftstellern wie Menander, Posidippus und Cratinus verwendet wurden, um ein leichtes und gutes Sterben nach einem genussvollen Leben zu beschreiben.[57]

Der erste aufgezeichnete Gebrauch des Wortes Euthanasie im Römischen Weltreich stammt von Suetonius, einem römischen Historiker, in seinem Werk *De Vita Caesarum - Divus Augustus* (*Die Leben der Caesaren - Der vergöttlichte Augustus*), der den Tod von Augustus Caesar beschreibt.[58] In der griechisch-römischen Antike wurde das Konzept der Euthanasie in verschiedenen Kontexten verwendet, deren wesentliche Bedeutungen wie folgt beschrieben werden können: ein leichter oder schneller Tod ohne vorherige Krankheit, ein Tod im Vollgenuss des Lebens, ein würdiges Sterben bzw. tugendhafter Suizid wie der Philosophentod des Sokrates (399 v. Chr.) und Senecas (65 n.Chr.), ein ehrenhafter Tod im Krieg.[59]

Nicht alle Philosophen schreiben der Sterbehilfe eine gute Bedeutung zu. Platon war gegen das, was heutzutage als aktive Sterbehilfe bezeichnet wird. In seinen Gesetzen[60] schlägt er allgemein vor, dass Ärzte mit dem Tode bestraft werden sollten, wenn sie durch die Verabreichung von Medikamenten zur Beendigung des Lebens beitragen.[61]

---

56 *Benzenhöfer*, Der gute Tod?, S. 9.

57 *Van Hooff*, Soc Sci Med 2004, 975.

58 *„Daraufhin entließ er alle, und während er sich bei dem eben aus Rom angekommenen Mas nach dem Beenden der kranken Tochter des Drusus erkundigte, starb er plötzlich unter den Küssen der Livia mit den Worten: Livia, bleibe lebendig in Gedanken an unsere Ehe, und lebe wohl! Ihm wurde ein leichter Tod (Euthanasie) zuteil und einer, wie er ihn sich immer gewünscht hatte.”* Siehe *Dunsch*, Philologus 2015, 327, 330.

59 *Benzenhöfer*, Der gute Tod?, S. 18; 21.

60 *Plato*, Laws VI. The Greeks, 80–81, Zeile: 993d. zit. nach *Papadimitriou, Skiadas s et al.*, JRSM 2007, 25, 26.

61 *Plato*, Phaedo. The Greeks, 70–3, Zeilen: 61c-62c. zit. nach *Papadimitriou, Skiadas s et al.*, JRSM 2007, 25, 26.

Mit der Ablösung der Scholastik durch die Renaissancephilosophie im 16. Jahrhundert berichtete in dieser Epoche Thomas Morus (1478–1535) in seinem bekannten Werk *„Utopia"* von der passiven und aktiven sowie der freiwilligen und unfreiwilligen Sterbehilfe.[62] Der bekannteste englische Renaissancedenker Francis Bacon (1561–1626) stellte in seinem Werk *„Euthanasie Medica"* die These auf, *„der Arzt solle nicht nur heilen, sondern die Qualen der Todeskrankheit mildern."*[63] Diese Erleichterung des Todes durch schmerzlindernde Medikamente (Euthanasie exterior) hebt er von der traditionalen Lehre *„Ars moriendi – Euthanasie interior"*, die Kunst des Sterbens, ab.[64]

In Deutschland erfolgte die geschichtliche Entwicklung moderner Sterbehilfediskurse in drei Phasen: die Phase des Beginns einer Debatte der Verrechtlichung um 1900, eine staatsrassistische Phase von den 1920er-Jahren bis zum Ende des Zweiten Weltkriegs und eine liberale Phase von den 1980er-Jahren bis heute.

Im ersten Viertel des 20. Jahrhunderts wurde eine Reihe von privaten Regelungsentwürfen veröffentlicht, die die kontrollierte Freigabe von Tötungen auf Verlangen vorsahen und mögliche Missbräuche durch Genehmigungsverfahren verhindern sollten.[65]

Durch den Ersten Weltkrieg und die daraus resultierenden Wirtschaftskrisen radikalisierten sich die Debatten und eskalierten zunehmend in der Frage, ob es Situationen gäbe, in denen der Tod eines Einzelnen sowohl für ihn selbst als auch für die Gesellschaft wünschenswert wäre.[66]

In Deutschland ist der Begriff Euthanasie sehr eng mit seinem Missbrauch im Nationalsozialismus und den in seinem Namen verübten Massakern verbunden.[67] Die Ermordung psychisch Kranker oder Erbkranker und rassisch Minderwertiger ohne Verlangen oder Zustimmung der Betroffenen wurde vom Staat arrangiert.[68] Im Sinne der Anordnung Adolf Hitlers ab 1939 wurden Reichsleiter

---

62 *Oduncu*, MedR 2005, 437, 438.

63 *Oduncu*, MedR 2005, 437, 438; *Oduncu*, in: Geschichte und Bedeutung des Begriffs Sterbehilfe, S. 229, 235.

64 *Schäfer*, Der Tod und die Medizin, S. 119; *Oduncu*, in: Geschichte und Bedeutung des Begriffs Sterbehilfe, S. 229, 232.

65 *Koch*, Invieweit ist aktive Sterbehilfe strafwürdig?, S. 142; s. *Gerkan*, Das monistische Jahrhundert 1913, 170 f.; *Elster*, ZStW, 1915, 595 f.; *Borchardt*, DStrZ 1922, 292 f.; *Pelckmann*, MschKrim 1923, 199f.

66 Vgl. *Lautenschläger*, Sterbehilfe aus den Jahren 1986 und 2005, S. 2.

67 *Grünberg*, Der Wert des Lebens?, S. 11; 25; *Fittkau/Gehring*, APuZ 2008, 25.

68 *Oduncu*, in: Geschichte und Bedeutung des Begriffs Sterbehilfe, S. 229, 234.

Bouhler und Dr. med. Brandt mit der Erweiterung der Befugnis, Ärzte zu bestimmen, beauftragt, wonach unheilbar Kranken der „*Gnadentod*" gewährt werden sollte.[69] Obwohl diese sogenannte „Aktion T4" offiziell 1941 endete, wurde die Euthanasie von Menschen mit Behinderung bis Ende des Zweiten Weltkrieg, zwar in geringerem Umfang, aber dennoch weitergeführt.[70] Dieser historischen Erfahrung folgte ein Widerstand in der Gesellschaft, der die Liberalisierung der Sterbehilfe in Deutschland verhinderte.

In den 1970er-Jahren begann in Europa die dritte Phase der Debatte um Sterbehilfe. In den 1980er-Jahren setzte in Deutschland der Verein „Deutsche Gesellschaft für humanes Sterben", unter dem Vorsitz von Hans-Hennig Attrott und Julius Hackethal, die öffentliche Debatte in Gang, die die Legalisierung der Sterbehilfe forderte.[71] 1986 gestaltete die Arbeitsgruppe einen Diskussionsentwurf für ein alternatives Sterbehilfegesetz, das den Behandlungsabbruch bei Patienten mit Langzeitkoma sowie bei schwerstgeschädigten Neugeborenen legalisieren sollte und das sowohl für die „Nichtverhinderung der Selbsttötung" als auch für die Tötung auf Verlangen bei einem unerträglichen, schweren Leidenszustand keine Strafe vorsah.[72] 1987 weigerten sich das Landgericht Traunstein sowie das Oberlandesgericht München, gegen Hackethal wegen „Tötung auf Verlangen" Verfahren einzuleiten, obwohl er Krebspatienten den Giftbecher (Kaliumcyanid) selbst an den Mund reichte.[73]

Seit der zweiten Hälfte des 20. Jahrhunderts haben neue Technologien und wissenschaftliche Entdeckungen eine rasch wachsende Zahl von biomedizinischen Eingriffen ermöglicht. Während die Entwicklung im medizinischen Bereich meistens gute Ergebnisse bringt, kann es auch negative Aspekte geben. Das Fortschreiten der Wissenschaft könnte zum Beispiel dazu führen, dass Menschen mit tödlichen Krankheiten mittels Technologie auf Intensivstationen am Leben gehalten werden, leider mit einer niedrigen Lebensqualität.[74] Aufgrund dieser Sorge wurden 2011 die Grundsätze der Bundesärztekammer zur ärztlichen Sterbebegleitung folgendermaßen ergänzt: „*Ein offensichtlicher Sterbevorgang soll nicht durch lebenserhaltende Therapien künstlich in die Länge gezogen*

69 *Oduncu*, in: Geschichte und Bedeutung des Begriffs Sterbehilfe, S. 229, 234; *P. Richter/ M. Rotzoll*, Nervenarzt 2010, 1326.

70 *Sofair/Kaldjian*, Ann Intern Med 2000, 312, 313f.; *Proctor*, Racial hygiene: Medicine under the Nazis, S. 181.

71 *Fittkau/Gehring*, APuZ 2008, 31

72 *Fittkau/Gehring*, APuZ 2008, 31.

73 *Fittkau/Gehring*, APuZ 2008, 31.

74 Vgl. *Schroth*, in: (Medizinisch) Assistierter Suizid, S. 157.

werden. Darüber hinaus darf das Sterben durch Unterlassen, Begrenzen oder Beenden einer begonnenen medizinischen Behandlung ermöglicht werden, wenn dies dem Willen des Patienten entspricht. Dies gilt auch für die künstliche Nahrungs- und Flüssigkeitszufuhr." Diese Ansätze gelten für die passive Sterbehilfe bzw. den Behandlungsabbruch, und sie sind in Europa meistens legal, trotz der religiösen Kontroverse.[75] Auf der anderen Seite ist in Europa eine organisierte aktive Sterbehilfe bis jetzt nur in Spanien und den Benelux-Staaten, nämlich den Niederlanden, Belgien und Luxemburg, und unter bestimmten Voraussetzungen erlaubt.[76] Die anderen Länder betrachten ein solches Vorgehen als Straftat, entweder als Totschlag, Mord oder Tötung auf Verlangen, obwohl deren ethische, medizinische und rechtliche Aspekte immer wieder diskutiert und von Pro-Sterbehilfe-Gesellschaften eine Legalisierung gewünscht wird.

II. Geschichte des Suizids und Beihilfe dazu

Felo de se bedeutet wörtlich „ein Verbrechen sich selbst gegenüber" und entspricht somit dem Wort Suizid. Üblicherweise wird jedoch für Suizid der Ausdruck sponte ex vita exire verwendet.[77] *Sponte ex vita exire* heißt wörtlich *„freiwillig aus dem Leben gehen"*.[78]

In der historischen Entwicklung der Sterbehilfe geschieht alles zwischen diesen zwei Konzepten. Im Gegensatz zu Platon und Aristoteles, die den Suizid verurteilten, lehrten die Anhänger der stoischen Schule, dass Suizid nicht nur zulässig, sondern auch tugendhaft sei.

Aristoteles beschrieb die Handlung der Selbsttötung als *„sich selbst Unrecht tun"*[79] und Platon widersetzt sich in Phaedo dem Selbsttöter, weil dies gegen den Willen der Götter und daher nicht erlaubt sei.[80] Ihm zufolge sollten Suiziden-ten als Strafe in nicht gekennzeichneten, abgelegenen Gräbern in verlassenen

75 Die Legalisierung variiert, manche Länder wie Deutschland halten es nur für möglich, wenn es dem den Patientenwillen entspricht. Während in Niederland passive Sterbehilfe als natürlicher Tod betrachtet wird, ist es in Polen ganz verboten. In Norwegen und Ungarn ist die rechtliche Situation nicht klar.

76 Belgien und Niederlande seit 2002 und Luxemburg seit 2009, Spanien seit 2021.

77 *Fletcher*, Morals and Medicine, S. 177; *Frewer*, Vorgänge 2006, 24f.

78 *Frewer*, in: Euthanasie als Sterbebegleitung?, S. 205, 212.

79 *Cooper*, Suicide and Euthanasia 1989, 9, 20.

80 *Plato,* Gorgias. The Greeks, 266–7; Zeile: 512a zit. nach *Papadimitriou, Skiadas s et al.*, JRSM 2007, 25, 27.

Gebieten begraben werden.[81] Der Gründer der stoischen Schule, Zeno, beschrieb Suizid auf der anderen Seite als vernünftig, wenn man vor schmerzhaftem Leiden fliehen müsse.[82] Später befürwortete Seneca die Rechtmäßigkeit des Suizids.[83] Der Ursprung des Strafgesetzes zum Suizid in Europa war das Edikt des heiligen Augustinus, das die Selbsttötung verdammte und im 5. Jahrhundert n. Chr. verkündet wurde. Im 7. Jahrhundert wurde Augustinus‘ Verdammnis der Selbsttötung in das kanonische Recht aufgenommen; im 10. Jahrhundert wurde der säkulare Staat beteiligt, indem er den Verlust der Güter bei einem Suizid einführte. Mit dem christlichen Einfluss in England und Wales war Suizid ein Verbrechen ab dem 13. Jahrhundert bis zum Suicide Act von 1961, der die Selbsttötung entkriminalisierte. Anders als das kanonische Recht hatte der weltliche Gesetzgeber in Deutschland bis ins Spätmittelalter keine Strafe für Selbsttöter geregelt: Weder der *„Sachsenspiegel“ (1230)*, der *„Schwabenspiegel“ (1275)*, die *„Constitutio Criminalis Bambergensis“ (1507)* noch die *„Constitutio Criminalis Carolina“ (1532)* sahen eine Strafe für die Selbsttötung vor.[84]

Gesetzeshistorisch war Suizid auch im Hinblick auf die Vorbilder des heutigen StGB, nämlich im preußischen StGB von 1851 und im Reichs-StGB von 1871, straflos.[85] Jedoch galt die Straffreiheit des Suizids nicht für die Beihilfe zum Suizid. § 834 des Allgemeinen Preußischen Landrechts (ALR) von 1794 lautet: *„Wer einen Andern auf dessen Verlangen tödtet, oder ihm zum Selbstmorde behülflich ist, hat 6- bis 10-jährige, und bei einer überwiegenden Verdachter, den Wunsch nach dem Tode bei einen Getödten selbst veranlaßt zu haben, lebenswierige Festungs- oder Zuchthausstrafe verwirkt.“*[86]

Obwohl Beihilfe zum Suizid nach dem Allgemeinen Preußischen Landrecht (ALR) unzulässig war, gab es am Ende des 18. Jahrhunderts eine ärztliche

81 The Loeb Classical Library. Aristotle. Nichomachean Ethics. Vol V, XIX. Cambridge Mass: Harvard University Press, 1982:253–322; lines 1116a, 1138a, 11–15 zit. nach *Papadimitriou, Skiadas et al.*, JRSM 2007, 25, 27.

82 *Haenel*, Suizidhandlungen, S. 6; *Geiger*, Der Selbstmord im klassichen Altertum, S. 16, 18.

83 *Haenel*, Suizidhandlungen, S. 6; *Geiger*, Der Selbstmord im klassichen Altertum, S. 20.

84 Vgl. *Rupp*, Das Recht auf den Tod, S. 7; *Piltz*, Der Suizid in der deutschsprachigen Erzählliteratur, S. 23.

85 *Henking*, JR 2015, 174.

86 § 834 des Allgemeinen Preußischen Landrechts (ALR) von 1794.

Bewegung, die das Sterben der Patienten erleichtern wollte, indem sie den Patienten gegen Schmerzen oder Sterbensangst Medikamente oder auch Opium gaben.[87]

Im 19. Jahrhundert wurde die Teilnahme am Suizid wegen des Akzessorietätsprinzips, auch wie es heute üblich ist, überwiegend abgelehnt. Rechtliche Regelungsversuche, die Bedingungen einer freiverantwortlichen Suizidbeihilfe gesetzlich zu verankern, dauern jedoch noch heute an.

1. *Entwicklungen des assistierten Suizidgesetzes in anderen Ländern*

In Bezug auf die Zulässigkeit des assistierten Suizids stellt sich die rechtliche Situation in der Welt und in Europa unterschiedlich dar. Während er in Dänemark, Frankreich, Griechenland, Großbritannien, Irland, Norwegen, Polen, Portugal, Slowenien und Ungarn als Straftat gewertet wird, ist er in den Benelux-Staaten, in Spanien und Österreich legalisiert. Einige Staaten erlauben ihn nur unter bestimmten Voraussetzungen. In Schweden ist Voraussetzung für eine straflose Assistenz beim Suizid, dass der Helfer eine Privatperson ist, während eine solche in der Schweiz jedermann und damit auch eine Organisation leisten kann, soweit keine selbstsüchtigen Beweggründe vorliegen.[88] Seit März 2015 ist es in Frankreich erlaubt, sterbende Patienten auf eigenen Wunsch und mit der entsprechenden Verfügung durch Arzneimittel (Sedative) in einen tödlichen Tiefschlaf zu versetzen.[89]

In den vergangenen Jahren haben sich viele wesentliche Gesetzesänderungen auf der gesamten Welt im Hinblick auf Sterbehilfe und ärztlich assistierten Suizid ergeben. 1995 hat der Gesetzgeber im Nordterritorium Australiens als erstes Parlament[90] der Welt Sterbehilfe und ärztlich assistierten Suizid unter strengen Bedingungen durch ein Gesetz namens „*Rights of Terminally III Amendment Act 1995*“[91]

87 *Fittkau/Gehring*, APuZ 2008, 26. *Oduncu*, in: Geschichte und Bedeutung des Begriffs Sterbehilfe, S. 229, 232.

88 *Adam/Heichel*, in: Moralpolitik, 699, 708.

89 *Rohlfing-Dijoux*, MedR 2016, 606.

90 Obwohl die freiwillige Sterbehilfe in den Niederlanden und in Oregon/USA vorher offiziell geduldet worden war, ist das Nordterritorium von Australien das erste Parlament, das ein Gesetz verabschiedet, das die Sterbehilfe legitimiert. Siehe „*Australia Passes First Euthanasia Law*“, 1995, S. 1427, abrufbar unter: http://www.jstor.org/stable/29727472, letzter Zugriff am 25.09.2021.

91 In Kraft getreten im Jahr 1996.

legalisiert.[92] Nach einer Volksabstimmung im Jahr 1994 ermöglichte Oregon durch den *„Oregons Death with Dignity Act"* im Jahr 1997 als erster US-Staat den ärztlich assistierten Suizid für unheilbar Kranke. 2001 wurde das niederländische Sterbehilfegesetz[93] angenommen. 2002 ist das Sterbehilfegesetz in Belgien und 2009 das Gesetz über Sterbehilfe und assistierten Suizid in Luxemburg in Kraft getreten. Im Jahr 2015 erklärte der Supreme Court von Kanada die Vorschrift des Strafgesetzes für ungültig, welche die ärztliche Suizidbeihilfe verbot. 2016 trat das Gesetz in Kraft, das die von Ärzten durchgeführte aktive Sterbehilfe und den ärztlich assistierten Suizid erlaubt. Am 25. Juni 2021 trat in Spanien ein Gesetz zur Legalisierung der Sterbehilfe in Kraft. Demnach sind sowohl Tötung auf Verlangen als auch Beihilfe zum Suizid legalisiert. Der Österreichische Verfassungsgerichtshof (VfGH) hob § 78 StGB teilweise auf und entschied, dass der Straftatbestand der *„Hilfe zum Selbstmord"* das Recht auf Selbstbestimmung verletzt. 2021 verabschiedete der österreichische Nationalrat mit großer Mehrheit das „Sterbeverfügungsgesetz", das unter bestimmten Voraussetzungen den assistierten Suizid erlaubt.

2. Die Rolle des Weltverbands der Right to Die Societies und der Sterbehilfe-Organisationen

Im Jahr 1976 trafen sich Vertreter der bestehenden Sterbehilfe-Gesellschaften aus Australien, den Niederlanden, dem Vereinigten Königreich, den Vereinigten Staaten und Japan als Reaktion auf den Aufruf der Euthanasie-Gesellschaft in Japan (heute die Japanische Gesellschaft für würdiges Sterben) zu einem internationalen Treffen.[94] Bei diesem ersten Treffen wurde die *„Tokyo Declaration 1976"* verkündet. In dieser heißt es: Das Sterben sollte der Entscheidung des Individuums überlassen bleiben, vorausgesetzt, dass diese Forderungen nicht zu einer anderen Schädigung der Gesellschaft führen als die mit dem Tod verbundene

92 *Materstvedt, Clark et al.*, Zeitschrift für Palliativmedizin 2004, 102, 106. Das Gesetz wurde jedoch später im Jahr 1997 durch das Parlament von australischem Commonwealth aufgehoben. Siehe *Zinn*, BMJ 1997, 994.

93 Das Gesetz namens *„wet toetsing levensbeeindiging op verzoek en hulp bij zelfdoding" (abgekürzt: „wtl")*; deutsch: „Gesetz zur Kontrolle der Lebensbeendigung auf Verlangen und Hilfe bei der Selbsttötung" in Kraft getreten am 01.04.2002.

94 World Federation of Right to Die Societies, *„History of the World Federation of Right to Die Societies"*, abrufbar unter: https://www.worldrtd.net/history-world-federation-right-die-societies, letzter Zugriff am, 25.09.2021.

Traurigkeit.[95] 1980 wurde die dritte internationale Konferenz in Oxford im Vereinigten Königreich von EXIT veranstaltet, auf der der Weltverband der Right to Die Societies (WFRtDS) gegründet wurde.[96]

Der Weltverband der Right to Die Societies als Dachorganisation der Pro-Sterbehilfe-Gesellschaften vertritt die Auffassung, dass Menschen sich für die eigene Lebensbeendigung entscheiden können sollen. Diese Organisation ist auch der Meinung, dass Schwerkranke das Recht haben, um eine angemessene Pflege zu bitten und diese zu erhalten, die von der optimalen Palliativpflege bis zum assistierten Sterben reicht. In Deutschland sind beide Sterbehilfe-Vereine, nämlich DIGNITAS-Deutschland und der Verein Sterbehilfe Deutschland (StHD) Mitglieder dieses Weltverbandes.

2005 wurde der Verein DIGNITAS-Deutschland e. V. in Hannover als eine Niederlassung der Schweizer Sterbehilfeorganisation Dignitas gegründet. DIGNITAS-Deutschland e. V. hat einen Vermittlungsdienst zwischen dem Schweizer Verein Dignitas und sterbewilligen Mitgliedern angeboten, wenn der Sterbewillige nicht selbst unmittelbar den Schweizer Verein Dignitas kontaktieren wollte. Vom schweizerischen Verein Dignitas wurde 1006 Deutschen in den Jahren 1988 bis 2017 Hilfe zum Sterben geleistet.[97] Mit einem Anteil von 47,30 % stellen die Deutschen etwa die Hälfte aller Patienten, denen durch Dignitas zum Tod verholfen wird.[98] Betrachtet man lediglich die Zahlen von 2016 bis 2017, sinkt die Tendenz zwar leicht insgesamt auf 45,10 %, aber die Anzahl hat sich trotz des Verbots nicht stark vermindert.[99]

---

95 Siehe Tokyo declaration of August, 1976, abrufbar unter: https://www.worldrtd.net/news/ tokyo-declaration-august-1976, letzter Zugriff am 13.11.2018.

96 Seit seiner Gründung bis Jahr 2013 hat der Weltbund 51 Recht auf den Tod Organisationen aus 28 Ländern der Welt aufgenommen und neunzehn weitere internationale Konferenzen abgehalten, die jeweils von einer der Mitgliedsorganisationen ausgerichtet wurden.; World Federation of Right to Die Societies, „*History of the World Federation of Right to Die Societies*", abrufbar unter: https://www.worldrtd.net/hist ory- world- federation- right- die-societies, letzter Zugriff am 25.09.2021.

97 Dignitas, „*Freitodbegleitungen nach Jahr und Wohnsitz*", abrufbar unter: http://www.dignitas.ch/images/stories/pdf/statistik-ftb-jahr-wohnsitz-1998-2017.pdf, letzter Zugriff am 25.09.2021.

98 Dignitas, „*Freitodbegleitungen nach Jahr und Wohnsitz*", abrufbar unter: http://www.dignitas.ch/images/stories/pdf/statistik-ftb-jahr-wohnsitz-1998-2017.pdf, letzter Zugriff am 25.09.2021.

99 Dignitas, „*Freitodbegleitungen nach Jahr und Wohnsitz*", abrufbar unter: http://www.dignitas.ch/images/stories/pdf/statistik-ftb-jahr-wohnsitz-1998-2017.pdf, letzter Zugriff am 25.09.2021.

2009 wurde die Sterbehilfe Deutschland e. V. (Oststeinbek bei Hamburg, im Folgenden StHD genannt) mit dem Zweck gegründet, „*das Recht aller Menschen auf Selbstbestimmung bis zum letzten Atemzug zu unterstützen*".[100] Sie war die einzige Sterbehilfeorganisation, die Suizidbeihilfe innerhalb der Grenzen Deutschlands angeboten hat.[101] Nachdem das Verbot gemäß § 217 StGB in Kraft getreten war, hat der StHD sich entschieden, bis zur Entscheidung des Bundesverfassungsgerichts keine Suizidbegleitungen mehr anzubieten. Weil die Entscheidung des Bundesverfassungsgerichts über die Verfassungsbeschwerden schon mehr als zwei Jahre auf sich warten lässt, fasste der StHD den Entschluss, mit dem Unternehmen der Suizidbeihilfe weiterzumachen und dazu die Lücken des § 217 StGB und des Betäubungsmittelgesetzes auszunutzen.[102] Nach seiner Satzung ist der StHD kein wirtschaftlicher oder gewerblicher Verein und ist parteipolitisch und konfessionell unabhängig (§ 2 Abs. 7 Satzung).

3. *Reise zum Suizid*

Die Begriffe „*Sterbetourismus*", „*Suizid-Tourismus*" oder „*Reise zum Suizid*"[103] beziehen sich auf die Reise ins Ausland zum Zwecke des Sterbens mit der Hilfe von Sterbehilfeorganisationen, wenn die Euthanasie oder der assistierte Suizid im Herkunftsland verboten ist. Zum Beispiel kommen Menschen aus 31 verschiedenen (meistens europäischen) Ländern in die Schweiz, um für ihren Suizid Unterstützung zu finden.[104] In den letzten Jahren hat sich die Anzahl der Suizidreisenden sogar verdoppelt.[105]

---

100 §1 der Satzung, abrufbar unter: http://www.sterbehilfedeutschland.de/img/2015-x-Satzung.pdf, letzter Zugriff am 25.09.2021.

101 *Benzin*, Der Ausklang.

102 *Neumann*, „Kuschs Coup: Ab sofort wieder legale Suizidhilfe in Deutschland?" *abrufbar* unter: https://hpd.de/artikel/kuschs-coup-ab-sofort-wieder-legale-suizidhilfe-deutschland-15308, letzter Zugriff am 25.09.2021.

103 Kritisch zur Verwendung des Wortes „*Tourismus*", *Higginbotham*, Tourismos 2011, 177, 182. Obwohl in anderen wissenschaftlichen Bereichen der Literatur meistens der Begriff "*Tourismus*" verwendet wird, hat die Anwendung eines sozialpsychologischen Ansatzes die Reise zum assistierten Suizid weder als Freizeit noch als Tourismus aufgedeckt. In der Tat kann assistierter Suizid die Antithese zum medizinischen und Gesundheitstourismus sein. Deswegen sollten nach dieser Ansicht statt dem Wort Tourismus dafür die Begriffe „Reise zum Suizid" oder „Reise zum Sterben" verwendet werden.

104 *Gauthier, Mausbach et al.*, J Med Ethics 2015, 611, 613.

105 *Elger/Grabherr*, Rechtsmedizin 2018, 87, 88

Mit der Aufhebung des 2015 in Deutschland in Kraft getretenen § 217 StGB, der die geschäftsmäßige Förderung der Selbsttötung verbietet, ist die Beihilfe zum Suizid wieder ein großes Diskussionsthema geworden. Nach der Gesetzesbegründung wurde dieses Verbot wegen der gesellschaftlichen Aspekte des Themas vorgezogen. Das Thema Sterbehilfe berührt viele wissenschaftlichen Gebiete wegen seiner rechtlichen, sozialen und religiösen Dimensionen. Dementsprechend viel wird darüber diskutiert, wo genau die Grenze zwischen Hilfe *im* oder *zum* Sterben eines lebensbedrohlich Erkrankten verläuft. Andererseits ist bemerkenswert, dass sich die meisten Sterbewilligen nicht in der Terminalphase befinden oder sogar gar nicht lebensbedrohlich erkrankt sind. In diesem Zusammenhang sollte in Betracht gezogen werden, dass die Zahl der Suizidreisenden in die Schweiz, die zwar an einer chronischen Krankheit leiden, aber sich nicht in der terminalen Phase befinden, auch zugenommen hat.[106]

Für die Fragen im Zusammenhang mit der Sterbehilfe haben verschiedene Rechtssysteme in der Welt unterschiedliche Lösungen je nach deren kulturellen, religiösen und demografischen Strukturen hervorgebracht; während einige Länder entschieden haben, alle Arten der Sterbehilfe zu verbieten, haben einige sie vollständig legalisiert.

In der Schweiz aber ist die Situation anders. Insbesondere wird nicht in einem eigenständigen Gesetz reguliert, unter welchen Bedingungen jemand Suizidassistenz erhalten kann. Stattdessen gibt es verschiedene Regelungen zur Sache.[107] Beispielsweise verbietet Art. 115 des schweizerischen StGB die Suizidassistenz nur für die Fälle, in denen jemand aus selbstsüchtigen Beweggründen jemand anderen zum Suizid verleitet oder ihm dazu Hilfe leistet. Nach dem schweizerischen ärztlichen Standesrecht können Ärzte unter bestimmten Umständen Hilfe beim Suizid leisten.[108] Letztendlich sind Ärzte gemäß dem schweizerischen Heilmittelgesetz (HMG) und dem Bundesgesetz über die Betäubungsmittel und die psychotropen Stoffe (BetmG) befugt, Natrium-Pentobarbital zu verschreiben, das am häufigsten verwendete Medikament für den ärztlich assistierten Suizid.[109] Zudem hat das schweizerische Bundesgericht anerkannt, dass die ärztlich assistierte Selbsttötung nicht auf Patienten am Lebensende beschränkt sein

---

106 *Elger/Grabherr*, Rechtsmedizin 2018, 87, 88; *Richards*, Med Anthropol 2017, 348, 355.

107 *Gauthier, Mausbach et al.*, J Med Ethics 2015, 611, 613.

108 Vgl. Die Standesordnung der FMH für Behandlung und Betreuung von älteren pflegebedürftigen Menschen, Medizin-ethische Richtlinien und Empfehlungen der SAMW.

109 HMG, Art. 7, Art. 9 Abs.2; Vgl. BetmG.

soll, sondern dass auch psychiatrische Patienten ärztlich assistierte Selbsttötung begehen dürfen.[110]

Vor dem Urteil des Bundesverfassungsgerichts war auch in Deutschland Suizidbeihilfe weder ganz verboten noch völlig legalisiert. Jedoch führte dies in der Praxis zu Ergebnissen, die von denen in der Schweiz völlig verschieden sind.[111] Es gab unterschiedliche Urteile von Gerichten, Gesetzgebern und Berufskammern zu den jeweiligen Themen. Eine ausführliche Analyse der medizinischen, ethischen, rechtlichen und gesellschaftlichen Aspekte des Themas führte zu einer Blockade, die die Diskussion sogar heftiger machte. Die Entscheidung des Bundesverfassungsgerichts zu § 217 StGB erleichterte die Gesetzgebungsarbeit, indem sie Leitlinien und Vorgehensweisen für Suizid und Sterbehilfe festlegte.

In der Schweiz waren 94 % der Betroffenen, deren Suizid unterstützt wurde, in der Periode 2010 bis 2014 55 Jahre oder älter.[112] Im Jahr 2015 haben 999 Menschen mit Schweizer Wohnsitz assistierten Suizid begangen.[113] Diese Zahl hat im Vergleich zu 2014 um 35 % zugenommen, während sie sich im Vergleich zu 2008 vervierfacht hat.[114] Der Überschuss der älteren Bevölkerung in Deutschland gibt Anlass zu der Befürchtung, dass die ärztlich assistierter Suizid, wenn sie gesetzlich erlaubt ist, zu einem sozialen Trend unter älteren Menschen führen kann.[115] Denn für fast alle Regionen der Welt gibt es die höchsten Suizidraten bei Männern und Frauen über 70 Jahre.[116] In Deutschland ist dies nicht anders. Das Durchschnittsalter derjenigen, die Selbsttötung begehen, liegt für Frauen bei 58,3 und für Männer bei 57,1 Jahren und zeigt einen Aufwärtstrend.[117] Diese Statistiken lassen die Bedenken plausibel erscheinen, die auf einen Werther- oder Domino-Effekt hinweisen.

110 Siehe schweizerisches BGE 133 I 58 vom 3. November 2006.

111 Siehe *Bosshard*, in: Assistierter Suizid, S. 29.

112 *Elger/Grabherr*, Rechtsmedizin 2018, 87, 88.

113 *Elger/Grabherr*, Rechtsmedizin 2018, 87, 88.

114 *Elger/Grabherr*, Rechtsmedizin 2018, 87, 88.

115 Siehe BT-Drs. 18/5373.

116 *Jimenez*, „Alle 40 Sekunden bringt sich ein Mensch um", 04.09.2014, abrufbar unter: http://www.welt.de/gesundheit/psychologie/article131918175/Alle-40-Sekundenbringt-Sich-ein-Mensch-um.html letzter Zugriff am 25.09.2021.

117 Destatis, Todesursachen in Deutschland 2015, S. 14.

C. Ätiologie des Suizids

Die Identifizierung von Ursachen für suizidales Verhalten wird eine wichtige Rolle bei der Bestimmung von Präventions- und Interventions-Maßnahmen und der Regulation von Behandlungsalgorithmen spielen. Es wurden daher zahlreiche Theorien entwickelt, um das suizidale Verhalten besser zu verstehen, die sich in drei Gruppen einteilen lassen, nämlich biologische, soziale und psychologische Faktoren.[118] Dazu kommen auch im Sinne der individuellen lern-geschichtlich-biographischen Hypothese frühere Lebenserfahrungen, Lern-Geschichte, individuelle Persönlichkeitsmerkmale, Denkstile der Person über sich selbst, das aktuelle soziale Umfeld sowie die Fähigkeit der Bewältigung aktueller Konflikte und die aktuelle Psychopathologie ins Spiel.[119]

I. Biologische Theorien

Nach den biologischen Theorien können einige physiologische, biochemische[120] oder genetische Faktoren[121] prägnante Auswirkungen auf die Suizidalität haben.[122] Hierfür könnten genetische Prädispositionen,[123] und abnormale Neurotransmitterwerte[124] als Beispiele genannt werden.[125]

Es wird angenommen, dass die Neurobiologie des Suizids durch Funktionsstörungen des serotonergen Systems (5-Hydroxytryptamin; 5-HT), Hyperaktivität der HPA-Achse, noradrenerge Hyperaktivität, Funktionsstörungen des dopaminergen Systems, des glutamatergen Systems, Anomalien und Signalfehler in Gliazellen sowie durch Mikrogliose verursacht wird.[126] Abnormalitäten

---

118 *Maskill, Hodges et al.*, Explaining Patterns of Suicide, S. 5; s. für Biologische Dimension des Suizids. *Demling*, in: Suizidalität, S. 47.

119 *Berger/Della Casa*, Ther Umsch 2015, 619, 620.

120 *Blasco-Fontecilla/Oquendo*, in: Biomarkers of Suicide?, S. 77.

121 *Esquirol*, Geisteskrankheiten; *Roy*, J Affect Disord 1985, 187, 189; *Roy*, Arch Gen Psychiatry 1983, 971, 974.

122 *Maskill, Hodges et al.*, Explaining Patterns of Suicide, S. 5; *Pandey*, Bipolar Disord 2013, 524, 524, 534.

123 Siehe *Menke/Domschke*, Reactions 2014, 4; *Rubenach*, Gesundheitswesen 2007, 960, 961.

124 Siehe *Erlemeier/Wirtz*, Suizidprävention im Alter, S. 58; *Demling*, in: Suizidalität, S. 47, 51.

125 *Maskill, Hodges et al.*, Explaining Patterns of Suicide, S. 5.

126 *Aydın/Hacımusalar*, Current Approaches in Psychiatry 2019, 1, 2; *Erlemeier/Wirtz*, Suizidprävention im Alter, S. 57; *Pandey*, Bipolar Disord 2013, 524, 525.

in serotonergen Mechanismen wurden auch mit impulsiv-aggressivem Verhalten, Depression, abnormalen neuroendokrinen Funktionen und Immunfunktionen sowie Stress in Verbindung gebracht, die als einige der Risikofaktoren für Suizid gelten.[127] Obwohl die klinischen Korrelate von Serotonin-Dysregulationszuständen bei suizidalem Verhalten bzw. Suizid beobachtet wird, seien einfache kausale Zusammenhänge nicht anzunehmen, denn es sei nicht ganz deutlich, ob sie die Ursache oder das Ergebnis des Suizids seien oder nur in Verbindung mit suizidalem Verhalten stünden.[128]

Erste Vorschläge, die serotonergen Anomalien mit Suizid in Verbindung zu bringen, waren hauptsächlich basierend auf 5HT-Metabolitenstudien. Diese wurden durch Studien zu 5HT-Rezeptorsubtypen, dem 5HT-Transporter und neuroendokrinen Maßnahmen untermauert und erweitert.[129] Beispielsweise wurden erhöhte 5HT2A-Rezeptoren in den Thrombozyten von suizidalen Patienten und am Hirngewebe von Suizidopfern beobachtet.[130] Die Zunahme der 5HT2A im präfrontalen Kortex kann eine Verminderung exekutiver Funktionen und damit verringerte Lernfähigkeit und Coping-Strategien verursachen.[131] Außerdem wurden eine abnormale 5-HT-Funktion durch eine Zunahme der 5HT1A-Rezeptoren und eine erniedrigte Konzentration von 5-Hydroxy-Indolessigsäure (5-HIES) in Post-mortem-Befunden an den Gehirnen von Suizidopfern belegt, besonders an denen, die harte Suizidmethoden angewandt hatten.[132] Die Befundlage ist jedoch wegen der Unterschiede in den Stichproben und Analysemethoden nicht einheitlich.[133]

---

127 *Pandey*, Bipolar Disord 2013, 524, 525.; *Mann*, Neuropsychopharmacology 1999, 99, 99, 105.
Van Heeringen, Audenaert et al., J Affect Disord 2003, 149, 149, 158; *Linnoila/Virkkunen*, J Clin Psychiatry 1992, 46. Siehe auch *Wolfersdorf*, in: Suizidalität, S. 99; *Baumgarten*, in: Neuroanatomie und Neurophysiologie des zentralen 5-HT-Systems, S. 8.

128 *Wolfersdorf*, in: Suizidalität, S. 99; *Pandey*, Bipolar Disord 2013, 524, 536.

129 Siehe *Pandey*, Bipolar Disord 2013, 524; *Demling*, in: Suizidalität, S. 55.

130 *Pandey*, Bipolar Disord 2013, 524; *Wolfersdorf*, Nervenarzt 2008, 1319, 1329.

131 Siehe *Wolfersdorf*, Nervenarzt 2008, 1319, 1328 f.

132 *Erlemeier/Wirtz*, Suizidprävention im Alter, S. 58; *Pandey*, Bipolar Disord 2013, 524, 535.

133 *Erlemeier/Wirtz*, Suizidprävention im Alter, S. 58; *Pandey*, Bipolar Disord 2013, 524, 535.

II. Psychologische Theorien

Studien, die den Suizid auf psychische Ursachen beziehen, werden seit Langem diskutiert. Psychologische und psychiatrische Theorien konzentrieren sich auf das Individuum. Sie befassen sich mit dem geistigen und psychischen Zustand von Suizidwilligen. Vertreter dieser Theorien argumentieren, dass die Gefühle und Überzeugungen über die Welt von Suizidenten einen Hinweis für das suizidale Verhalten bieten können.[134]

1. Tiefenpsychologische Theorien

Suizid hat in tiefenpsychologischen Theorien eine psychologische Funktion – als ein Zeichen des Verlustes eines mentalen Kompasses –, die intrapsychischen oder zwischenmenschlichen Krisen reguliert oder manchmal stabilisiert, wenn sie nicht mehr beherrschbar erscheinen.[135] In diesem Zusammenhang beinhalten die wichtigsten Konfliktfragen den Umgang mit Aggressionen, die Regulierung des Selbstwertgefühls und den Umgang mit engen Beziehungen.[136]

Die ersten tiefenpsychologischen Theorien zu aggressionstheoretischen Aspekten der Suizidalität fundieren auf Freud und Abraham am Anfang des 20. Jahrhunderts durch die Analyse der Persönlichkeitsstruktur und der unbewussten Motivationen.[137] In diesem Zusammenhang interpretiert die Theorie der suizidalen Psychodynamik Selbsttötung als Ausdruck des Aktes, negative Gefühle oder Hass gegenüber anderen in Aggression gegen *„das eigene Ich"* umzuwandeln.[138]

Andererseits dient die Theorie der *„Narzisstischen Krise"* der Suizidalität als Beispiel für neopsychoanalytische Erklärungen. Die Person, die narzisstische Krisen hat, zeigt ein Charakteristikum von Großartigkeit, Überschätzung des eigenen Selbst, Selbstbezogenheit und Mangel an Empathie.[139] Im Hintergrund leiden sie jedoch unter geringem Selbstwertgefühl, ausgeprägter Kritikempfindlichkeit und Versagensangst. Betroffene Menschen benötigen die Zustimmung von außen, um sich und ihr Wohlbefinden zu stabilisieren.[140] Nach dieser

---

134 Siehe für detaillierte Diskussionen über die psychologischen Modelle des Suizids *Barzilay/Apter*, Arch Suicide Res 2014.

135 *Stein*, Psychother Forum 2019, 81, 83.

136 *Stein*, Psychother Forum 2019, 81, 83.

137 *Henseler*, Zur Psychodynamik des Selbstmords, 61; Vgl. *Götze*, PiD 2014, S. 279.

138 *Henseler*, Zur Psychodynamik des Selbstmords, 61.

139 *Blasco-Fontecilla/Oquendo*, in: Biomarkers of Suicide?, S. 215 f.

140 *Blasco-Fontecilla/Oquendo*, in: Biomarkers of Suicide?, S. 215 f.

Theorie gilt somit ein instabiles Selbstwertgefühl als Suizidursache, da Suizid der letzte Ausweg zur Bewahrung des Selbstwertgefühls darstellt. Berufliche Misserfolge, die Einschränkungen des Älterwerdens oder erhebliche Kränkungen können zu einer Schwächung des Selbstwerterlebens führen und somit narzisstische Krisen entstehen lassen.[141] Diese Krisen können Suizid als Schutzmechanismus gegen die subjektiven Gefühle von Verlassenheit und Hilflosigkeit auslösen.[142]

Ein weiteres Beispiel für tiefenpsychologische Theorien sind objektbeziehungstheoretische Aspekte der Suizidalität. Nach dieser Theorie ist Suizid als völlig autonomer Akt ein Abwehrmechanismus gegen die Gefährdung der Autonomie.[143] Im Alter können manche Menschen zunehmend mit der Einschränkung von Möglichkeiten und Fähigkeiten, insbesondere Männer, ein suizidales Verhalten entwickeln, um dem Gefühl der Hilflosigkeit, dem Kontrollverlust und der Abhängigkeit von anderen Menschen entgegenzuwirken.[144]

2. *Das kognitive Verhaltensmodell*

Das kognitive Verhaltensmodell basiert auf einem schlechten Gefühl in Bezug auf das Selbst[145], die Umgebung[146] und die Zukunft.[147] Das auf Suizid ausgerichtete Glaubenssystem (Suizidgedanken) ist in erster Linie durch tiefe Hoffnungslosigkeit gekennzeichnet und enthält drei Elemente: Unliebsamkeit, Hilflosigkeit, schwache Belastungstoleranz.[148] Die Suizidgedanken wirken mit anderen psychologischen und sozialen Faktoren zusammen und führen letztendlich zu einem Suizid-Modus.[149]

---

141 *Stein*, Psychother Forum 2019, 81, 83.

142 *Stein*, Psychother Forum 2019, 81, 84.

143 *Kind*, Psychoökonomie einer Suche, S. 42.

144 *Kind*, Psychoökonomie einer Suche, S. 84.

145 unzureichend, wertlos, inkompetent, hilflos, unvollkommen, unverbesserlich, mangelhaft.

146 abgelehnt, missbraucht, verlassen, beurteilt werden.

147 *Rudd*, Suicide Life-Threat Behav 2000, 18, 27.

148 *Rudd*, Suicide Life-Threat Behav 2000, 18, 28.

149 *Rudd*, Suicide Life-Threat Behav 2000, 18, 31; *Berger/Della Casa*, Ther Umsch 2015, 619, 620.

3. *Interpersonale Theorie des Suizids*

Die interpersonale Theorie[150] geht davon aus, dass das gleichzeitige Auftreten zweier psychologischer Zustände, nämlich das enttäuschte Bedürfnis nach sozialer Zugehörigkeit (Thwarted Belongingness) und die Wahrnehmung, eine Last zu sein (Perceived Burdensomeness), das Verlangen nach Suizid hervorruft.[151]

Die Theorie des enttäuschten Bedürfnisses nach sozialer Zugehörigkeit besagt, dass die verschiedenen Indizien der sozialen Isolation während der gesamten Lebensspanne, wie das Alleinleben,[152] die Einsamkeit[153] und die geringe soziale Unterstützung[154], mit Suizid verbunden sind, da sie Anzeichen dafür sind, dass das Bedürfnis nach Zugehörigkeit vereitelt wurde.[155]

Die Wahrnehmung, eine Last zu sein, zeigt sich, wenn das Bedürfnis nach sozialer Kompetenz nicht erfüllt ist. Die Theorie geht davon aus, dass familiäre Zwietracht,[156] Arbeitslosigkeit[157] und funktionelle Beeinträchtigung[158] über die gesamte Lebensspanne hinweg die Wahrnehmung, eine Belastung für andere zu sein, hervorruft und daher mit Suizidgedanken verbunden ist.[159]

Nach der Theorie wandelt sich der Suizidwunsch mit der entsprechend erworbenen Befähigung (Acquired Capability) in eine Suizidhandlung um.[160]

---

150 Siehe *Van Orden, Witte et al.*, Psychol Rev 2010, 575; *Joiner*, Why people die by suicide, S. 96ff.; *Joiner Jr, Van Orden et al.*, The interpersonal theory of suicide; *Van Orden, Cukrowicz et al.*, Psychol Assess 2012, 197.

151 Siehe *Glaesmer, Spangenberg et al.*, Psychiatrische Praxis 2014, 250; *Wachtel/Teismann*, Z Klin Psychol Psychother 2013, 96f.; *Van Orden, Cukrowicz et al.*, Psychol Assess 2012, 197.

152 *Heikkinen/Aro*, Acta Psychiatr Scand 1994, 65; Siehe auch Suizidgedanken bei älteren Personen, *Schneider, Wächtler et al.*, in: Einflussfaktoren für Suizid, S. 35, 39.

153 *Honkanen, Viinamaeki et al.*, Am J Psychiatry 2001, 433.

154 *Van Orden, Cukrowicz et al.*, Psychol Assess 2012, 197; *Turvey, Conwell et al.*, Am J Geriatr Psychiatry 2002, 398, 402; *Schneider, Pallenbach et al.*, Suizidprophylaxe 2007, 187; *Schneider, Wächtler et al.*, in: Einflussfaktoren für Suizid, S. 35

155 *Van Orden, Cukrowicz et al.*, Psychol Assess 2012, 197.

156 *Duberstein, Conwell et al.*, Psychol Med 2004, 137; *Heikkinen/Aro*, Acta Psychiatr Scand 1994, 65; *Rubenowitz, Waern et al.*, Psychol Med 2001, 1193.

157 *Brown, Beck et al.*, J Consult Clin Psychol 2000, 371; *Heikkinen/Aro*, Acta Psychiatr Scand 1994, 65.

158 *Van Orden, Cukrowicz et al.*, Psychol Assess 2012, 197; *Conwell, Duberstein et al.*, Int J Geriatr Psychiatry 2010, 371.

159 *Van Orden, Cukrowicz et al.*, Psychol Assess 2012, 197.

160 *Van Orden, Cukrowicz et al.*, Psychol Assess 2012, 197.

4. *Lerntheorien*

Lerntheorien betrachten die Suizidneigung nicht als eine Krankheit oder das Symptom einer Krankheit, sondern führen sie auf erlernte und daher korrigierbare Verhaltensweisen zurück.[161] Zu den wichtigsten Lerntheorien gehört die von Albert Bandura entwickelte Sozial-kognitive Lerntheorie.[162] Sie bezieht sich auf das Erlernen neuer Verhaltensmuster durch die Beobachtung eines oder mehrerer Modelle, wobei der Grad der Nachahmung sich nach verschiedenen Variablen unterscheiden kann: Ähnlichkeiten zum Modell (Alter, Geschlecht, sozialer Status), Belohnung für Aufmerksamkeit, Fähigkeit zur Umsetzung, positive Folgen des Verhaltens, um nur einige der Variablen aufzuzählen.[163]

a) *Werther-Effekt*

Aufgrund der großen Macht und des Einflusses der Massenmedien auf die Gesellschaft ist der Zusammenhang von Medienberichterstattung und Suiziden seit Langem untersucht. Auch das Phänomen, das unter dem Namen „Werther-Effekt" diskutiert wurde, wird meist mit der sozial-kognitiven Lerntheorie erklärt. Diese Theorie ist, basierend auf der Sozialpsychologie, für die Bewertung von Gesetzentwürfen zum Werbeverbot von großer Bedeutung.

Nachdem Goethe im Jahr 1774 seinen Roman „Die Leiden des jungen Werther" veröffentlicht hatte, trat eine Suizid-Epidemie aufgrund der im Roman enthaltenen detaillierten Beschreibung der Selbsttötung der Hauptfigur in ganz Europa auf, sodass er sich in der 2. Auflage (1778) von der suizidwilligen Hauptperson distanzieren und die Selbsttötung weniger attraktiv machen musste.[164] Das Buch wurde heftig kritisiert und sogar in einigen Ländern, nämlich in Teilen Italiens, Dänemarks und Deutschlands, verboten.[165] Im Jahr 1974 lenkte eine Studie des amerikanischen Soziologen David Phillips die Aufmerksamkeit darauf, dass Zeitungsberichte über Selbsttötungen – aufgrund der Imitationsneigung – die Zahl der Suizide in der Allgemeinbevölkerung statistisch messbar erhöhen könne. Dieser Effekt wurde von ihm *als „Werther-Fieber"* bezeichnet.[166]

---

161 *Haenel*, Suizidhandlungen, S. 91.

162 Siehe *Bandura*, Sozial-kognitive Lerntheorie; auch *Bandura*, in: Die sozial-kognitive Theorie der Massenkommunikation, S. 153.

163 Siehe *Scherr/Steinleitner*, Nervenarzt 2015, 557, 560.

164 *Etzersdorfer/Sonneck*, Psychotherapie 1999, 199, 200.

165 *Phillips*, Am Sociol Rev 1974, 340. *Phillips*, The Sciences 1985, 32, 33.

166 Die Theorie besagt, dass bestimmte Medieninhalte mit einem Anstieg des Suizids verbunden sind, was auf einen sogenannten Werther-Effekt schließen lässt, und dass

aa) Imitation nach Modell

Schmidtke und Häfner haben dieses Phänomen bestätigt. Laut ihrer Studie waren nach der Ausstrahlung eines sechsteiligen Fernsehfilms im Jahr 1981 und 1982, in dem ein 19-jähriger männlicher Student Bahnsuizid beging, die Suizidraten nach jeder der sechs Episoden angestiegen.[167] Stack behauptete, bestimmte Arten von Suizidgeschichten riefen wahrscheinlich mehr nachahmende Suizide hervor als andere.[168] Schmidtke und Häfner bestätigten Stack, der behauptet, dass Nachahmungseffekte von Ähnlichkeiten zwischen Variablen des Modells und dem Nachahmer abhingen. Denn in ihrer Studie wurde berichtet, dass im Vergleich zu mehreren Kontrollperioden die Suizidfiguren in der Zeit während und kurz nach den beiden Sendungen für die Gruppe, deren Alter und Geschlecht denen des Modells am ähnlichsten waren, signifikant anstiegen.[169] Die Ergebnisse der quantitativen Untersuchung einer 2009 veröffentlichten Dissertation in Wien bestätigen ebenfalls, dass der Suizid der Hauptdarsteller von Filmen einen erheblichen Einfluss auf das emotionale und psychische Zustandsbild des Zuschauers habe.[170]

bb) Imitation nach Popularität

Stack befindet außerdem, dass Nachahmung ebenfalls weitgehend eine Funktion des minderwertigen Kopierens des Vorgesetzten haben kann.[171] Denn Menschen neigen dazu, sich mit Eliten zu identifizieren, weil diese das Reich des Vorgesetzten repräsentieren. Nicht alle Eliten sind Prominente, aber die meisten Prominenten kommen aus Eliten. Deswegen sagt er, dass Suizide von Prominenten einen Nachahmungseffekt in der Gesellschaft auslösen können.[172] Die Befunde der Studie bestätigen die Ergebnisse anderer in dieser Arbeit genannten Studien, die das Verhältnis von Medienberichten und Suizide überprüften.[173]

---

andere Inhalte mit einem Rückgang des Suizids einhergehen, der Als Papageno-Effekt konzipiert ist.

167 Siehe *Schmidtke/Häfner*, Psychol Med 1988, 665, 668.

168 Siehe *Stack*, Am Sociol Rev 1987, 401, 402.

169 Siehe *Schmidtke/Häfner*, Psychol Med 1988, 665, 675.

170 *Till*, Suizid in Filmen, S. 432.

171 Siehe *Stack*, Am Sociol Rev 1987, 401, 402.

172 *Stack*, Am Sociol Rev 1987, 401, 403.

173 Siehe *Haenel*, Suizidhandlungen, S. 111, *Truebner*, Kriminalistik 1988, 414; *Ziegler/Hegerl*, Nervenarzt 2002, 41, 44.

Als bekanntes Beispiel für die Wirkung des Suizids von populären Personen kann Marilyn Monroes Suizid im August 1962 genannt werden. In diesem Monat nahm in Los Angeles die Suizidrate um 40 % zu, obwohl die landesweiten Gesamtzahlen des Jahres konstant blieben.[174]

Als Beispiel für Deutschland kann die Suizidhandlung des schleswig-holsteinischen Ministerpräsidenten Uwe Barschel genannt werden. Das Institut für Rechtsmedizin der Universität Hamburg hat festgestellt, dass nach dem Suizid Uwe Barschels im Jahr 1987 dreizehn weitere Todesfälle in der gleichen Art und Weise in den letzten drei Monaten des Jahres in Hamburg stattfanden.[175] Diese Zahl ist drei- bis viermal höher als in den Referenzzeiträumen der Vorjahre.[176]

Als neuestes Beispiel für Suizide von Prominenten kann der Suizid des Hollywood-Stars Robin Williams betrachtet werden. Im Jahr 2014 beging er aufgrund von Depressionen, Angstzuständen und Lewy-Körperchen-Demenz Suizid durch Erhängen. Nach seinem Tod stieg die Zahl der Suizide in den USA von August bis Dezember 2014 um 9,9 %.[177]

cc) Imitation nach Ort und Methode

Studien aus unterschiedlichen Regionen zeigen, dass bestimmte Orte für den Suizid bevorzugt werden. Zwischen den Jahren 1948 und 1978 wurden in Japan über 1000 durch einen Sturz in den „Mihara Yama"-Vulkan verübte Suizide registriert.[178] In den Vereinigten Staaten wurden 625 Suizide durch Sprung von der Golden Gate Bridge verübt, obwohl die Hälfte der Suizidenten außerhalb von San Francisco wohnte.[179] Einige aus der Medienberichterstattung bekannte Suizidorte sind Boğaziçi Köprüsü in Istanbul, die Großhesseloher Brücke in München und die Köhlbrandbrücke in Hamburg.[180]

Auch Eisenbahnanlagen werden häufig für Suizide genutzt. Laut der Europäischen Eisenbahnagentur (engl.: *European Union Agency for Railways)* werden jedes Jahr über 3000 Suizide auf Eisenbahnanlagen von den Mitgliedstaaten gemeldet; Suizide auf Eisenbahnanlagen belaufen sich auf 8 % aller

---

174 *Haenel*, Suizidhandlungen, S. 111

175 Siehe *Truebner*, Kriminalistik 1988, 414; *Ziegler/Hegerl*, Nervenarzt 2002, 41, 44.

176 *Truebner*, Kriminalistik 1988, 414; *Ziegler/Hegerl*, Nervenarzt 2002, 41, 44.

177 Fink/Santaella-Tenorio PloS one 2018, 1, 3.

178 *Ziegler/Hegerl*, Nervenarzt 2002, 41, 44.

179 Phillips, The Sciences 1985, 32, 33; *Ziegler/Hegerl*, Nervenarzt 2002, 41; *Seiden*, Suicide Life Threat Behav 1978, 203.

180 Siehe *Ziegler/Hegerl*, Nervenarzt 2002, 41, 44.

Selbsttötungen in Europa.[181] Suizide in Eisenbahnanlagen haben negative psychische Auswirkungen auf die hinterbliebenen Familien[182], die betroffenen Lokführer und auch die Passagiere.[183] Daneben bestehen zusätzlich wirtschaftliche Folgen.[184] In einer Studie wurde anhand der epidemiologischen Auswertung von Statistiken festgestellt, dass es in München zwischen 1980 und 2001 zu einem signifikanten und stetigen Anstieg der Suizide vor U-Bahnen kam, obwohl die Suizidrate insgesamt rückläufig war.[185]

Nicht nur die Suizidaktionen selbst und der Ort, sondern auch die Suizidmethoden können imitiert werden. Nach dem Suizid des Hollywood-Stars Robin Williams waren Suizide durch Ersticken mit 32 % am stärksten in den Folgefällen vertreten, bei allen anderen Methoden des Suizids wurde nur ein Anstieg von 3 % beobachtet.[186]

Auch die Erkenntnisse aus Uwe Barschels Suizid unterstützen diese Theorien. Sein Suizidverlauf wies ein von anderen Suiziden bis zu diesem Zeitpunkt verschiedenes und einzigartiges Muster auf. Er verlor in der gefüllten Badewanne aufgrund von Schlafmitteln und Alkohol das Bewusstsein und ertrank. In sechs weiteren Fällen konnte nach Aussagen der befragten Angehörigen ein direkter und konkreter Zusammenhang zu dem in den Zeitungen und Magazinen detailliert geschilderten Suizid in der Hotelbadewanne von Barschel hergestellt werden.[187]

Im November 2019 begingen in Istanbul vier Geschwister Suizid durch Zyanid. Nach ausführlicher Berichterstattung in den Medien wurden innerhalb

---

181 *European Union Agency for Railways*, „Railway Safety Performance in the European Union", 2016, S. 33- 34; abrufbar unter: https://www.era.europa.eu/Document-Register/Documents/Railway%20Safety%20Performance%202016%20final%20E.pdf, letzter Zugriff am 25.09.2021.

182 *Pitman, Osborn et al.*, Lancet 2014, 86.

183 *European Union Agency for Railways*, „Railway Safety Performance in the European Union", 2016, S. 33- 34; abrufbar unter: https://www.era.europa.eu/Document-Register/Documents/Railway%20Safety%20Performance%202016%20final%20E.pdf, letzter Zugriff am 25.09.2021.

184 *European Union Agency for Railways*, „Railway Safety Performance in the European Union", 2016, S. 33- 34; abrufbar unter: https://www.era.europa.eu/Document-Register/Documents/Railway%20Safety%20Performance%202016%20final%20E.pdf, letzter Zugriff am 25.09.2021.

185 *Sattler*, Der U-Bahnsuizid in München, S. 42.

186 *Fink/Santaella-Tenorio/Keyes*, PloS one 2018, 1, 4.

187 *Ziegler/Hegerl*, Nervenarzt 2002, 41, 44.

eines Monats vier weitere Suizidfälle mit derselben Methode in verschiedenen Städten der Türkei festgestellt.

Diese Beispiele zeigen, dass sowohl spezifische Suizidmethoden als auch die Suizidorte praktisch nachvollziehbar sind, wenn diese aufgrund der Medienberichterstattung bekannt werden.

dd) Imitationen wegen Berichterstattung

Ein anderer Grund dafür wäre, dass Suizide populärer Persönlichkeiten weitaus größeren Nachrichtenwert als der Suizid anderer Menschen haben, weil deren Tod und Todesart in der Presse mehr Platz einnimmt und in der Berichterstattung detaillierter ist.

Dafür wäre der Suizid des Nationaltorwarts Robert Enke ein Beispiel. Im November 2009 nahm er sich aufgrund von Depressionen an einem Bahnübergang bei Hannover das Leben. Insgesamt 173 Artikel hatten über den Fall berichtet. In den vier Wochen nach Enkes Suizid konnten bis zu 50 Vorfälle beobachtet werden, obwohl die Zahl der Suizide in der Woche vor den Medienberichten im Vergleich zum Mittelwert der entsprechenden Wochen aus den vorangegangenen zwei Jahren fast unverändert war.[188] Während in der ersten Woche die Berichterstattung am intensivsten war, waren auch die Suizidzahlen in der ersten und dritten Woche am höchsten.[189]

Zudem stellt sich die Frage, wie im Hinblick auf den Suizid die neuen Medien, vor allem das Internet, die Gesellschaft beeinflussen. Erst im Jahr 1997 wurde der Einfluss des Internets auf den Cyber-Suizid in Betracht gezogen.[190] Das Internet unterscheidet sich von anderen Medien durch seine interaktive Funktion. Daher hat das Internet ein erhebliches Potenzial für die Entwicklung einer starken kollektiven Destruktionskraft, die Individuen mit selbstzerstörerischen Gedanken in einer Weise beeinflussen kann, die Suizide wahrscheinlicher macht.[191]

b) Papageno-Effekt

Während die Wirkung von Medien auf den Anstieg der Suizidzahlen als Werther-Effekt bezeichnet wird, wird der mögliche suizidpräventive Effekt der Medien als Papageno-Effekt betitelt.[192] Der Name des Konzepts basiert auf Mozarts Oper

188 *Schäfer/Quiring*, Publizistik 2013, 141, 154.
189 *Schäfer/Quiring*, Publizistik 2013, 141, 154.
190 *Baume/Cantor*, Crisis 1997, 73.
191 *Baume/Cantor*, Crisis 1997, 73, 77.
192 *Niederkrotenthaler, Voracek et al.*, BJPsych 2010, 234.

„Die Zauberflöte", in der Papageno eine suizidale Krise wegen des Verlusts seiner geliebten Papagena überwindet; mithilfe von drei Jungen richtet er seine Aufmerksamkeit auf alternative Bewältigungsstrategien.[193] Studien zeigen, dass Medien nicht nur schädliche Wirkung haben, abhängig von den Inhalten kann es auch positive Auswirkungen geben.[194] Scherr hat mit Recht vorgeschlagen, dass bei Therapien positiv wirkende Medien als Bestandteil verwendet werden sollten.[195]

III. Soziologische Theorien

Die soziologischen Theorien werden anhand ihres Ansatzes in zwei Arten von empirischen Untersuchungen unterteilt: zum einen Durkheims quantitativer, statistischer Ansatz und zum anderen der qualitative oder interpretative Ansatz, der als Kritik am erstgenannten Ansatz verstanden werden kann.[196] Vertreter dieser Theorien betrachten das Thema unter einem breiteren Blickwinkel, wonach das soziale Umfeld, die breiteren sozialen Beziehungen sowie ökonomische und kulturelle Faktoren in der Genese für die Entstehungsumstände des Suizids von Bedeutung sind.

Zum Beispiel befassen sich einige Theorien sowohl mit sozialen als auch mit individuellen Aspekten. Diese werden als psychosoziale Theorien bezeichnet und untersuchen die sozialen Implikationen von Suizid und suizidalem Verhalten in sozialen Kontexten.[197] Abgesehen davon befassen sich einige psychologische Theorien auch damit, wie soziale Normen die psychologische Entwicklung des Individuums beeinflussen bzw. die Gedanken des Individuums prägen.[198]

1. Emile Durkheims Theorie des Suizids

Die Thesen von Emile Durkheim in seinem berühmten Werk *Le Suicide* (1897) sind der einflussreichste soziologische Ansatz zum Suizid. Sie legen den Grundstein für die Betrachtung des Suizids in einem soziologischen Kontext und ebnen den Weg für die Entwicklung weiterer Theorien.

---

193 Siehe auch *Feggetter*, Br J Psychiatry 1980, 552, 557.

194 *Ruddigkeit*, Publizistik 2010; *Schäfer/Quiring*, Suizidprophylaxe 2013, 66.

195 Siehe *Scherr/Steinleitner*, Nervenarzt 2015, 557.

196 *Maskill, Hodges et al.*, Explaining Patterns of Suicide, S. 5.

197 Siehe *Taylor/Brown*, Psychol Bull 1988, 193; *Maskill, Hodges et al.*, Explaining Patterns of Suicide, S. 5 f.

198 *Maskill, Hodges et al.*, Explaining Patterns of Suicide, S. 6.

Laut Durkheim ist der Suizid, obwohl er auf den ersten Blick auf psychologischen Tatsachen zu beruhen und das Ergebnis individueller Strukturen zu sein scheint, in der Tat ein soziales Phänomen und ein Ergebnis der sozialen Struktur.[199] Er ist regelmäßig vorhersehbar und kann durch andere soziale Umstände erklärt werden.[200] Statt die traditionellen Erklärungen wie Alkoholismus[201] und Geisteskrankheit als Hintergrund des Suizids zu akzeptieren, beschäftigte sich Durkheim daher mehr mit dem Phänomen des sozialen Zusammenhalts bzw. der Integration und der moralischen Regulierung.

Die Anzahl der Suizide in einem bestimmten Zeitraum in einer bestimmten Gesellschaft wird durch die morphologische und soziale Struktur dieser Gesellschaft bestimmt. Die Theorie argumentiert, dass kollektive soziale Kräfte wichtigere Determinanten für Suizid sind als außersoziale oder individuelle Faktoren. Durkheim räumte ein, dass ein paar Personen mit suizidalen Neigungen durch die Nachricht von einem nahegelegenen Suizid über den Rand geführt werden könnten, aber er behauptete, dass die meisten der resultierenden Suizide wahrscheinlich mit der Zeit sowieso stattgefunden hätten.[202] Dies ist normal, sofern ein bestimmtes Verhältnis nicht überschritten wird. Wie hoch dieses Verhältnis sein soll, hat Durkheim jedoch nicht angegeben.

Da Suizid sich in dem Ausmaß unterscheidet, in dem soziale Gruppen integriert sind, müssen in ihrem allgemeinen Umfeld kollektive soziale Kräfte vorhanden sein, die Menschen in die gleiche Richtung treiben, deren größere oder geringere Stärke eine größere oder kleinere Anzahl von Menschen zum Suizid veranlasst. Diese sozialen Kräfte, die die Ursachen des Suizidphänomens bestimmen, sind Bewegungen, die in einer bestimmten Gesellschaft auftreten und von Gesellschaft zu Gesellschaft, von Religion zu Religion unterschiedlich sein können. Es ist jedoch bedeutend, dass sie von der Gruppe oder der Gesellschaft ausgehen und nicht vom Einzelnen. Basierend auf seinen epidemiologischen Studien argumentierte Durkheim, dass es zwei Dimensionen des sozialen Einflusses auf Individuen gebe. Zum einen sei dies die soziale Integration; in diesem Kontext bezieht sich dies auf den Grad der Verbindung zwischen Individuum

---

199 *Durkheim*, Selbstmord, S. 110 (1965); *Durkheim*, Selbstmord., S. 30.

200 Siehe Exemptionalism *Benton, Buttel et al.*, Sociological theory, S. 38.

201 Durkheim behauptet, dass kein Zusammenhang zwischen Suizidraten, Alkoholkonsum und alkoholbedingten Erkrankungen besteht. Pope behauptet nachher, dass Durkheim seine Daten falsch gelesen hatte. Siehe *Pope*, Durkheim's Suicide: A classic analyzed Heutige Untersuchungen zeigen, dass Pope Recht hat, nämlich Alkoholkonsum und Suizid positive korrelieren.

202 *Phillips*, The Sciences 1985, 32, 33.

und Gesellschaft.[203] Sowohl die übermäßige Integration in eine soziale Gruppe als auch der Mangel daran erhöhten das Suizidrisiko. Zum anderen sei es moralische Regulierung, nämlich der Grad des Einflusses, den die Gesellschaft auf ein Individuum habe. Schwache, unvollständige oder starre soziale Regulierung in einer Gesellschaft löse Dauerfrustration aus und erhöhe das Suizidrisiko.[204]

Durkheim klassifiziert Selbsttötungen unter Berücksichtigung sozialer Gründe und unterteilt den Suizid als soziale Tatsache in vier unterschiedliche Kategorien: egoistischer, altruistischer, anomischer und fatalistischer Suizid.[205]

1) Egoistischer Suizid: Besonders in modernen Gesellschaften, in denen organische Solidarität[206] vorherrscht und in denen Individualität alles ist, ist das Individuum schwächer in eine Gruppe integriert. Suizide treten also auf, wenn die sozialen Bindungen locker sind und sich der Einzelne einsam fühlt. Sie werden dadurch verursacht, dass der Einzelne nicht durch die Religion, die politische Gruppe und die Familie, der er sich zugehörig fühlt, geschützt ist. In diesem Zusammenhang ist das Suizidrisiko umso geringer, je stärker eine Person in die Gesellschaft integriert ist.[207] Nach Durkheim: *„Der egoistische Selbstmord bestimmt sich daraus, dass die Menschen im Leben keinen Sinn mehr sehen."*[208]

Basierend auf seinen Daten stellte Durkheim fest: Katholiken begehen weniger Suizid als Protestanten, da Katholiken aufgrund ihres Verständnisses der Hierarchie von Autoritäten stärker in eine Gesellschaft integriert sind. Im Gegensatz dazu sind Protestanten individualistischer.[209] Sie integrieren sich schwächer in die Gesellschaft und unterliegen einer schwächeren sozialen Kontrolle. Nach Durkheims Daten ist unter Juden die Suizidrate am niedrigsten. Er stellte fest, dass der Minderheitenstatus den Zusammenhalt fördert. Auf der anderen Seite begehen unverheiratete, verwitwete und kinderlose Menschen häufiger Suizid, weil es ihnen an Solidarität und sozialer Kontrolle durch eine Gruppe fehlt. In

203 *Durkheim*, Selbstmord, S. 232.

204 Siehe *Baumann*, Vom Recht auf den eigenen Tod, S. 238.

205 Der fatalistische Suizid wird von Durkheim nur kurz in einer Fußnote erwähnt. Er misst diesem Typ für die Gegenwart *„wenig Bedeutung"* bei.

206 Organische Solidarität ist soziale Integration, die aus dem Bedürfnis des Einzelnen nach gegenseitigen Diensten entsteht. In einer Gesellschaft, die durch organische Solidarität gekennzeichnet ist, gibt es eine stärkere Arbeitsteilung. Ausführlich zum Thema s. Nolan, „mechanical and organic solidarity", abrufbar unter: *https://www.britannica.com/topic/mechanical-and-organic-solidarity*, letzter Zugriff am 26.02.2022.

207 Siehe *Peeck*, Suizid und Seelsorge, S. 18.

208 *Durkheim*, Selbstmord, S. 295 f.

209 *Durkheim*, Selbstmord, S. 169 f. (1983)

Zeiten politischer Unruhen, von Kriegen und größeren sozialen Krisen ist kein Raum für individuelle Gedanken, die soziale Solidarität intensiviert sich, und dies führt zu einer Reduzierung der Suizidrate.

2) Altruistischer Suizid: In den traditionellen Gesellschaften, besonders wenn sie exzessiv kollektivistisch ausgeprägt sind und in ihnen mechanische Solidarität[210] vorherrscht, hat die Gruppe Vorrang, und das Individuum bedeutet nichts. In diesem Zusammenhang begeht ein Individuum Selbsttötung nicht nur, wenn es von der Gesellschaft isoliert ist oder es sich einsam fühlt, sondern auch, wenn es der Gesellschaft sehr verbunden ist. Nach Durkheim findet der altruistische Selbsttöter den Sinn des Lebens außerhalb des eigenen.[211] Dies führt zu altruistischen Suiziden. Ältere Menschen, Kranke und verwitwete Frauen begehen in bestimmten Gesellschaften Suizid, weil in ihrer Gesellschaft kein Platz mehr für sie ist.

3) Anomischer Suizid: Zerfällt der Konsens über Werte, und die Gesellschaft bzw. Gemeinschaft befindet sich wegen eines plötzlichen oder zu schnell fortschreitenden Wandels in einem Zustand der Regellosigkeit, führt dies zu steigenden „*anomischen*" Suizidquoten.[212]

4) Fatalistischer Suizid: Schließlich gibt es den fatalistischen Suizid, der zustande kommt, wenn die Gesellschaft bzw. die Gruppe sich in einem Zustand der Überreglementierung oder der exzessiven Kontrolle (*excès de réglementation*) befindet.

Durkheims soziale „Tatsachen" (*fait social*) enthalten auch in der heutigen moderneren und globalisierten Welt immer noch viele wichtige Aspekte. Die zunehmende ältere Bevölkerung, die mindere Religionszugehörigkeit, die abnehmende Unterstützung der Gemeinschaft und der zunehmende Individualismus sind Faktoren, die Durkheims Theorien bedeutsamer machen und einer weiteren Untersuchung bedürfen. Auch in der gegenwärtigen demographischen Struktur Deutschlands nimmt die Lebenserwartung stetig zu, und dies wird in den nächsten Jahrzehnten zu einer erheblich alternden Bevölkerung führen.

Wenn die oben genannten Einflussfaktoren und die Höhe der Suizidraten bei der älteren Bevölkerung berücksichtigt und als bedeutsam erachtet werden,

---

210 Mechanische Solidarität ist die soziale Integration von Mitgliedern einer Gesellschaft, die gemeinsame Werte und Überzeugungen teilen. Ausführlich zum Thema s. Nolan, „mechanical and organic solidarity", abrufbar unter: *https://www.britannica.com/topic/mechanical-and-organic-solidarity*, letzter Zugriff am 26.02.2022.

211 *Durkheim*, Selbstmord, S. 295 f. (1983)

212 *Durkheim*, Selbstmord., S. 215; *Durkheim*, Der Selbstmord., S. 295 f. (1983)

wäre die Praxis und Akzeptanz des assistierten Suizids im Sinne dieser Theorien zu erklären.

In die Kategorie des altruistischen Suizids von Durkheim fallen alte Personen, die sich als Belastung für ihre Familie oder die Gesellschaft empfinden und daher Sterbehilfe anfordern.[213] Ein isoliertes Leben ohne Familie oder Freunde, eingeschränkte soziale Unterstützung sowie geminderte Mobilität können den Todeswunsch des egoistischen Typs im Falle von sich verschlechternder Gesundheit erhöhen.[214] Die Häufigkeit von assistiertem Suizid und Sterbehilfe und die Einstellung dazu sollten im Sinne der sozialen Integration, besonders bei den Ländern, in denen Sterbehilfe erlaubt ist, weiter untersucht werden.

2. Soziologische Betrachtungen nach Emile Durkheim

Der soziologische Ansatz untersucht die suizidalitätsfördernden Wirkungen von sozialen Umständen. Beispielsweise die Zugehörigkeit zu einer bestimmten Gruppe oder Religion, Lebensereignisse wie Scheidung, Krankheit, Kriminalität.[215] Die Theorien der sozialen Integration wurden nach Durkheim auch unter verschiedenen Gesichtspunkten untersucht. Halbwachs' Theorie des Suizids besteht z. B. aus vielen komplexen Elementen wie psychologischen, sozialen, biologischen und kulturellen Determinanten. Im Lichte seiner sozialpsychologischen Suizidtheorie schlug er vor, dass ein Mangel an sozialer Integration bzw. das Bestehen einer sozialen Isolation Suizid auslösen kann.[216]

a) Lebensstil und Suizid

In seinem letzten großen Werk über Selbsttötung betrachtete Halbwachs Suizid wie Durkheim als eine Art thermometrischen Index, der uns über den moralischen Zustand, die moralische Temperatur einer Gruppe informiert.[217] Er kritisiert Durkheim dafür, dass er psychiatrische wie manisch-depressive Psychose

---

213 *Dhossche*, „Does Durkheim's social theory of suicide apply more to assisted suicide than suicide?" abrufbar unter: https://www.priory.com/psych/durkheim.htm, letzter Zugriff am 05.10.2021.

214 *Dhossche*, „Does Durkheim's social theory of suicide apply more to assisted suicide than suicide?" abrufbar unter: https://www.priory.com/psych/durkheim.htm, letzter Zugriff am 05.10.2021.

215 *Wolfersdorf*, Nervenarzt 2008, 1319, 1328.

216 *Travis*, BJS 1990, 225.

217 *Halbwachs*, The causes of suicide, S. 6.

und andere sozialpsychologische Faktoren nicht in Betracht gezogen hat.[218] Anders als Durkheim findet er sowohl religiöse Praktiken als auch familiäre Beziehungen bei der Bestimmung der Ursachen von Suizid wichtig.[219] Manchmal gehören Protestanten und Katholiken zu unterschiedlichen Nationalitäten.[220] Anderswo sind Katholiken Bauern, während Protestanten in den Städten und vielleicht mehr in urbanisierten Regionen leben und sich mit industriellen und kommerziellen Professionen beschäftigen.[221] Er betonte, dass der Protestantismus sich zuerst in den Städten durchgesetzt hat.[222] Er zitiert Max Webers Studie, wonach Protestanten proportional am zahlreichsten unter Besitzern von Kapital, Unternehmern und qualifizierten Industriearbeitern seien.[223] Er akzeptiert, dass nicht alle Katholiken in ländlichen Milieus leben sowie nicht alle Protestanten in Städten. Außerdem gebe es Städte, sogar große Städte, die einen eigenen Rhythmus und Lebensgewohnheiten bewahrten, die charakteristischer für ländliche Milieus seien.[224]

Halbwachs hat eine andere Vorstellung als Durkheim zur Definition der Integration. Nach seiner Meinung sind religiöse Bräuche religiös, aber vor allem sind sie Bräuche. Religiöse Motive sind manchmal vermischt mit übrigen Bräuchen und vielleicht kann eine Gruppe insofern integriert werden, als in ihr traditionelle, tief verwurzelte Praktiken anzutreffen sind.[225] Möglicherweise unterscheidet sich eine katholische Gruppe von anderen nicht nur wegen der Natur ihrer religiösen Überzeugungen, sondern weil sie besser erhalten und traditioneller sind.[226] Daher sollen sie nicht bloß als religiöse Gruppe angesehen werden, sondern vielmehr als ein Lebensstil (*genre de vie*) oder als ein Typ der Zivilisation (*type de civilisation*).[227] Ebenfalls würde nach dem Konvergenz-Ansatz von Halbwachs trotz eines Anstiegs der Suizidraten beim Modernisierungsprozess bei hohen Urbanisierungsebenen der Suizid weitgehend konstant bleiben.[228]

---

218 *Albrecht/Groenemeyer*, Handbuch soziale Probleme, S. 1039; *Halbwachs*, The causes of suicide, S. 12.
219 *Halbwachs*, The causes of suicide, S. 6.
220 *Halbwachs*, The causes of suicide, S. 7.
221 *Halbwachs*, The causes of suicide, S. 316.
222 *Halbwachs*, The causes of suicide, S. 173.
223 *Halbwachs*, The causes of suicide, S. 173.
224 *Halbwachs*, The causes of suicide, S. 175.
225 *Halbwachs*, The causes of suicide, S. 171.
226 *Halbwachs*, The causes of suicide, S. 171.
227 *Travis*, BJS 1990, 225 Vgl. *Halbwachs*, The causes of suicide, S. 6; *Halbwachs*, The causes of suicide, S. 171 f.
228 *Halbwachs*, The causes of suicide, S. 309 ff.

b) Modernisierung und Suizid

Die Modernisierung oder die Prozesse der Urbanisierung, Industrialisierung und Säkularisierung standen im Mittelpunkt der klassischen Theorien des Suizids.[229] Alle drei Indikatoren neigen dazu, stark miteinander verbunden zu sein, sodass sie zusammen bewertet werden müssen.

In westlichen Quellen wurden die positive Korrelation zwischen Suizid und Urbanisation seit Beginn des 17. Jahrhunderts von Klerus und Moralphilosophen betont, wonach im Vergleich zu den ländlichen Gebieten das Leben in der Stadt mit einem höheren Suizidrisiko einhergehe.[230] Zum Beispiel wurde die Verbindung zwischen Londons Verstädterung und Suizid durch den englischen puritanischen Minister Sir William Denny im Jahr 1653 aufgezeigt.[231] Etwa hundert Jahre nach William Denny kam der französische Dramatiker Louis Sebastien Mercier zu der gleichen Schlussfolgerung für die Stadt Paris.[232]

Aber warum sollte das Leben in den Städten mehr Suizide auslösen? Problematisch ist nicht das Leben in der Stadt an sich, sondern seine Begleitumstände. Leben in der Stadt wurde von den Autoren manchmal mit Melancholie[233], Verfall des Glaubens oder Säkularismus gleichgesetzt und manchmal mit wechselnder moralischer und sozialer Struktur.[234] Alle drei Prozesse können die Bindungen des Individuums an die Gesellschaft aushöhlen.[235] Beispielsweise löst das Leben in der Stadt nach Voltaire melancholische Gefühle aus, und melancholische Gefühle führen zum Suizid.

Stack synthetisierte die widersprüchlichen Forschungsergebnisse zu Urbanisierung und Suizid, indem er eine quadratische Beziehung postulierte, in der die Selbsttötungsraten in den frühen Stadien der Urbanisierung aufgrund der sozialen Störungen der Landflucht zunähmen.[236] Danach würden die Suizidraten steigen oder möglicherweise sinken, da die Stadtbewohner sich über Generationen hinweg auf das Leben in einer städtischen Umgebung einstellen.[237]

---

229 Siehe *Stack*, Suicide Life Threat Behav 2000, 163.
230 *Weaver/Wright*, Histories of suicide, S. 20.
231 *Weaver/Wright*, Histories of suicide, S. 20; *Kushner*, J Soc Hist 1993, 461, 462.
232 *Weaver/Wright*, Histories of suicide, S. 20; *Kushner*, J Soc Hist 1993, 461, 462.
233 *Wolfersdorf*, Nervenarzt 2008, 1319, 1332.
234 *Kushner*, J Soc Hist 1993, 461, 462.
235 *Stack*, Suicide Life Threat Behav 2000, 163.
236 Siehe *Stack*, Deviant Behav 1982, 41, 52.
237 *Stack*, Deviant Behav 1982, 41, 52.

Eine relative neue Studie aus dem Jahr 2012 von Watzka[238] hat das individuelle Suizidrisiko in Österreich im Licht von sozialen und demografischen Faktoren untersucht. Demnach waren in der Zeit zwischen ca. 1850 und 1950 wegen „*Massenelends und der sozialen Desintegration*" in den städtischen Milieus die Suizidzahlen höher als in ländlichen Milieus, denn in ländlichen Gebieten bestanden enge soziale Beziehungen und andere Schutzfaktoren, weshalb niedrigere Suizidzahlen errechnet wurden. Die Zahlen seit dem 20. Jahrhundert zeigen ein umgekehrtes Verhältnis, wonach die Stadt Wien die niedrigsten Suizidraten hat, während in ländlichen Gebieten die höheren Raten auftreten, weil die „*Antidote der postmodernity*" noch nicht angekommen ist. Nach der Studie besteht zwischen sozialem Status und Suizid eine positive Korrelation. Weitere Einflussfaktoren sind soziale Desintegration, Urbanitätsgrad, Lebensstil und Beschäftigungslosigkeit. Im Licht der Studie ist zu beachten, dass in Regionen, in denen es ein medizinisch-psychiatrisches, psychotherapeutisches und psychosoziales Versorgungssystem gibt, die Suizidzahlen niedriger sind.[239]

c) Die Rolle der Religion

Die Untersuchungen über die Verbindung der Rolle von Religion und Religiosität in der Suizidologie sind nicht neu. In den letzten 50 Jahren hat sich durch erhebliche theoretische und empirische Fortschritte gezeigt: Je zugehöriger sich ein Mensch einer Religion fühlt, desto negativer bewertet er das Thema Selbsttötung.[240] Studien zeigen, dass religiöse Überzeugungen Menschen daran hindern, sich selbst zu töten, wie es die religiöse Verpflichtungsperspektive voraussagt, unabhängig davon, welche abrahamitische Religion das Thema ist.[241] So zeigen verschiedene Studien, dass Religion mit niedrigen Suizidraten assoziiert ist, aber der zugrundeliegende Mechanismus ist noch nicht ganz klar.[242] In Bezug auf Suizid und Religion treten drei Theorien in den Vordergrund: die klassische Durkheim-Integrationsansicht, die Perspektive des religiösen Engagements und die Kontext- oder Netzwerkperspektive von Pescosolido.

---

238 Siehe *Watzka*, Neuropsychiatrie 2012, 95.

239 *Watzka*, Neuropsychiatrie 2012, 95.

240 *Lester*, Why people kill themselves.

241 Siehe *Greening/Stoppelbein*, Suicide Life Threat Behav 2002, 404, 415; *Eskin*, Soc Psychiatry Psychiatr Epidemiol 2004, 536; *Stark/Doyle*, JSSR 1983, 120; ausführlich zum Thema s. *Nelson, Hanna et al.i.*, Suicidology 2012, 59, 60 ff.

242 *Stark/Doyle*, JSSR 1983, 120.

aa) Die klassische Durkheim-Integrationsansicht

Durkheim argumentierte in seiner klassischen Integrationsansicht, die religiösen Auswirkungen auf den Suizid spiegelten lediglich die soziale Integration wider. Nach seiner Ansicht kann die Theologie nicht die Ursache protestantisch-katholischer Unterschiede in Bezug auf Suizidraten sein, da es keine theologische Variation in dieser Angelegenheit gebe, sondern beide den Suizid mit gleicher Betonung verbieten. Katholiken würden niedrigere Suizidraten aufweisen als Protestanten aufgrund der besseren sozialen und religiösen Integration. Weil die katholische Kirche eine Gesellschaft sei, die stärker integriere als andere religiöse Gruppen, schütze sie vor Suizid.[243]

Halbwachs argumentierte, dass Religion eine Quelle für verbindliche Menschen in der Gesellschaft sei, die zu sozialer Solidarität führe, die Suizidraten einschränken könne.[244] Wie Father Krose S. J. ist er der Meinung, der Katholizismus könne wegen der Angst vor Strafe jenseits des Grabes vom Suizid abhalten.[245] Jedoch kann er dies weder statistisch verifizieren noch falsifizieren, denn bei Vergleichsnationen gibt es neben religiösen Überzeugungen viele andere Unterschiede, wie Lebensstil, städtische Einflüsse oder regionale Besonderheiten.[246]

bb) Die Perspektive des religiösen Engagements

Die Religiöse-Engagement-Theorie argumentiert, es bestehe eine starke religiöse Wirkung auf den Suizid, unabhängig von der sozialen Integration.[247]

Obwohl der Einfluss der Religionen in säkularen Gesellschaften gering ist, beeinflusst die Strenge der Regeln bezüglich Suizids oder Sterbehilfe in einer Religion laut der Religiöse-Engagement-Theorie die Zahl der Suizide und die Perspektive des Suizids in Gesellschaften, in denen diese Religion vorherrscht. In diesem Sinne kann die religiöse Hingabe oder die Weltanschauung einer Bevölkerung als ein Faktor angesehen werden, der den Suizid beeinflusst.[248]

---

243 So auch *Siegrist,* J Soc Psychol 1996, 559, 564. Pope enthüllte, dass in Durkheims Arbeit die Arithmetik mit Fehlern durchsetzt war. Wenn dies korrigiert ist, scheint es jetzt nie einen protestantisch-katholischen Unterschied gegeben zu haben. Siehe *Pope,* Durkheim's Suicide: A classic analyzed; *Krause/Booth,* Religious influences, S. 61.

244 *Halbwachs,* The causes of suicide, S. 316.

245 *Halbwachs,* The causes of suicide, S. 7.

246 *Halbwachs,* The causes of suicide, S. 7.

247 *Stark/Doyle,* JSSR 1983, 120, 129; unterstützenden empirischen Daten von *Stack,* Suicide Life Threat Behav 2000, 163, 170.

248 So auch *Joubert,* Psychological Reports 1995, 573, 574.

Beispielsweise kamen einige Studien zu dem Ergebnis, dass der Katholizismus sich als Schutzfaktor gegen Suizid erweist.[249] Obwohl sich die offizielle Haltung der katholischen Kirche zu suizidalen Verhaltensweisen im Allgemeinen im Laufe der Zeit abgeschwächt hat, hat der Katholizismus strengere Sanktionen gegen Suizid verhängt als die meisten protestantischen Konfessionen.[250] Eine Studie fand heraus, dass US-Bundesstaaten mit einem größeren Anteil an Katholiken deutlich niedrigere Suizidraten meldeten.[251]

Auch im Islam gilt Suizid als große Sünde. Unterschiedliche Studien zeigen, dass in Ländern mit hohem muslimischen Bevölkerungsanteil die Suizidrate niedriger ist als in Ländern mit hohem christlichen Bevölkerungsanteil.[252] Trotz ähnlicher Bevölkerungszahl (etwa 80 Millionen in beiden Ländern) betrug in der Türkei im Jahr 2015 die Zahl der Suizide 3211, während in Deutschland diese Zahl bei etwa 10 078 lag.[253] Die niedrigen Suizidzahlen unter Muslimen haben auch Bestand, wenn sie mit anderen Religionen wie dem Hinduismus oder dem Judentum verglichen werden.

Bemerkenswert ist, dass unter Hindus die Suizidraten sehr hoch sind, im Schnitt 22,0 von 100 000 Personen pro Jahr, obwohl nach den Schriften des Hinduismus die Selbsttötungshandlung grundsätzlich nicht toleriert wird.[254] Es gibt jedoch bestimmte Umstände, unter denen Suizid in der hinduistischen Religion und Gemeinschaft akzeptabel ist. Prāyopaveśa, der eigenwillige Fastentod, ist akzeptabel, wenn ein religiöser Anhänger an einer unheilbaren Krankheit leidet oder nicht in der Lage ist, sich selbst zu pflegen.[255]

---

249 Siehe *Breault*, AJS 1986, 628, 652; Ausführlich erklärt *Siegrist*, J Soc Psychol 1996, 559, 564.

250 *Nelson, Hanna et al.i.*, Suicidology 2012, 59, 62.

251 Siehe *Joubert*, Psychological Reports 1995, 573 f.

252 Siehe *Simpson/Conklin*, Soc Forces 1989; *Lichert*, Fortschr Neurol Psychiatr 2017, 126, 127.

253 Turkish Statistical Institute, Suicide Statistics, 2015, abrufbar unter: https://data.tuik.gov.tr/Bulten/Index?p=Suicide-Statistics-2015-21516, letzter Zugriff am: 25.09.2021.; In der Türkei ist die Beihilfe zum Suizid nach Artikel 84 des türkischen StGB verboten.; Siehe auch, Anzahl der Sterbefälle durch vorsätzliche Selbstbeschädigung (Suizide) in Deutschland in den Jahren von 1980 bis 2019, abrufbar unter:

https://de.statista.com/statistik/daten/studie/583/umfrage/sterbefaelle-durch-vorsaetzliche-selbstbeschaedigung/, letzter Zugriff am, 07.09.2019.

254 *Lichert*, Fortschr Neurol Psychiatr 2017, 126, 127.

255 *Nelson, Hanna et al.i.*, Suicidology 2012, 59, 64.

Im Vergleich zu anderen Gruppen, außer Muslimen, weist auch die jüdische Bevölkerung niedrigere Suizidzahlen auf.[256] Nach einer Studie aus Israel gibt es unter Juden jedoch höhere Suizidraten als in der muslimischen Bevölkerung.[257]

Ein weiterer Einflussfaktor, warum unter Muslimen die Suizidraten relativ niedrig sind, außer der Rigorosität des religiösen Suizidverbots, kann der fehlende Alkoholkonsum sein, da die Abhängigkeit von Alkohol nach Studien ein Risikofaktor für Suizid ist, der Alkoholkonsum im Islam aber nicht toleriert wird.[258]

cc) Die Kontext- oder Netzwerkperspektive von Pescosolido

Das dritte Argument, die Kontext- oder Netzwerkperspektive, konzentriert sich darauf, wie die grundlegenden Veränderungen in der sozialen Organisation die Grundlage der Netzwerkbildung in Verbindung mit Religion veränderten.[259] Laut Pescosolido konnte Durkheim nicht erklären, wie sich die soziale Organisation veränderte und wie sie die Rolle der Religion im Leben der Menschen beeinflusste. Während im Mittelalter in den westlichen Gesellschaften Religion eine zentrale Rolle bei der sozialen Organisation von Netzwerken spielte, bilden seit dem späten 19. Jahrhundert aufgrund von Urbanisierung, Industrialisierung und Migration „*individuelle Interessen*" die Basis der Netzwerkbildung.[260] Diese Entwicklungen boten Menschen zwar mehr Freiheit, aber weniger emotionale Unterstützung, und dies löst einen Suizideffekt aus.[261] Daher muss man laut Pescosolido bei der Bestimmung des Einflusses von Religion auf Suizid auch die geografische, soziale, historische und kulturelle Lage in Betracht ziehen.[262]

Stack vertritt die Auffassung, was Suizid verursacht, sei möglicherweise nicht Immigration, sondern die Wirkung von psychischen Störungen oder individuellen Niveaueigenschaften, und Migration spiegele vielleicht diese Probleme nur wider.[263] Stack ist auch der Meinung, dass es über die tatsächliche Religiosität und religiöse Zugehörigkeit von Menschen, die Suizid begangen haben, keine

---

256 *Pescosolido*, TSQ 1990, 337.

257 Siehe *Klomek, Nakash et al.*, Soc Psychiatry Psychiatr 2016, 869, 871.

258 *Lichert*, Fortschr Neurol Psychiatr 2017, 126, 126.

259 Siehe *Pescosolido/Georgianna*, Am Sociol Rev 1989, 33, 45; Siehe auch *Stack*, Suicide Life Threat Behav 2000, 163, 170.

260 *Pescosolido/Georgianna*, Am Sociol Rev 1989, 33, 45.

261 *Pescosolido/Georgianna*, Am Sociol Rev 1989, 33, 45; zum Einfluss sozialer Unterstützung, so etwa Robins/Fiske, Suicide Life Threat Behav 2009, 386, 394.

262 *Pescosolido/Georgianna*, Am Sociol Rev 1989, 33, 45.

263 *Stack*, Suicide Life Threat Behav 2000, 163, 173.

ausreichenden Informationen gebe und daher Mikroebenen-Forschung durchgeführt werden sollte.[264]

Obwohl sich die verschiedenen Suizidtheorien zu widersprechen scheinen oder als konkurrierend gesehen werden können, überlappen sie sich teilweise und sind nicht streng voneinander getrennt.

IV. Psychiatrische und neurologische Erkrankungen und Suizid

Studien, die den Suizid auf psychische Ursachen zurückführen, werden seit Langem diskutiert. Stimmungsschwankungen und Depression gehören bei den meisten neurologischen Erkrankungen zum Krankheitsbild. Der mentale Zustand des Patienten beeinflusst den Verlauf der neurologischen Erkrankung und spielt eine wichtige Rolle für die Lebensweise und die Bewältigung der Situation durch den Patienten.

Um eine medizinische Antwort zu finden, wurden in vielen Studien Suizidgedanken, Suizidversuche und Suizide im Zusammenhang mit Depression und anderen psychischen Störungen untersucht.[265] Obwohl Suizidgedanken nicht immer eine psychische Erkrankung implizieren, behauptet eine Studie, dass bis zu 95 % der Menschen, die sich selbst töten, eine diagnostizierbare psychiatrische Krankheit in den Monaten vor dem Suizid hatten.[266] Laut einer anderen Studie in den Niederladen über Schienensuizide beträgt der Anteil der Patienten mit einer psychiatrischen Vorgeschichte 65 %, und 53 % der Suizidenten wurden zum Zeitpunkt ihres Todes psychiatrisch betreut, wobei die häufigsten Diagnosen affektive Störungen und nicht affektive Psychosen waren.[267]

Diese Erkrankungen können als suizidauslösende Faktoren betrachtet werden, darunter fallen insbesondere Psychosen, Suchterkrankungen, Persönlichkeitsstörungen und Depressionen. Weitere suizidauslösende Erkrankungen sind Schizophrenie und Panikstörungen; für alle diese Krankheiten sind Behandlungsmöglichkeiten verfügbar.

Unter den psychischen Krankheiten ist die Depression eine der häufigsten Erkrankungen, und bei Betroffenen mit depressiver Störung besteht stark

---

264 *Stack*, Suicide Life Threat Behav 2000, 163, 174; abweichend *Siegrist,* J Soc Psychol 1996, 559, 564.

265 *Weissman*, Arch Gen Psychiatry 1974, 737; *Roy/De Jong*, Arch Gen Psychiatry 1989.

266 *Hendin/Klerman*, Am J Psychiatry 1993, 143; Siehe auch *Pohlmeier* Depression und Selbstmord S. 56, 64. Zu letzteren aktuellen Zahlen *Wedler*, Suizid kontrovers, S. 17 f.

267 *Van Houwelingen/Kerkhof*, J Affect Disord 2008, 281, 281, 283.

erhöhte Suizidalität.[268] Obwohl die meisten der Suizidenten unter einer behandelbaren Depression leiden,[269] ist die Todesursache bei etwa 3–4 % aller Personen mit Depression heute noch die Selbsttötung.[270] Zwar sind alte Menschen im Vergleich zu jungen anfälliger für Suizid, aber sie reagieren bei einer akuten depressiven Episode auf moderne Behandlungen effektiver.[271] Nach deutschen Forschungsergebnissen im Hinblick auf den Zusammenhang zwischen Substanzstörungen, Depression und Suizid besteht bei Personen mit Komorbidität bei einer schweren Depression und einer Lebensdauer-Angststörung die Diagnose einer stark erhöhten Suizidgefahr.[272]

Darüber hinaus wird behauptet, dass psychische Störungen in Verbindung mit psychotropen Substanzen (besonders bei Abhängigkeit) *„die Komorbidität mit einem Major Depression bei Störungen durch Substanzkonsum das Suizidrisiko vergrößert.“*[273] Ebenfalls war eine schwere körperliche Erkrankung während der letzten drei Monate bei Störungen im Zusammenhang mit psychotropen Substanzen ein entscheidender Faktor.[274]

Unterschiedliche Studien zeigen, dass die Suizidraten und der Anstieg der Behandlung mit Antidepressiva in umgekehrtem Verhältnis zueinander stehen, d. h., eine stärkere Verbreitung der Behandlung mit Antidepressiva trägt zu einer erheblichen Senkung der Suizidraten bei.[275]

Auf der anderen Seite zeigen die Ergebnisse der jüngsten Studien ein erhöhtes Suizidrisiko bei einer übermäßigen Nutzung von Sedativa und Hypnotika.[276] Die Ärzte sollten diesbezüglich eine sorgfältige Bewertung des Suizidrisikos vor der Verschreibung eines Beruhigungsmittels oder Hypnotika vornehmen. Frühere Studien haben gezeigt, dass Depressionen in hohem Maße mit der Akzeptanz von ärztlich assistierter Suizid und Euthanasie assoziiert sind, und haben

---

268 *Wolfersdorf*, Bundesgesundheitsblatt 2008, 443, 445.
269 *Hendin/Klerman*, Am J Psychiatry 1993, 143.
270 *Wolfersdorf*, Bundesgesundheitsblatt 2008, 443, 445.
271 *Hendin/Klerman*, Am J Psychiatry 1993, 143.
272 *Bronisch/Wittchen*, Eur Arch Psychiatry Clin Neurosci 1994, 93.
273 *Schneider, Georgi et al.*, Psychiatr Prax 2006, 81, 85.
274 *Schneider, Georgi et al.*, Psychiatr Prax 2006, 81, 83.
275 *Carlsten, Waern et al.*, Soc Psychiatry Psychiatr Epidemiol 2001, 525; *Isacsson*, Acta Psychiatr Scand 2000, 113; *Olfson, Shafferet al.*, Arch Gen Psychiatry 2003, 978.
276 Vgl. *Carlsten/Waern*, BMC Geriatr 2009, 20; *Brower, McCammon et al.*, J Clin Psychiatry 2011, 515.

ebenso gezeigt, dass depressive Patienten stärker dazu neigen, den assistierten Suizid zu akzeptieren.[277]

D. Risiko- und Schutzfaktoren bei Selbsttötungen

I. Risikofaktoren

Neben biopsychosozialen Theorien gibt es aufgrund der mehrdimensionalen Struktur des Suizids auch empirisch fundierte individuell-psychische und umgebungsbedingt-soziale Risikofaktoren. Nach einem Bericht der WHO sind individuelle Risikofaktoren für einen Suizid neben Job- und Finanzproblemen auch ein allgemeines Gefühl der Hoffnungslosigkeit[278], chronische Schmerzen oder Krankheiten.[279] Ebenfalls führen Traumata, Missbrauch, Gewalt, Mobbing, Vergewaltigung zu einer erhöhten Suizidalität. Als soziale Umgebungsfaktoren zählen dazu: Beziehungskonflikte, Verlusterfahrung, Einsamkeit, Gefühl der Isolation und mangelnde soziale Unterstützung.[280]

Persönlichkeitsmerkmale wie erhöhte Impulsivität, Aggressivität oder emotionale Instabilität sind bei der Suizidalität zu beachten.[281] Menschen mit früherem Suizidversuch und Suizidgedanken oder Suizide in der Familiengeschichte gehören zur Risikogruppe.[282] Ein erhöhtes Risiko für suizidales Verhalten haben auch Menschen mit terminalen Erkrankungen mit extremer Pflegebedürftigkeit und unzureichender Aufklärung.[283]

II. Schutzfaktoren

Die körperliche und geistige Gesundheit ist ein wichtiger Schutzfaktor gegen Suizid, weil sie das Immunsystem sowie die persönliche Flexibilität im Falle

---

277 *Rymowicz/Joshi*, Am J Geriatr Psychiatry 2018, 113, 114.

278 Für Suizidgedanken bei Älteren in Beziehung zu Hoffnungslosigkeit und Einsamkeit siehe *Gunzelmann, Beutel et al.*, Z Psychosom Med Psychother 2016, 366, 373.

279 Siehe *Organization*, Preventing suicide: a global imperative.

280 *Ajdacic-Gross*, Ther Umsch 2015, 603, 607; *Berger/Della Casa*, Ther Umsch 2015, 619, 620.

281 *Ajdacic-Gross*, Ther Umsch 2015, 603, 607; *Berger/Della Casa*, Ther Umsch 2015, 619, 624; Die Kombination von unerträglichen mentalen Schmerzen und Kommunikationsschwierigkeiten sind dazu wichtig nach *Gvion, Horresh et al.*, Comprehensive psychiatry 2014, 40.

282 *Ajdacic-Gross*, Ther Umsch 2015, 603, 607; BVerfG, Urteil des Zweiten Senats vom 26. Februar 2020 - 2 BvR 2347/15, Rn. 135. Rn. 247.

283 *Wolfersdorf*, Nervenarzt 2008, 1319, 1325.

einer Krise oder einer akuten Krankheit unterstützt.[284] Auch schwierige und stressige Risikosituationen und tägliche Auseinandersetzungen müssen flexibel und angemessen angegangen werden. Dies setzt jedoch Toleranz gegenüber Enttäuschungen (Bewältigungsmechanismus) und einen optimistischen Lebensstil voraus.[285]

Weitere Schutzfaktoren sind die Stabilität und Nachhaltigkeit der familiären Beziehungen sowie der sozialen Unterstützung und Netzwerke.[286] Auch hat die Religion bzw. Religiosität einen schützenden Effekt gegen Suizid.[287]

III. Suizid-Prävention

Der Suizid in Deutschland wie auch in anderen Ländern ist wegen seiner schädlichen Wirkungen ein gesellschaftliches Problem, das nicht nur den Suizidenten selbst, sondern auch seine möglicherweise traumatisiert hinterbliebene Familie, Gemeinde und sogar die ganze Gesellschaft affektiert. Jedes Jahr sind weltweit etwa 800 000 Todesfälle auf Suizid zurückzuführen.[288] Das heißt, alle 40 Sekunden stirbt ein Mensch durch Suizid. Laut Statistischem Bundesamt ist der Suizid in Deutschland die Todesursache bei jedem Hundertsten. In Deutschland begehen jährlich ca. 10 000 Menschen Suizid, damit ist die Zahl der Tode durch Suizid hier fast dreimal so hoch wie die Zahl der Toten im Straßenverkehr[289], während die erfolglosen Suizidversuche sogar das Zehnfache betragen:[290] etwas über 100 000.

In diesem Zusammenhang wurde der Aktionsplan von Mental Health der Weltgesundheitsorganisation (WHO), der hauptsächlich Maßnahmen zur Suizid-Prävention umfasst, im Mai 2013 auf der 66. Weltgesundheitsversammlung angenommen. Dieser hatte zum Ziel, bis zum Jahr 2020 die Suizidrate in allen Ländern um 10 % zu verringern.[291]

---

284 *Schneider, Wächtler et al.*, in: Einflussfaktoren für Suizid, S. 35, 40.

285 *Schneider, Wächtler et al.*, in: Einflussfaktoren für Suizid, S. 35, 41.

286 *Schneider, Wächtler et al.*, in: Einflussfaktoren für Suizid, S. 35, 42; *Berger/Della Casa*, Ther Umsch 2015, 619, 620.

287 Siehe *Kralovec, Plöderl et al.*, Psychiatrie und Psychotherapie 2009, 17, 20.

288 *WHO*, Suicide Data, abrufbar unter: http://www.who.int/mental_health/prevention/suicide/suicideprevent/en/, letzter Zugriff am 25.09.2021.

289 Im Jahr 2015 beträgt die Anzahl der Selbsttötungshandlungen mit Todesfolge 10078, Verkehrsunfall mit Todesfolge 459.

290 *Radtke*, „Statistiken zu Selbstmord und Sterbehilfe", abrufbar unter: https://de.statista.com/themen/40/selbstmord/, letzter Zugriff am 25.09.2021.

291 *Organization*, Preventing suicide: a global imperative.

1. Einschränkung des Zugangs zu Mitteln und Methoden[292]

Viele empirische Studien haben gezeigt, dass die Einschränkung des Zugangs zu tödlichen Suizidmethoden eine wirksame Strategie zur Suizid-Prävention darstellt.[293]

In Hongkong ist der „Suizid am Kohlengrill" seit 1988 aufgrund des Werther-Effekts zu einer beliebten Methode geworden. Auf der Insel Cheung Chau mit 40 000 Einwohnern im Distrikt Islands in Hongkong stiegen im Jahr 2002 die Suizidfälle mit Holzkohlevergiftung in Ferienhäusern. Inselbewohner und Unternehmen initiierten ein engmaschiges Netzwerk aufgrund der negativen Auswirkungen dieser Suizidfälle auf der Insel.[294] Es wurde beschlossen, den Zugang von suizidverdächtigen Personen zu Ferienwohnungen zu verwehren. In diesem Sinne weigerten sich die Eigentümer, Wohnungen an alleinstehende, unglücklich, depressiv oder zu emotional wirkende Besucher zu vermieten.[295] Polizei patrouillierte stündlich auf der Insel, um Unregelmäßigkeiten in der Gemeinde rechtzeitig zu identifizieren.[296] Mitarbeiter von Geschäften waren aufmerksam gegenüber Kunden, die Holzkohle kaufen wollten.[297] Als Ergebnis dieser umfassenden Maßnahmen verringerte sich die Zahl der Besuchersuizide von 37 Todesfällen in den 51 Monaten vor Programmdurchführung auf 6 Todesfälle in den 42 Monaten der Programmdurchführung! Auch die Zahl der Suizide auf den umliegenden Inseln nahm nicht signifikant zu.[298]

In einer kontrollierten Studie wurde die Wirksamkeit der Einschränkung des Zugangs zu Holzkohle zur Verhinderung von Suiziden durch Kohlenmonoxidvergiftung in Hongkong untersucht.[299] So wurden in der Interventionsregion alle Holzkohlepackungen 12 Monate lang aus den offenen Regalen der großen Einzelhandelsgeschäfte entfernt.[300] Andererseits wurden in der Kontrollregion

---

292 *Yip, Caine, et al.*, The Lancet 2012, 2393

293 *Wong, Liu et al.*, Suicide Life Threat Behav 2009, 82 (87); *Zalsman, Hawton et al.*, Lancet 2016, 646 *Yip, Law et al.*, Br J Psychiatry 2010, 241; *Cantor/Baume*, Aust N Z J 1998; *Wilks, Fernando et al.*, PLoS Med 2008,; *Mann, Apter et al.*, JAMA 2005, 2064; *Gunnell, Fernando et al.*, Int J Epidemiol 2007; *Sarchiapone, Mandelli et al.*, Int J Environ 2011, 4550; *Lin/Lu*, BMC Public Health 2011, 712; *Hawton, Townsend et al.*, BMJ 2001, 1203; in die entgegengesetzte Richtung Siehe *Bateman*, Clin Toxicol 2009.

294 *Wong, Liu et al.*, Suicide Life Threat Behav 2009, 82, 85.

295 *Wong, Liu et al.*, Suicide Life Threat Behav 2009, 82, 85.

296 *Wong, Liu et al.*, Suicide Life Threat Behav 2009, 82, 85.

297 *Wong, Liu et al.*, Suicide Life Threat Behav 2009, 82, 85.

298 *Wong, Liu et al.*, Suicide Life Threat Behav 2009, 82, 87.

299 Siehe *Yip, Law et al.*, Br J Psychiatry 2010, 241.

300 *Yip, Law, et al.*, Br J Psychiatry 2010, 241.

Holzkohlepackungen wie üblich ausgestellt.[301] Anders als in der Kontrollregion nahm die Suizidrate im Zusammenhang mit der Verbrennung von Holzkohle im Interventionsbereich signifikant ab. Darüber hinaus gab es in beiden Regionen keine signifikante Änderung der Suizidrate durch andere Methoden.[302]

Diese zwei Beispiele deuten darauf hin, dass die Einschränkung des Zugangs zu tödlichen Methoden die Suizidrate verringert und nicht zu einem Wechsel zu alternativen Suizidmethoden führt.[303]

2. *Verhinderung unangemessener Medienberichterstattung*

Unangemessene Medienberichterstattung über Suizide ist ein Risikofaktor für suizidgefährdete Personen. Studien zeigen, dass eine nicht dem Pressekodex entsprechende Berichterstattung den Werther-Effekt verstärkt.

Laut Ziffer 8 des Pressekodex in Deutschland sind Journalisten verpflichtet, den Schutz der Persönlichkeit zu achten, dies gilt auch nach dem Tod. Bei der Berichterstattung sollen Journalisten den Schutzbereich des allgemeinen Persönlichkeitsrechts der Betroffenen[304] und das Informationsinteresse der Presse und damit der Öffentlichkeit abwägen. In Richtlinie 8.7 des Pressekodex heißt es dazu: „*Die Berichterstattung über Selbsttötung gebietet Zurückhaltung. Dies gilt insbesondere für die Nennung von Namen, die Veröffentlichung von Fotos und die Schilderung näherer Begleitumstände.*" Zurückhaltung bedeutet, Journalisten sollten darauf verzichten, unerhebliche Umstände wie den Ort, die Todesart und die Motive zu nennen, und sollen abwägen, ob die Tat überhaupt berichtenswert ist.

Die Auswirkungen der Berichterstattung kann bezüglich des Werther-Effekts präzise beim Suizidfall Enke beobachtet werden. Es ist zu diskutieren, ob die Presse aus medienethischer Sicht bei der Berichterstattung über diesen Fall richtig handelte. Nach einer Studie von Schäfer wurde über den Fall Enke innerhalb von drei Wochen in insgesamt 193 Artikeln in den sieben untersuchten Printmedien[305] „*übergreifend, wiederholt und umfassend*" berichtet. Die Medien platzierten mehr als die Hälfte der Artikel auf der Titelseite oder in einer hervorgehobenen Spalte, und nur 70 der 193 Artikel wurden ohne Bilder gedruckt.[306] Manche Bilder enthielten die letzten Stationen vor dem Suizid oder sogar Fotos

301 *Yip, Law, Fu et al.*, The British Journal of Psychiatry 2010, 241.

302 *Yip, Law, Fu et al.*, The British Journal of Psychiatry 2010, 241.

303 Siehe auch *Yip, Caine et al.*, The Lancet 2012, 2393, 2395.

304 Name, Adresse, Alter, Beruf und Umstände unterliegen dem Schutz der Persönlichkeit.

305 FAZ, SZ, Bild, Zeit, Spiegel, Stern, Bunte.

306 *Schäfer/Quiring*, Publizistik 2013, 141, 148.

vom Todesort. Auch die Überschriftengrößen entsprachen nicht dem Zweck der Richtlinie.[307] Im Ergebnis kann man sagen, dass im Fall Enke die Medien nicht die Bedeutung von Vorbildern erkannt bzw. den Einfluss von Prominenten nicht beachtet haben. Man kann wie beim Werther-Effekt hier von einem „*Enke-Effekt*" sprechen, und die Medien haben nicht gerade dazu beigetragen, diese Wirkung zu verhindern. Diese Berichterstattung war kein konstruktiver Journalismus, stattdessen wurde der Suizid spektakulär und sensationslüstern aufgebauscht und die suizidale Handlung dramatisiert.

Dies führt dazu, dass depressive junge Männer mit Fan-Schal auf die Gleise steigen, um sich das Leben zu nehmen.[308] Studien über die Berichterstattung von Selbsttötungen sind wichtig, um zu zeigen, welch negative Wirkung eine grafische Beschreibung des Suizidmodus haben kann. Die Medien haben großen Einfluss auf die Verringerung oder Erhöhung der Suizidalität bei Risikopersonen.[309] Wegen der detaillierten Berichterstattung kann Suizid zum einen von suizidgefährdeten Personen als Problemlösung betrachtet werden, zum anderen kann für die Angehörigen oder nahestehenden Personen der Betroffenen eine große psychische Belastung entstehen. Weil Suizide in der Familiengeschichte das Suizidrisiko erhöhen, kann dies eine Kettenreaktion auslösen.

a) Beschwerden bei Verstößen gegen den Pressekodex

In Deutschland gibt es seit 1956 den Presserat, der bei Beschwerden gegen Verstöße journalistischer Grundregeln zuständig ist. Dieser Rat arbeitet als Selbstkontrolle der Printmedien. Wenn Beschwerden im Sinne des Pressekodex begründet sind, dann ist der Presserat berechtigt, bestimmte Maßnahmen zu treffen. Nach § 12 Abs. 5 der Beschwerdeordnung des deutschen Presserats kann dies ein Hinweis, eine Missbilligung, in schwerwiegenderen Fällen eine öffentliche oder – unter Berücksichtigung des Opferschutzes – nicht-öffentliche Rüge sein. Gegen die Entscheidungen des Deutschen Presserats können keine Rechtsmittel eingelegt werden, außer den Kontrollmechanismen Unterlassung, Widerruf oder Schadenersatz im Sinne von §§ 823 ff. BGB.[310]

---

307 *Schäfer/Quiring*, Publizistik 2013, 141, 154.

308 *Pohlers, Rövekamp*, „Nicht totschweigen!", der Tagesspiegel, 27.06.2016, abrufbar unter: https://www.tagesspiegel.de/berlin/suizid-als-tabuthema-nicht-totschweigen/13519722.html, letzter Zugriff am 25.09.2021.

309 *Niederkrotenthaler, Voracek et al.*, BJPsych 2010, 234, 241; Siehe auch *Chen, Liao* et al., Soc Psychiatry Psychiatr Epidemiol 2012, 215.

310 *Paschke*, Medienrecht, Kap. 28. Rn. 1391.

Ob die Maßnahmen des deutschen Presserats zum Thema Suizid ausreichend sind, ist jedoch fraglich. Erstens werden nicht alle Verstöße vom deutschen Presserat gerügt. Beispielsweise wurde beim Fall Enke eine öffentliche Rüge nur gegen das Satiremagazin „*Titanic*" ausgesprochen, obwohl viele Medien gegen den Pressekodex verstoßen hatten. Zweitens scheinen die Sanktionen des Presserats nicht ausreichend zu sein. Obwohl der Presserat wegen Verletzung des Deutschen Pressekodexes die Medien häufig gerügt hat (durchschnittlich ca. 30 Rügen pro Jahr zwischen 2015 und 2017), hat dies die Selbstbeherrschung der Medien nicht sehr gefordert. Die Medien verstoßen immer wieder gegen den Kodex.

b) Konstruktiver Journalismus

Um einen sicheren Medieninhalt zu fördern, hat die Weltgesundheitsorganisation (WHO) einen Leitfaden für Media Professionals für die Suizidprävention bzw. die Meldung von Suiziden entwickelt.[311] In diesem Sinne wird das Thema konstruktiver Journalismus wichtig. Vertreter dieser Theorie des konstruktiven Journalismus vertreten die Auffassung, statt Objektivismus und „positivem Journalismus" sollen Konstruktivismus und das Konzept der Transparenz als Prüfstein bei der Berichterstattung gelten. In diesem Zusammenhang sollen neben den klassischen journalistischen sechs W-Fragen[312] weitere Fragen in Bezug auf erklärenden Kontext, Zusammenhänge, Lösungs- und Handlungsmöglichkeiten in dem Text gestellt werden. Dies wird gefordert, um ein „*ganzheitliches Bild*" des Themas zu zeigen.[313]

Nicht nur die traditionellen, sondern auch die modernen Medien wie das Internet können als helfende Funktion für die Suizidprävention genutzt werden. Robinson et al. halten fest, dass soziale Netzwerke Menschen mit Suizidrisiko Zugang zu Informationen, Unterstützung und Beratung ermöglichen sowie ihre Erfahrungen in einem flexiblen, zeitnahen und leicht zugänglichen Format teilen. Daher könnten sie bei sorgfältiger Anwendung eine wichtige Rolle bei der Suizidprävention spielen und eine nützliche Ergänzung zu traditionelleren

---

311 *World Health Organization*, Preventing suicide, 2017.

312 „Wer? Was? Wann? Wo? Wie? Warum?" sind die Fragen, die die meisten Fragen abdecken, die eine Person stellen würde, wenn sie etwas über eine Veranstaltung erfahren würden, viele dieser sogenannten W-Fragen im Journalismus werden während der Berichterstattung beantwortet. Für die weitere İnformation über W-Fragen siehe, *Weischenberg*, Journalistische Praxis, S. 60 ff.

313 *Meier*, Journalistik 2018, 1, 6.

Behandlungsformen darstellen.[314] Sie ermöglichen diesen Individuen gleichzeitig, Unterstützung in einer als sicher und nicht urteilend empfundenen Umgebung zu erhalten, wodurch sie in die Lage versetzt werden, einzigartige und positive Identitäten auf eine Weise zu schaffen, die sie sonst vielleicht nicht hätten verwirklichen können.[315]

Gould vertritt zu Recht die Auffassung, dass Fachkräfte im Bereich der psychischen und öffentlichen Gesundheit sowie die Medien eine Partnerschaft entwickeln sollten, um die Wirksamkeit von Meldungen über Suizide zu erhöhen und gleichzeitig das Risiko für nachahmende Selbsttötungen zu minimieren.[316] Die Möglichkeiten der Medien, die Öffentlichkeit angemessen aufzuklären und dabei gleichzeitig die Haltung gegenüber dem Suizid zu ändern, sollte genutzt werden.[317]

Österreich hat als erstes Land der Welt bereits im Jahr 1987 Medienempfehlungen zu einer sorgfältigen Medienberichterstattung über U-Bahn-Suizide umgesetzt.[318] Heute unterstützen auch andere Länder eine aktive Zusammenarbeit mit den Medien, die dazu beitragen kann, Ansteckung zu vermeiden und die Qualität der Berichterstattung zu verbessern.[319]

In Frankreich wird ein nationales Programm zur Suizidprävention namens *Papageno* durchgeführt, das speziell darauf abzielt, das Bewusstsein für Suizid und die Berichterstattung darüber zu schärfen.[320] Es zielt darauf ab, bei einer neuen Generation von Journalisten mehr Bewusstsein für ihre Verantwortung hinsichtlich Suiziden und der WHO-Leitlinien zu entwickeln, weshalb es auch gemeinsame Treffen vorsieht von psychiatrischen Auszubildenden und Journalismus-Studenten zum Zwecke der Zusammenarbeit für eine sicherere Medienberichterstattung über Suizid.[321]

---

314 *Robinson, Cox et al.*, Early Interv Psychiatry 2016, 104; *World Health Organization*, Preventing suicide, 2017 Siehe auch *Niederkrotenthaler*, Inj Prev 2016, A8; *Scherr/Steinleitner*, Nervenarzt 2015, 557.

315 *Robinson, Cox et al.*, Early Interv Psychiatry 2016, 104; *World Health Organization*, Preventing suicide, 2017

316 *Gould*, Ann N Y Acad Sci 2001, 200, 216.

317 *Gould*, Ann N Y Acad Sci 2001, 200, 216.

318 *Niederkrotenthaler*, Inj Prev 2016, A8.

319 *Niederkrotenthaler*, Inj Prev 2016, A8.

320 *Notredame*, Eur Psychiatry 2016, 29.

321 *Notredame*, Eur Psychiatry 2016, 29.

E. Empirische Daten und Schlussfolgerungen

Viele Kritiker stützen ihre Einwände auf einen Mangel an empirischen Belegen über die schädliche Wirkung der Sterbehilfe, einschließlich der Suizidhilfe.[322] Daher halten sie den Zusammenhang zwischen dem kollektiven Schutzzweck des Wertes des menschlichen Lebens und einem „*Dammbruch*"-Argument für spekulativ und für „eine wenig plausible Behauptung."[323] Robert Roßbruch beispielsweise wandte bei der öffentlichen Anhörung zu den Verfassungsbeschwerden gegen § 217 StGB das Argument des Gesetzgebers ein. Er führte als Beispiel diverse US-Bundesstaaten und die Schweiz an, wobei er behauptete, dass eine solche Gefahr nicht erkennbar sei.

Es besteht kein Zweifel, dass statistische Modellierungs- und Datenanalysestudien zu diesem Thema unzureichend sind. Bei den Schlussfolgerungen aus den verfügbaren Daten ist jedoch auf einige Details zu achten.[324]

1. In den Ländern, in denen beides, aktive Sterbehilfe und Suizidbeihilfe, erlaubt ist, wäre es irreführend, nur die Zahl der assistierten Suizide zu berücksichtigen. Beispielsweise zeigen niederländische Statistiken, dass die Zahl der aktiven Sterbehilfen viel höher als die der assistierten Suizide ist. Auch ist zu ersehen, dass die assistierten Suizide nicht stärker verbreitet sind als die aktive Sterbehilfe, trotz konstanter Steigerung. Abgesehen von der Tatsache, dass nicht jeder körperlich fähig ist, einen Suizid durchzuführen, lässt sich dies vermutlich auf folgende Gründe zurückführen.
   Die Entscheidung, sich das eigene Leben zu nehmen, ist schwieriger, wenn man die aktive Rolle dabei spielt. Daher würden mehr Menschen aktive Sterbehilfe über assistierten Suizid bevorzugen, wenn sie die Wahl zwischen einer aktiven oder passiven Rolle beim eigenen Tod haben. Diese Schlussfolgerung kann auch aus der jüngsten Erhebung aus Kanada gezogen werden. Das kanadische „*Medical Assistance in Dying*"-Gesetz erlaubt sowohl aktive Euthanasie als auch assistierten Suizid. Die Gesamtzahl der medizinisch unterstützten Todesfälle in Kanada seit dem Erlass des Gesetzes (zwischen dem 10. Dezember 2015 und dem 31. Oktober 2018) beträgt 6749, wobei nur sechs der Fälle assistierter Suizid

---

322 *Gaede*, JuS 2016, 385 (387); *Weigend/Hoven*, ZIS 2016, 681 (609); *Hoven*, MedR 2018, 741, 742; *Eidam*, Medstra 2016, 17, 19; *Saliger*, Selbstbestimmung, S. 185; relativierend Magnus, Medstra 2016, 210 (213); *Hecker*, GA 2016, 455 (465); *Schöch*, in: FS Kühl, S. 585, 599.

323 *Saliger* in: NK-StGB, § 217 Rn. 6; *Eidam*, Medstra 2016, 17, 19.

324 Siehe Anhang A, I, II, III, IV.

waren.[325] Laut kanadischem Zwischenbericht zu diesem Gesetz, scheinen sich Ärzte mit dem assistierten Suizid weniger wohl zu fühlen, da sie Bedenken haben wegen der möglichen Komplikationen und hinsichtlich der Fähigkeit des jeweiligen Patienten, sich die verfügbaren Medikamente selbst zu verabreichen.[326]
Auch in den Niederlanden sind die Ärzte aufgrund technischer Probleme bei der Beendigung eines assistierten Suizids oder der Unfähigkeit der Patienten, das Medikament selbst einzunehmen, gezwungen, den Suizidbeihilfeprozess in eine aktive Sterbehilfe zu wandeln.[327] Eine Studie aus den Niederlanden berichtet, dass in 21 von 114 Fällen, in denen ursprünglich nur Suizidhilfe vorgesehen war, der verantwortliche Arzt aufgrund der Komplikationen beschloss, das tödliche Medikament selbst zu verabreichen.[328]
Bei einer objektiven Bewertung dieser Länder sollte daher die Gesamtzahl der Statistiken über aktive Sterbehilfe und Suizidbeihilfe bei der Steigerung der Zahlen berücksichtigt werden. Da die aktive Sterbehilfe in Deutschland nicht legal ist, sollte auch diskutiert werden, welche Vorkehrungen bei technischen Komplikationen für den Patienten zu treffen sind.

2. In den Vereinigten Staaten ist die Zahl der assistierten Suizide nicht so hoch wie in der Schweiz und in den Niederlanden. Dies könnte folgende Gründe haben.[329]
Die Bereitschaft der Ärzte, beim Suizid zu assistieren, könnte die Zahlen des assistierten Suizids beeinflussen. In einer Studie von Ganzini et al. wurden die Daten der ersten zwei Jahre seit der Einführung des Gesetzes in Oregon untersucht. Demnach erteilten Ärzte die Erlaubnis zu einem von sechs Anträgen auf Verschreibung, und nur einer von 10 Anträgen führte tatsächlich zum Suizid.[330] Nur ein Drittel der Ärzte in Oregon seien bereit, tödliche Medikamente zu verschreiben.[331] Die neuesten Daten und Entwicklungen in den Niederlanden

---

325 Fourth Interim Report on „Medical assistance in Dying in Canada", S. 8; abrufbar unter: https://www.canada.ca/content/dam/hc-sc/documents/services/publications/health-system-services/medical-assistance-dying-interim-report-april-2019/medical-assistance-dying-interim-report-april-2019-eng.pdf, letzter Zugriff am 25.09.2021

326 Fourth Interim Report on „Medical assistance in Dying in Canada", S. 8; abrufbar unter: https://www.canada.ca/content/dam/hc-sc/documents/services/publications/health-system-services/medical-assistance-dying-interim-report-april-2019/medical-assistance-dying-interim-report-april-2019-eng.pdf, letzter Zugriff am 25.09.2021.

327 *Groenewoud, van der Heide et al.*, N Engl J Med 2000, 551.

328 *Groenewoud, van der Heide et al.*, N Engl J Med 2000, 551, 554.

329 Siehe Anhang A, I, II, III.

330 *Ganzini, Nelson et al.*, N Engl J Med 2000, 557.

331 *Ganzini, Nelson et al.*, N Engl J Med 2000, 557.

weisen ebenfalls auf dieses Argument hin, d. h., die Vorgehensweise von Ärzten in den Niederlanden beeinflusst die assistierten Suizidzahlen. Im März 2018 leitete die Staatsanwaltschaft die ersten Ermittlungen zu einem Fehlverhalten eines Arztes während der Sterbehilfe ein. Später wurden drei weitere Ermittlungen eingeleitet, darunter bestanden schwere Vorwürfe, ob etwa der Wille zum Sterben freiwillig war. Dieses Anzeichen eines feindseligeren rechtlichen Umfelds und Anzeichen von Zweifeln an der Richtung der niederländischen Sterbehilfe wirkten sich negativ auf die Bereitschaft der Ärzte aus, das Verfahren durchzuführen. Infolgedessen ist die Zahl der Fälle im Jahr 2018 (6126) gegenüber dem Jahr 2017 (6585) um 7,2 % zurückgegangen, der erste Rückgang war 2006 festgestellt worden.[332] Später wurde in zwei von vier Fällen das Verfahren ohne weitere Auflagen eingestellt. Als Ergebnis gab es im Jahr 2019 (6361) rund 3,7 % mehr Fälle als 2018, aber weniger als noch 2017.

Auch kann eine negative Korrelation zwischen der Entwicklung der palliativen Maßnahmen und dem Interesse an assistiertem Suizid vorliegen. In Oregon änderten einige Patienten ihre Meinung über die Begehung des Suizids infolge angemessener Betreuung und palliativer Interventionen.[333] Hier kommt auch die Bedeutung der umfassenden Aufklärung und Beratung ins Spiel.

Zweitens könnte dies an den härteren Voraussetzungen für erlaubten assistierten Suizid liegen.[334] In der Schweiz ist die Teilnahme an einem selbstverantwortlichen Suizid nur dann strafbar, wenn dies aus *„selbstsüchtigen Beweggründen“* geschieht. Infolgedessen ist eine organisatorische Suizidbeihilfe zulässig. Außerdem ist eine besondere Krankheit (wie eine tödliche Krankheit oder ein unerträglicher Schmerz) nicht erforderlich. In der Schweiz ist eine Erhöhung der Suizidbeihilfe aufgrund von altersbedingten Polypathologien bei älteren Menschen zu verzeichnen.[335]

Andererseits stellen die US-Bundesstaaten strengere Anforderungen. Zum Beispiel schreiben die Gesetze in Oregon und Washington vor, dass jeder Patient, der einen Antrag auf tödliche Verschreibung stellt, seinen Wohnsitz im Bundesstaat haben muss, mindestens 18 Jahre alt ist und für geistig kompetent erklärt

---

332 Siehe Jahresbericht 2017, 2018, 2019, Regionale Kontrollkommissionen für Sterbehilfe, abrufbar unter: https://english.euthanasiecommissie.nl/thecommittees/documents/publications/annual-reports/2002/annual-reports/annual-reports, letzter Zugriff: 05.10.2021

333 *Ganzini/Dobscha*, J Clin Ethics 2004, 119.

334 Siehe auch *Borasio/Jox*, The Lancet 2019, 982

335 *Bosshard*, in: Assistierter Suizid, S. 29 (38)

wurde. Darüber hinaus müssen zwei Ärzte bescheinigen, dass er nur noch sechs Monate oder weniger zu leben hat. Der Antrag des Patienten muss schriftlich bestätigt werden und zweimal mündlich im Abstand von 15 Tagen erfolgen. Die Zugangsmittel stehen daher nur unter bestimmten Voraussetzungen und für bestimmte Personengruppen zur Verfügung.
Drittens könnte dies auf die Zahl der Menschen aus dem Hilfeprozess zurückzuführen sein. Die Unterstützung der Suizidhandlung oder das Gegenteil kann todeswillige Menschen beeinflussen. Aus der Erfahrung der Vereinigten Staaten ist bemerkenswert, dass ein Teil der Menschen, die das Rezept für tödliche Substanzen erhalten haben, entweder eine Weile wartet oder überhaupt keinen Suizid begeht. In Oregon haben nach Inkrafttreten des Gesetzes im Jahr 1998 insgesamt 2217 Personen ein Rezept erhalten, von diesen sind nur 1459 Menschen oder 65,8 % durch tödliche Medikamente gestorben.[336]
In der Schweiz dagegen bringt nach ärztlicher Untersuchung ein Mitglied des Sterbeorganisationsteams das Mittel im konkreten Fall zum vereinbarten Termin und Ort für den Suizid mit.[337] Diese Suizidhelfer arbeiten nicht mehr ehrenamtlich, sie erhalten von EXIT eine Pauschalentschädigung pro Fall.[338] Möglicher Druck durch die Beteiligung anderer Personen und ein Beitrag für die Mitgliedschaft in einem Verein kann ein Scheitern der Suizidentscheidung erschweren. Es birgt die Gefahr, dass suizidwillige Menschen auch von Sterbehelfern beeinflusst werden.

3. Strengere Anforderungen bedeuten nicht, dass kein Missbrauch oder mindestens Vernachlässigung möglich wird. In Oregon wurden im Jahr 2018 zwei Ärzte wegen Nichteinhaltung der gesetzlichen Anforderungen an das Oregon Medical Board verwiesen.[339]

---

336 *Public Health Division, Center for Health Statistics*, Oregon Death with Dignity Act: Annual Reports 2018, abrufbar unter: https://www.oregon.gov/oha/PH/PROVIDERPARTNERRESOURCES/EVALUATIONRESEARCH/DEATHWITHDIGNITYACT/Documents/year21.pdf, S. 5., letzter Zugriff am 25.09.2021.

337 *Informations Broschüre DIGNITAS*, abrufbar unter: http://www.dignitas.ch/index.php?option=com_content&view=article&id=22&Itemid=5&lang=de, letzter Zugriff am 25.09.2021.

338 *Aschwanden*, „Der Verein Exit hat ein Millionenvermögen angehäuft. Was macht eine Sterbehilfeorganisation mit so viel Geld?", Neue Zürcher Zeitung, 07.05.2019, abrufbar unter: https://www.nzz.ch/schweiz/sterbehilfe-exit-hat-ein-vermoegen-in-millionenhoehe-angehaeuft-ld.1478725, letzter Zugriff am 25.09.2021.

339 *Oregon Death with Dignity Act Data Summary, 2018*, abrufbar unter: https://www.oregon.gov/oha/PH/PROVIDERPARTNERRESOURCES/EVALUATIONRESEARCH/DEATHWITHDIGNITYACT/Documents/year21.pdf, S. 7; letzter Zugriff am

Die Niederlande sind im deutschen Raum ein prominentes Beispiel als Missbrauchsargument gegen die Sterbehilfe gewesen. In den Jahren 1990/91[340] und 1995/96[341] zeigten zwei große unabhängige Studien über medizinische Maßnahmen zur Beendigung des Lebens, dass es nicht möglich ist, alle Ärzte zur Meldung ihrer Sterbehilfe-Fälle zu veranlassen.

4. Eine Bestimmung der Freiverantwortlichkeit eines Suizids wird schwierig. Frühere Studien haben gezeigt, dass Depressionen in hohem Maße mit der Akzeptanz von assistiertem Suizid und Sterbehilfe assoziiert sind, und dass Patienten mit terminalen Erkrankungen durch Depressionen in ihrer Akzeptanz bezüglich assistiertem Suizid beeinflusst werden können. Daher sollte festgestellt werden, ob der Suizidwillige in keinem geistigen Zustand ist, der das Urteilsvermögen beeinträchtigt. Der Suizidwunsch bei einem solchen Patienten erfordert einen hohen Verdacht und sollte zu einer psychiatrischen Untersuchung führen. Der Staat hat eine Schutzpflicht, wenn ein Missbrauch vermutet werden kann oder wenn eine psychische Störung den Sterbewillen vermutlich verursacht hat.[342]
Die Praxis der Sterbehilfe bei psychischen Erkrankungen variiert jedoch je nach Ländern. In den Niederlanden oder Belgien beschränkt sich die Praxis nicht auf Sterbende oder tödlich erkrankte Menschen, während in Oregon wegen nur psychischer Beschwerden keine Sterbehilfe durchgeführt werden kann. Laut Statistiken in den Niederlanden ist die Rate der Sterbehilfe aufgrund psychischer Belastung niedrig im Vergleich zu denen aufgrund von körperlichen Erkrankungen. In Oregon wird Euthanasie nie aufgrund psychischer Beschwerden durchgeführt. Das Problem besteht darin, dass Statistiken nur auf Patienten hinweisen, die wegen psychischer Belastung eingeschläfert wurden. Auf der anderen Seite ist es bei vielen der todeswilligen Patienten auch möglich, dass zusätzlich zu einer Grunderkrankung komorbide psychische Störungen wie Depression auftreten. In den Raten sind diese Patienten nicht eingeschlossen, und es ist nicht möglich, bei diesen Patienten das Fehlen einer psychologischen Belastung in der Suizidentscheidung auf gesunde Weise herauszufinden. In Oregon beispielsweise wurde im Jahr 2018 nur 1,2 % (3 von 248) der Suizidwilligen, die

---

25.09.2021. Siehe auch Bericht des National Council on Disability der USA über assistierten Suizid, abrufbar unter: https://ncd.gov/sites/default/files/NCD_Assisted_Suicide_Report_508.pdf, letzter Zugriff am 25.09.2021.

340 *Van der Maas, Van Delden et al.*, The Lancet 1991, 669.

341 *Van der Maas, Van Der Wal et al.*, N Engl J Med 1996, 1699, 1071.

342 *Taupitz*, in: Assistierter Suizid, S. 115.

das Rezept für das tödliche Medikament erhalten haben, einer psychiatrischen Untersuchung unterzogen.[343]

5. Die Legalisierung des assistierten Suizids hat keinen positiven Einfluss auf die allgemeinen Suizidraten. In den Ländern, in denen Sterbehilfe gesetzlich erlaubt ist, stagnieren oder steigen die Suizidzahlen. Daher scheint die in der Literatur geäußerte Ansicht, dass ärztlich assistierter Suiziddie hohen Suizidraten senken würde, ungenau zu sein.[344] Die Legalisierung der Sterbehilfe hat weder in der Schweiz noch in den Niederlanden einen positiven Einfluss auf die Suizidzahlen.[345]

6. In Ländern, in denen die Sterbehilfe legalisiert wurde, wurde das Verfahren im Laufe der Zeit geändert und ständig erweitert. In der Schweiz besteht eine Tendenz zur Ausweitung der Suizidbeihilfe, und besonders seit 2008 stiegen die Zahlen recht deutlich.[346] 2014 wurde in Belgien der Geltungsbereich der Sterbehilfe auf Minderjährige ausgedehnt. Im Jahr 2019 hat Oregon ein Gesetz verabschiedet, das Menschen mit nur 15 Tagen verbleibender Lebenserwartung ermöglicht, die gesetzlich vorgeschriebene Wartezeit von 15 Tagen zu umgehen. In der Literatur wird eine Ausweitung der Euthanasie auf psychisch kranke und demente Menschen, wie sie in den Niederlanden und Belgien vorliegt, als bedenklich angesehen.[347]

Zwischen 2002 und Ende 2017 wurde in den Niederlanden etwa 55 000 Menschen eine Form der Sterbehilfe (Tötung auf Verlangen oder Beihilfe zu der Selbsttötung) geleistet.[348] Im Jahr 2017 erhielt die RTE 6585 Meldungen über

---

343 Siehe *Oregon Death with Dignity Act Data Summary* 2018, abrufbar unter: https://www.oregon.gov/oha/PH/PROVIDERPARTNERRESOURCES/EVALUATIONRESEARCH/DEATHWITHDIGNITYACT/Documents/year21.pdf, S. 7, letzter Zugriff am 25.09.2021.

344 Siehe Anhang, A, I, II, III,

345 Siehe Anhang, A, II, IV.

346 Vgl. *Schweizerische Eidgenossenschaft, Bundesamt für Statistik*, 2016, abrufbar unter: https://www.bfs.admin.ch/bfs/de/home/statistiken/kataloge- datenbanken/publikationen.assetdetail.3902305.html, letzter Zugriff am 25.09.2021; *EXIT*, Jahresbericht 2018, abrufbar unter, https://exit.ch/verein/jahresberichte/jahresbericht-2018/, letzter Zugriff am 25.09.2021; EXIT, Jahresbericht 2015, abrufbar unter: https://exit.ch/verein/jahresberichte/jahresbericht-2015/, letzter Zugriff am 25.09.2021.

347 *Bormann/Wiesing*, in: Assistierter Suizid, S. 85, 88.

348 Siehe für die Zeitraum 2002-2016: *Staeck*, Niederlande verzeichnet Nachfrage-Boom, Ärzte Zeitung online, 24.04.2017, abrufbar unter: https://www.aerztezeitung.de/politik_gesellschaft/sterbehilfe_begleitung/article/934162/aktive-sterbehilfe-niederlande-verzeichnet-nachfrage-boom.html; Siehe auch, *Regionale Kontrolle Kommissionen*

assistierten Tod. Das sind 4,4 % der Gesamtzahl der Todesfälle (150 027), die 2017 in den Niederlanden stattfanden. Die Antwort darauf, warum die Sterbehilfe in den Niederlanden zugenommen hat, könnte in der Ausweitung der Bedingungen, die für die Sterbehilfe als ausreichend erachtet werden, und in der Lockerung des Konzepts des „unerträglichen Leidens" liegen.[349] Diese Ausweitung wird auch von der niederländischen Gesellschaft unterstützt. Sowohl die Unterstützung der Gesellschaft als auch die konstant steigende Verfahrenszahl können als Hinweis auf eine Normalisierung gewertet werden.

7. Die Wirkung auf die Medien zum Phänomen „Suizid" wurde ignoriert. In den letzten Jahren gab es viele Filme, Fernsehserien, zahlreiche und umfassende Berichte und in manchen Ländern sogar Werbung zu Sterbehilfe und Sterbehilfeorganisationen. Die Akzeptanz von Sterbehilfe stieg parallel dazu in den letzten Jahren kontinuierlich. Die erwartete Sorgfalt bei der Berichterstattung über Suizid in Sterbehilfefällen wurde ignoriert. Die Debatte über Sterbehilfe wird oft einseitig reflektiert. Nach dieser Auffassung ist ein würdiger Tod gleichbedeutend mit Suizid. Dies spiegelt jedoch nicht das ganzheitliche Bild des Themas wider. Beispielsweise nimmt die Zahl der assistierten Selbsttötung in der Schweiz bis 2016 konstant zu. 2016 ging sie erstmals seit Beginn der Statistik leicht zurück.[350] Im Jahr 2017 stieg sie jedoch wieder an und erreichte im Jahr 2018 einen Höchstwert von mindestens 1126 Fällen.[351] Diese Zahl wird vermutlich weiter steigen. Laut EXIT-Daten gingen im Jahr 2017 rund 3500 Anträge

---

für Sterbehilfe, Jahresbericht 2018, https://english.euthanasiecommissie.nl/thecommittees/documents/publications/annual-reports/2002/annual-reports/annual-reports, letzter Zugriff am 25.09.2021.

349 Ausführlich zur Ausweitung der Sterbehilfe *Boer*, Sibiu 2014, 197, 205 ff.

350 Für den Rückgang sieht der Exit-Vorstand die besser ausgebaute Palliativmedizin als einen der Gründe. Anderer Grund dafür kann die bessere Bekanntschaft der Palliative Medizin sein. Vergleicht man die Bevölkerungsumfragen des Bundesamtes für Gesundheit 2009 und 2018, so ist der Anteil derjenigen, die von Palliativmedizin gehört haben, in zehn Jahren von 48 auf 59 % gestiegen. Siehe *schweizerische Bundesamt für Gesundheit*, Bevölkerungsbefragung Palliative Care 2018, abrufbar unter: https://www.bag.admin.ch/bag/de/home/das-bag/publikationen/forschungsberichte/forschungsberichte-palliative-care/bevoelkerungsbefragung-palliative-care-2018.html, letzter Zugriff am: 25.09.2021., Trotzdem blieb die Wirkung des besser ausgebauten Systems von Palliative Medizin nur begrenzt.

351 Die Statistiken anderer Organisationen wurden noch nicht veröffentlicht. Die Gesamtzahl des assistierten Suizids für 2018 stammt daher nur aus den Zahlen von EXIT und Dignitas.

von Personen ein, die über assistierten Suizid nachdenken. Dies sind etwa 1000 Anträge mehr als im Jahr 2014.[352]
Auch die Zahl der Mitglieder von Sterbehilfeorganisationen nimmt exponentiell zu. Während EXIT im Jahr 2012, 65 106 Mitglieder hatte, ist die Mitgliederzahl bis 2018 um 84,4 % auf 120 117 gestiegen.[353] Laut einer Umfrage des schweizerischen Gesundheitsobservatoriums (Obsan) gaben 4,3 % der Befragten im Alter von 55 Jahren an, Mitglied in einer Sterbehilfeorganisation zu sein.[354] Weitere 8,5 % der Befragten erklärten ihre Absicht, sich in Zukunft einer Sterbehilfeorganisation anzuschließen.[355]
Ein Grund für die Erhöhung der Mitgliederzahl könnte die Förderung der Sterbehilfe durch Werbung sein. Am Ende des Jahres 2017 begann das Schweizer Privatfernsehen mit der Ausstrahlung von Werbeclips mit prominenten Schweizern für Sterbehilfe von EXIT.[356] Seitdem hat der Verein auch ganzseitige Anzeigen in mehreren Schweizer Zeitungen geschaltet. Das Werben für die Sterbehilfe erhöht die positive Wahrnehmung von Sterbehilfeorganisationen in der Gesellschaft. Aufgrund der Tatsache, dass es viele Studien darüber gibt, wie Medien, Fernsehserien und Filme sich auf die Suizidzahlen auswirken, ist dies keine bloße Behauptung. Sowohl die Werbung als auch die Suizide der Prominenten können für die steigenden Mitgliederzahlen und die assistierten Suizidfälle (Werther-Effekt) verantwortlich sein.

8. Empirische Daten sollten einen individuellen freigewählten Suizid nicht verhindern. Aber die Bedingungen, unter denen ein wirklich freier Suizid stattfinden kann, müssen genau bestimmt werden.

---

352 *EXIT* Jahresbericht 2018, abrufbar unter: https://exit.ch/verein/jahresberichte/jahresbericht-2018/, letzter Zugriff am: 25.09.2021; Jahresbericht 2015, abrufbar unter: https://exit.ch/verein/jahresberichte/jahresbericht-2015/, letzter Zugriff am: 25.09.2021.

353 *EXIT* Jahresbericht 2018, abrufbar unter: https://exit.ch/verein/jahresberichte/jahresbericht-2018/, letzter Zugriff am: 25.09.2021.

354 Siehe *Camenzind/Petrini*, Personen ab 55 Jahren im Gesundheitssystem, S. 61.

355 *Camenzind/Petrini*, Personen ab 55 Jahren im Gesundheitssystem, S. 61.

356 Zu den Sendern gehören demnach Tele Bern, Tele Zürich, Tele Basel und das Ostschweizer Fernsehen, siehe „Schweizer Privatsender werben für Sterbehilfe", 16.11.2017, abrufbar unter: https://www.aerzteblatt.de/nachrichten/83502/Schweizer-Privatsender-werben-fuer-Sterbehilfe, letzter Zugriff am: 25.09.2021.

Kapitel 2: Reformvorschläge zur Suizidbeihilfe und die Verfassungswidrigkeit des aufgehobenen § 217 StGB a.F.

A. Wendepunkte der bisherigen Debatte um Suizidbeihilfe

Obwohl Beihilfe zum Suizid in Deutschland seit 1871 bzw. dem Erlass des StGB nicht unter Strafe gestellt ist, steht das Thema Sterbehilfe in Deutschland seit rund 15 Jahren auf der Tagesordnung. Im Jahr 2006 war das Thema Sterbehilfe mit den Beratungen des Nationalen Ethikrats und des Deutschen Juristentags im öffentlichen Bewusstsein angekommen. Der Nationale Ethikrat hatte in seiner Stellungnahme vom 13. Juli 2006 zur *„Selbstbestimmung und Fürsorge am Lebensende“* den Wunsch nach einem strafbewehrten Verbot von „Gewinnorientierter Suizidbeihilfe“ geäußert.[357] Der Nationale Ethikrat ist der Auffassung, dass eine gewerbsmäßig auf Gewinnerzielung ausgerichtete Suizidbeihilfe, unabhängig davon, ob sie individuell oder in organisierter Form angeboten wird, ethisch nicht akzeptabel ist.[358] Der Nationale Ethikrat gibt auch an, dass Sterbehilfeorganisationen als Dienstleistung angenommen werden können, wenn der Suizident erst nach seiner Suizidentscheidung Mitglied der Organisation wird.[359]

Über Sterbehilfeorganisationen wurden im Nationalen Ethikrat zwei Ansichten vertreten: Die überwältigende Mehrheit war der Ansicht, dass jede Form der organisierten Suizidbeihilfe fragwürdig ist, da solche Angebote den Anschein von Normalität der Suizidhandlung erwecken.[360] Die Tabuisierung des Suizids verhindere in zahlreichen Fällen, dass der Suizidwillige seiner emotionalen Verfassung entsprechend handle. Eine soziale und kulturelle Akzeptanz oder Duldung der öffentlichen Tätigkeit von Sterbehilfeorganisationen könne dazu führen, dass suizidgefährdete Menschen von der Gesellschaft nicht sinnvollerweise geschützt würden.[361] Einige Mitglieder sind dagegen der Auffassung, dass eine organisierte Suizidbeihilfe deren Transparenz und Kontrollierbarkeit sogar

---

357 Siehe *Nationaler Ethikrat*, Selbstbestimmung, S. 90.
358 *Nationaler Ethikrat*, Selbstbestimmung, S. 90.
359 *Nationaler Ethikrat*, Selbstbestimmung, S. 91.
360 *Nationaler Ethikrat*, Selbstbestimmung, S. 89.
361 *Nationaler Ethikrat*, Selbstbestimmung, S. 89.

erhöhen könnte,[362] jedoch sei organisierte Suizidbeihilfe nicht wünschenswert, die bessere Lösung sei ein ärztlich assistierter Suizid. Solange das aber nicht der Fall sei, solle die Suizidbeihilfe durch Organisationen grundsätzlich nicht ausgeschlossen werden.

Darüber hinaus wurde die Suizidbeihilfe in Gesetzesinitiativen mehrerer Bundesländer diskutiert. 2006 wurde ein Gesetzesantrag der Bundesländer Saarland, Thüringen und Hessen für ein strafrechtliches Verbot der *„geschäftsmäßigen Förderung der Selbsttötung"* (BR-Drucksache 230/06) im Bundesrat vorgestellt.

Am 4. Juli 2008 hat der Bundesrat beschlossen, einen Gesetzentwurf zum Verbot gewerblicher und organisierter Suizidbeihilfe beim Deutschen Bundestag (BR-Drucksache 436/08 – Beschluss) einzubringen. Der Beschluss hat auch auf die Gefahr der Kommerzialisierung des assistierten Suizids hingewiesen. Laut Beschluss widerspreche es dem Menschenbild des Grundgesetzes, mit dem Suizid und mit dem Leid anderer Menschen Geschäfte zu machen.[363]

2010 wurde ein Gesetzesantrag des Landes Rheinland-Pfalz (BR-Drucksache 149/10) zur Strafbarkeit der Werbung für Suizidbeihilfe in den Bundesrat eingebracht. Laut Antrag ist Werbung für Suizidbeihilfe zu untersagen, wenn diese wegen eines „Vermögensvorteils" oder „in grob anstößiger Weise" geschieht.[364] Die Einbringung des Antrags in den Bundestag wurde jedoch abgelehnt. Eine Modifikation des Antrags (BR-Drucksache 149/1/10) sieht vor, sowohl die gewerbliche Suizidbeihilfe als auch die Werbung für eine Suizidhilfevereinigung zu untersagen.[365]

In der 17. Wahlperiode wurde 2012 der von der Bundesregierung vorgelegte Gesetzentwurf zur Strafbarkeit der gewerbsmäßigen Förderung der Selbsttötung (BT-Drucksache 17/11126) dem Bundestag zur ersten Beratung vorgelegt. Eine gesetzliche Regelung war jedoch gescheitert.

Am 27. November 2014 hatte sich der Deutsche Ethikrat in seiner öffentlichen Plenarsitzung mit Fragen der Beihilfe zur Selbsttötung beschäftigt und eine Empfehlung vorgelegt, wonach die ärztliche Suizidbeihilfe als Gewissensentscheidung im Einzelfall möglich sein sollte.[366] Allerdings betonte der Ethikrat, es solle kein reguläres Angebot der Ärzteschaft oder gar Aufgabe eines Arztes sein.[367] Als problematisch schätzte der Ethikrat das seinerzeit uneinheitlich

362 *Nationaler Ethikrat*, Selbstbestimmung, S. 90.

363 BR-Drucksache 436/08, S. 2.

364 BR-Drucksache 149/10, S. 1, 5.

365 BR-Drucksache 149/1/10, S. 4, 5.

366 *Deutscher Ethikrat*, Ad-hoc-Empfehlung.

367 *Deutscher Ethikrat*, Ad-hoc-Empfehlung.

geregelte ärztliche Standesrecht ein.[368] Der Ethikrat befand, dass die damalige geltende Rechtslage im Grunde ausreichend sei und dass ein Verbot zur gewerbsmäßigen Suizidbeihilfe erhebliche Probleme und eine Gefahr von nicht ausreichender Berücksichtigung der Selbstbestimmung von Menschen in unklaren Situationen mit sich bringen könne.[369] Auf der anderen Seite sieht es die Bundesärztekammer als medizinische Aufgabe an, dass ein Arzt mit seinem Patienten über dessen Todeswunsch spricht.[370] Patienten mit Suizidalität könnten ihr suizidales Verlangen gegebenenfalls aufgeben, wenn sie über andere Optionen und Alternativen informiert würden.

Die Koalition aus CDU/CSU und SPD hatte in der Zeit von 2013 bis 2017 vereinbart, dass der Bundestag in der 18. Legislaturperiode über ein Verbot der organisierten Sterbehilfe abstimmen sollte. 2014 wurde über vier Gesetzentwürfe, die von fraktionsübergreifenden Gruppen vorgelegt worden waren, abgestimmt. Das Spektrum der Gesetzentwürfe reichte von einem Komplettverbot der Suizidbeihilfe bis hin zu einer reglementierten Freigabe der Beihilfe zur Selbsttötung. 2015 ist das Gesetz zur Strafbarkeit der geschäftsmäßigen Förderung der Selbsttötung in Kraft getreten. Fünf Jahre später hat das Bundesverfassungsgericht (BVerfG) den § 217 StGB mit seinem Urteil vom 26.02.2020 für nichtig erklärt.

B. Gesetzgebungsinitiativen in der 18. Wahlperiode

I. BT-Drs. 18/5373 – Entwurf eines Gesetzes zur Strafbarkeit der geschäftsmäßigen Förderung der Selbsttötung

Bei BT-Drs. 18/5373 handelt es sich um den später gesetzgewordenen Entwurf der Abgeordneten Michael Brand, Kerstin Griese, Kathrin Vogler, Dr. Harald Terpe und weiterer Abgeordneter zur Strafbarkeit der geschäftsmäßigen Förderung der Selbsttötung. Auf diesen Gesetzentwurf entfielen im ersten Abstimmungsgang 309 von 599 gültigen Stimmen.[371]Auf diese Weise war die erforderliche Mehrheit erreicht, weil die Ja-Stimmen als die konkurrierenden Vorlagen zuzüglich der Nein-Stimmen auf sich vereint wurden.[372] In der Schlussabstimmung im Stimmzettelverfahren ohne Fraktionsdisziplin hatte der

368 *Deutscher Ethikrat*, Ad-hoc-Empfehlung.
369 *Deutscher Ethikrat*, Ad-hoc-Empfehlung.
370 *Bundesärztekammer*, DÄ 2017, 334 (335).
371 Plenarprotokoll 18/134, S. 13100.
372 Plenarprotokoll 18/134, S. 13100.

Bundestag diesen Gesetzentwurf auf den Drucksachen 18/5373 und 18/6573 mit 360 von 602 abgegebenen Stimmen beschlossen. 233 Abgeordnete hatten dagegen votiert, während 9 Parlamentarier sich enthielten.[373] Damit ist der Gesetzentwurf in dritter Beratung angenommen worden.

Der Entwurf schlug die Einführung des § 217 StGB-E in das StGB vor, der die auf Wiederholung angelegte bzw. geschäftsmäßige Suizidhilfe verbot. In dem gesetzgewordenen Entwurf (später vom BVerfG) abgeschafft) wollte die Gruppe „*Brand et al.*" Suizid und die Teilnahme daran aufgrund des Konzepts eines liberalen Rechtsstaates grundsätzlich nicht infrage stellen.[374] Jedoch fand sie problematisch, dass Suizidbeihilfe von Sterbehilfeorganisationen oder einschlägig bekannten Personen als Dienstleistung der gesundheitlichen Versorgung angeboten würde und dies als eine Behandlungsalternative erschiene.[375] Das Dienstleistungsangebot könne nach den Abgeordneten „*eine Normalisierung, einen Gewöhnungseffekt an solche organisierten Formen*" der Suizidassistenz auslösen und Menschen dazu verleiten, sich selbst zu töten.[376]

Auf der anderen Seite waren die Abgeordneten der Auffassung, Beihilfe zum Suizid vollständig zu untersagen, würde mit dem Grundgesetz nicht übereinstimmen.[377] Daher wollten sie den Zugang zur Suizidhilfe für bestimmte Situationen nicht gänzlich verhindern. Beispielsweise wollten sie Suizidassistenz nicht kriminalisieren, wenn Hilfe zur Selbsttötung im Einzelfall in einer schwierigen Konfliktsituation oder aus rein altruistischen Gründen geleistet wird.[378]

II. BT-Drs. 18/5374 – Entwurf eines Gesetzes zur Regelung der ärztlich begleiteten Lebensbeendigung (Suizidhilfegesetz)

Bei BT-Drs. 18/ 5374 handelte es sich um den Gesetzentwurf der Abgeordneten Peter Hintze, Dr. Carola Reimann, Dr. Karl Lauterbach, Burkhard Lischka und weiterer Abgeordneter zur Regelung der ärztlich begleiteten Lebensbeendigung. Auf den Gesetzentwurf entfielen im ersten Abstimmungsgang 128 Stimmen – und somit war er gescheitert.[379]

---

373 Plenarprotokoll 18/134, S. 13101.
374 BT-Drs. 18/5373, S. 2.
375 BT-Drs. 18/5373, S. 2, 9 f., 13, 18.
376 BT-Drs. 18/5373, S. 2, 12, 17.
377 BT-Drs. 18/5373, S. 3.
378 BT-Drs. 18/5373, S. 12, 14, 18.
379 Plenarprotokoll 18/134, S. 13100.

Insbesondere war die Abgeordnetengruppe der Ansicht, dass es notwendig sei, eine angemessene stationäre und ambulante Palliativversorgung im ganzen Land bereitzustellen und diese angemessen zu finanzieren.[380] Denn eine Schmerzbelastung von Menschen in der letzten Lebensphase könne in der Regel durch die Palliativpflegemaßnahmen sowie durch die Pflege in Hospizeinrichtungen erheblich reduziert oder vollständig verhindert werden.[381] Die Vorschrift des Entwurfs bezieht sich jedoch tatsächlich auf die Ausnahmefälle, in denen eine ausreichende Schmerztherapie von Patienten im Sinne von Palliativmaßnahmen nicht ermöglicht werden kann. Demenentsprechend solle ärztlich assistierter Suizid für diese Patienten unter bestimmten Bedingungen möglich sein.[382]

Laut dem Entwurf haben die pluralistischen Werte in der deutschen Gesellschaft infolge der demografischen Struktur stetig zugenommen und, da die normative ethische Bewertung von assistiertem Suizid von der jeweiligen moralischen Perspektive abhängt, wird es zunehmend schwieriger, ein die gesamte Gesellschaft repräsentierendes moralisches Verständnis zu erfassen.[383] Nach Auffassung des Entwurfs ist daher der ideologisch neutrale Zustand des Grundgesetzes dafür verantwortlich, bei einer gesetzlichen Regelung des medizinisch assistierten Suizids einen Entscheidungsspielraum zu lassen, der sich am individuellen Gewissen und der individuellen religiösen Überzeugung orientiert.[384]

Die Gruppe ist auch der Ansicht, dass das standesrechtliche Verbot des assistierten Suizids die im Grundgesetz geschützte Dispositionsfreiheit des eigenen Lebens verletzt.[385] Nach dem Entwurf verletzt ein Verbot auch die Berufsfreiheit der Ärzte und führt sowohl bei Ärzten als auch Patienten zu Rechtsunsicherheit.[386] Bei dem Entwurf werden die körperlichen und psychischen Leiden des Patienten sowohl für das medizinische Personal als auch für Patienten als äußerst belastende Situation dargestellt.[387]

Als Lösung schlug der Entwurf vor, dass ein Abschnitt 4 *„Selbstbestimmung des Patienten“* mit einem § 1921a *„Ärztlich begleitete Lebensbeendigung“* in das Bürgerliche Gesetzbuch aufgenommen werden sollte. Es wurde behauptet, dass

380 BT-Drs. 18/5374, S. 2.
381 BT-Drs. 18/5374, S. 2.
382 BT-Drs. 18/5374, S. 3, 5, 10 ff.
383 BT-Drs. 18/5374, S. 2.
384 BT-Drs. 18/5374, S. 3.
385 BT-Drs. 18/5374, S. 2.
386 BT-Drs. 18/5374, S. 2, 8.
387 BT-Drs. 18/5374, S. 2.

so die Rechtssicherheit für Ärzte und Patienten gewährleistet und die Selbstbestimmung tödlich kranker Patienten gestärkt wäre. Die Bestimmung solle es Ärzten unter bestimmten Voraussetzungen ermöglichen, den Wunsch des Patienten nach assistiertem Suizid unterstützen zu können, und solle die Ärzte gegen mögliche berufsrechtliche Sanktionen schützen. Andererseits wollte der Entwurf die grundsätzliche Straflosigkeit einer Suizidbeihilfe nicht ändern.

Nach dem Entwurf sollte eine Selbsttötung mit unterstützendem Arzt nur unter folgenden Voraussetzungen gesetzlichen Schutz erhalten:[388]

1) Der Patient muss volljährig und einwilligungsfähig sein.
2) Eine unheilbare, unumkehrbare, zum Tod führende Erkrankung muss vorliegen.
3) Der Todeswunsch muss zur Abwendung eines krankheitsbedingten Leidens sein.
4) Der Wunsch des Patienten muss ernsthaft und endgültig sein.
5) Die ärztliche Hilfestellung muss freiwillig erfolgen.
6) Eine ärztliche Beratung des Patienten über andere Behandlungsmöglichkeiten und über die Durchführung der Suizidassistenz muss stattgefunden haben.
7) Das Vorliegen der unumkehrbar zum Tod führenden Erkrankung ebenso wie der Patientenwunsch und die Einwilligungsfähigkeit des Patienten müssen nach dem Vier-Augen-Prinzip durch einen zweiten Arzt medizinisch bestätigt worden sein.

III. BT-Drs. 18/5375 – Entwurf eines Gesetzes über die Straffreiheit der Hilfe zur Selbsttötung

Bei BT-Drs. 18/ 5375 handelte es sich um den Gesetzentwurf zur „Straffreiheit bei Hilfe zur Selbsttötung“ der Abgeordneten um Renate Künast, Dr. Petra Sitte, Kai Gehring, Luise Amtsberg und weiterer Abgeordneter. Im ersten Abstimmungsgang entfielen auf den Gesetzentwurf Künast/Sitte auf die Drucksache 18/5375 nur 52 Stimmen – und somit war er gescheitert.[389]

Die Gruppe geht davon aus, dass viele Menschen deshalb Suizid begehen möchten, weil sie glauben, dass dies ein würdigeres Ende des Lebens sei und sie die letztgültige Entscheidung darüber, was sie für würdevoll halten, selbst treffen möchten. Danach beschreibt die Gruppe Fälle, in denen Menschen schwere und

388 BT-Drs. 18/5374, S. 2f., 5, 9 ff., 12 f.
389 Plenarprotokoll 18/134, S. 13100.

zum Tod führende Krankheiten erleiden.[390] In solchen Fällen suchen Menschen entweder nach Unterstützung, Hilfe und Zuwendung beim Sterben oder konkrete Hilfe zum Sterben.[391]

Nach Auffassung der Gruppe darf bei dieser endgültigen Entscheidung kein Eingriff des Staates und der Gesellschaft erfolgen.[392] Die Gruppe wollte auch die Straffreiheit des assistierten Suizids betonen, wenn der Todeswunsch selbstbestimmt war und aus objektiv verständlichen Gründen entstand. Demnach sei Hilfe zur Selbsttötung seit 1871 legal, unabhängig davon, ob die Hilfe von einem Angehörigen, einer dem sterbewilligen Menschen nahestehenden Person oder von Ärztinnen, Ärzten oder Vereinen erfolgt sei.[393]

Die Abgeordneten betrachteten es als eine Herausforderung für den Gesetzgeber, die Fälle zu beurteilen, die nunmehr seit einigen Jahren in Deutschland bestehen, in denen Einzelpersonen und Vereine fremden Menschen Hilfe zur Selbsttötung leisten.[394] Die Gruppe empfand kommerziell unterstützte Suizide als riskant, da für die Selbsttötung geworben werden kann oder Menschen zum Suizid verleitet werden können.[395] Der Schutz der Rechtsgüter des Lebens und der Selbstbestimmung könnten dadurch gefährdet werden. Auf der anderen Seite widerspricht die Gruppe der Ansicht, Hilfe zur Selbsttötung ganz oder teilweise zu verbieten oder sie nur bestimmten Personen- und Berufsgruppen zu gestatten.[396] Sie sind der Auffassung, ehrenamtliche Vereine und Ärzte könnten durchaus geschäftsmäßige Hilfe zur Selbsttötung leisten.[397] Denn nach ihrer Ansicht würde ohne diese Option vielen betroffenen und leidenden Menschen die Möglichkeit zu einem selbstbestimmten und würdevollen Tod nicht zugänglich sein.[398]

Daher ist die Gruppe unter dem Motto *„Mehr Fürsorge statt mehr Strafrecht"* der Ansicht, dass das StGB nicht geändert werden sollte.[399] Denn das Verbot und die damit verbundene Tabuisierung des Suizids hätte die Häufigkeit seines Auftretens nicht verringert.[400] Vielmehr hätte dies die Beratung und Unterstützung

390 BT-Drs. 18/5375, S. 1.
391 BT-Drs. 18/5375, S. 1.
392 BT-Drs. 18/5375, S. 1.
393 BT-Drs. 18/5375, S. 1.
394 BT-Drs. 18/5375, S. 2.
395 BT-Drs. 18/5375, S. 2, 8, 10, 11, 14.
396 BT-Drs. 18/5375, S. 2.
397 BT-Drs. 18/5375, S. 2, 7, 8, 9.
398 BT-Drs. 18/5375, S. 2.
399 BT-Drs. 18/5375, S. 2, 7, 8
400 BT-Drs. 18/5375, S. 2, 7.

des Sterbenden erheblich erschwert, was auch der Suizidprävention schaden könnte.[401]

Als Lösung legte die Gruppe einen Gesetzentwurf zur Straffreiheit bei Hilfe zur Selbsttötung vor.[402] Dieser bezweckt:

1) ein unabhängiges Gesetz, das die Straffreiheit der Suizidbeihilfe gesetzlich positiv normiert,
2) Bestimmungen, die die Rechtsunsicherheit der Ärzte, Einzelpersonen und Organisationen beseitigen,
3) ein Verbot der gewerbsmäßigen Hilfe zur Selbsttötung,
4) die Festlegung der Kriterien für Beratung und Dokumentation.

§ 3 des Entwurfs verlangt folgende Voraussetzungen für den assistierten Suizid:[403]

1) Freiverantwortlichkeit des Todeswunschs. Dazu muss der sterbewillige Mensch den Wunsch zur Selbsttötung freiverantwortlich gefasst und geäußert haben.
2) Im Fall von assistiertem Suizid in organisierter oder geschäftlicher Form muss das Beratungsgespräch sicherstellen, dass der sterbewillige Mensch freiwillig, selbstbestimmt und nach reiflicher Überlegung assistierten Suizid verlangt.
3) Zwischen der Beratung und dem assistierten Suizid müssen mindestens 14 Tage liegen.

Die Strafbarkeit gewerbsmäßiger Hilfe zur Selbsttötung lässt sich nach § 4 des Entwurfs in folgende Tatbestandsmerkmale aufteilen:[404]

1) Bei der Straftat wird im subjektiven Tatbestand die „Absicht“ vorausgesetzt.

Jedoch muss sich der subjektive Tatbestand nicht auf alle Merkmale des objektiven Tatbestandes beziehen. Vielmehr würde es genügen, die Hilfe zur Selbsttötung mit Absicht zu leisten.
Als objektive Tatbestandsmerkmale werden folgende vorausgesetzt:

2) Wiederholte Hilfehandlungen müssen vorliegen.
3) Eine fortlaufende Einnahmequelle muss für sich selbst oder einen Dritten für einige Dauer und einigen Umfang bereitgestellt werden.

---

401 BT-Drs. 18/5375, S. 2 ff., 8, 11 ff.
402 BT-Drs. 18/5375, S. 2.
403 BT-Drs. 18/5375, S. 3 f., 8.
404 BT-Drs. 18/5375, S. 4.

§ 5 des Entwurfs sieht zur Strafbarkeit „Gewerbsmäßiger Förderung der Selbsttötung“ folgende Tatbestandsmerkmale vor:[405]

1) Der subjektive Tatbestand (Absicht) muss sich auf alle Merkmale des objektiven Tatbestandes beziehen. Sowohl die Suizidförderung als auch die Suizidverleitung durch Inverkehrbringen geeigneter Mittel oder Gegenstände müssen mit Absicht erfolgen.

Als objektive Tatbestandsmerkmale werden folgende vorausgesetzt:

2) Der Täter muss die Tat gewerbsmäßig verwirklichen.
3) Die Handlung der Suizidförderung muss vorhanden sein.
4) Der Täter muss dadurch einen anderen zur Selbsttötung verleiten, indem er die dem Suizid geeigneten Mittel oder Gegenstände in den Verkehr bringt.

Der Entwurf sieht in den §§ 4, 5 und 8 Strafbestimmungen vor.

§ 6 des Entwurfs beschreibt den assistierten Suizid als mögliche ärztliche Aufgabe und fordert die Unwirksamkeit des berufsständischen Verbots der Hilfe zur Selbsttötung. Es stellt jedoch fest, dass die Ärzte nicht verpflichtet sind, bei der Verwirklichung des Todeswunsches mitzuwirken.[406]

§ 7 des Entwurfs reguliert die ärztliche Beratungspflicht. Demnach muss der sterbewillige Mensch in einem umfassenden und ergebnisoffenen Beratungsgespräch aufgeklärt werden und der Umfang sowie die Ergebnisse der Beratung schriftlich dokumentiert werden.

§ 10 des Entwurfs stellt unter anderem fest, dass Werbeverbote, Dokumentations- und Meldepflichten des assistierten Suizids und dessen Beratungsgespräche, Organisationsstrukturen der Sterbehilfeorganisationen durch Rechtsordnung mit Zustimmung des Bundesrates vom Bundesministerium reguliert werden muss.

IV. BT-Drs. 18/5376 – Entwurf eines Gesetzes über die Strafbarkeit der Teilnahme an der Selbsttötung

Bei BT-Drs. 18/5376 handelt es sich um den Gesetzentwurf der Abgeordneten Dr. Patrick Sensburg, Thomas Dörflinger, Peter Beyer, Hubert Hüppe und weiterer Abgeordneter zur Strafbarkeit der Teilnahme an einer Selbsttötung. Im ersten Abstimmungsgang entfielen auf den Gesetzentwurf Sensburg/Dörflinger aus

405 BT-Drs. 18/5375, S. 4.
406 BT-Drs. 18/5375, S. 4.

der Drucksache 18/5376 nur 37 Stimmen.[407] Damit war der Gesetzesvorschlag gescheitert.

Die Gruppe der Abgeordneten kritisierte die Unklarheit der Begrifflichkeiten beim Thema Sterbehilfe und betonte, dass der Entwurf nichts am gesetzlichen Status der Beendigung der Behandlung oder der passiven Sterbehilfe ändere.[408] Im Sinne des Entwurfs seien beide Themen strafrechtlich und zivilrechtlich nicht betroffen. Der Vorschlag legt auch Nachdruck darauf, dass die guten Erfolge der Palliativmedizin gefördert werden sollten.[409]

Andererseits unterscheidet der Entwurf die Suizidbeihilfe von der straffreien passiven Sterbehilfe oder der Beendigung der Behandlung auf Antrag des Patienten. Darüber hinaus heißt es im Entwurf, dass die Suizidassistenz kategorisch eher der gemäß § 216 StGB unter Strafe gestellten aktiven Sterbehilfe ähnelt.[410] Dementsprechend billigt der Suizidassistent nicht nur die Wertentscheidung des Selbsttöters, sondern bemüht sich auch um den Erfolg des Tötens, indem er die notwendigen Maßnahmen ergreift.[411]

Daher sah der Entwurf ein detailliertes Verbot von Anstiftung und Beihilfe zum Suizid vor. Die Abgeordneten erwähnten eine Umfrage aus dem Jahr 2011 und gaben an, dass laut dieser Umfrage 93 % der Befragten der Meinung seien, dass Anstiftung und Beihilfe zur Selbsttötung in Deutschland bestraft werden solle.[412] Sie warnten davor, dass eine explizite Erlaubnis zur Suizidbeihilfe das Rechtsempfinden in der Gesellschaft umkehren könnte.[413] Dieses umgekehrte Rechtsempfinden der Gesellschaft könne die Suizidhilfe verbreiten. Sie fügten hinzu, dass in vielen europäischen Ländern (Österreich, Italien, England und Wales, Irland, Portugal, Spanien und Polen) ein solches privates und gewerbliches Suizidassistenzverbot schon vorhanden sei.[414] Die Abgeordneten wiesen darauf hin, dass die Tatbestandslosigkeit der Suizidhandlung das Verbot der Suizidassistenz nicht ausschließe. Sie gaben an, dass im Strafrecht anerkannt ist,

407 Plenarprotokoll 18/134, S. 13100.

408 BT-Drs. 18/5376, S. 2.

409 BT-Drs. 18/5376, S. 1, 8·

410 BT-Drs. 18/5376, S. 2, 7·

411 BT-Drs. 18/5376, S. 2, 6.

412 Assistierter Suizid. Ergebnisse einer repräsentativen Erhebung- Tabellarische Übersichten. Eine bislang nicht publizierte Studie von Infratest dimap im Auftrag der „Stiftung Ja zum Leben". Berlin, 12. Mai 2011 (67.10.122341)· Siehe auch *Bauer*, Normative Entgrenzung, S. 267.

413 BT-Drs. 18/5376, S. 7.

414 BT-Drs. 18/5376, S. 2, 7·

dass eine Anstiftungs- oder Beihilfehandlung auch dann bestraft werden kann, wenn die Haupttat nicht strafbar ist.[415]

Der gescheiterte Entwurf enthielt keine Ausnahmen vom Verbot für Einzelpersonen oder Berufe. Die Gruppe will nicht, dass Ärzte entscheiden müssen, wer stirbt und wer nicht.[416] In vielen Fällen sieht die Gruppe den Todeswunsch eines tödlich erkrankten Patienten als Hilferuf, um das Leiden zu beenden, und erklärt, dass es beim Todeswunsch nicht wirklich um Lebensbeendigung ginge.[417] Dementsprechend sollte nicht gestattet werden, dass das Leben einer kranken, schwachen, älteren oder behinderten Person – sei es von ihr selbst oder von einem Dritten – als lebensunwert befunden wird.[418] Sie betonten, dass in der Praxis der Palliativpflege häufig zu beobachten ist, dass sterbende Patienten, die ihr Leben beenden wollen, durch angemessene Betreuung ihre Meinung ändern.[419]

Nach den Abgeordneten besteht die Gefahr, dass lebenserhaltende Therapie und Tod als Alternativen gesehen werden, wenn mit einer Ausnahmeregelung für bestimmte Personen oder Berufe die Suizidassistenz erlaubt wird.[420] Das Gefühl, keine weiteren Kosten für Gesundheit, Pflege und Rentenversicherung zu verursachen oder ihre Familien zu belasten, könnte die freie Entscheidungsfähigkeit des Patienten schwächen.[421]

Die Abgeordneten wiesen auch auf den Schaden eines Suizids hin, nämlich einen Nachahmungseffekt in der Gesellschaft oder andauernde Schuldgefühle bei Angehörigen, Freunden und sogar bei Außenstehenden.[422]

Sie gingen davon aus, dass das gültige Strafrecht die Möglichkeit bietet, in extremen Einzelsituationen, in denen Schmerztherapie nicht hilft und großes Leid herrscht, von einer Bestrafung wegen mangelnder Schuld abzusehen. Suizidbeihilfe sei dementsprechend grundsätzlich untersagt, jedoch sei sie nur in Ausnahmefällen entschuldet.[423] Nach dem Entwurf des § 217 wäre sowohl Anstiftung als auch Hilfe zur Selbsttötung mit Freiheitsstrafe bis zu fünf Jahren bestraft. Außerdem sollte auch der Versuch strafbar sein.

---

415 BT-Drs. 18/5376, S. 1.
416 BT-Drs. 18/5376, S. 1, 6, 9.
417 BT-Drs. 18/5376, S. 2, 6.
418 BT-Drs. 18/5376, S. 6.
419 BT-Drs. 18/5376, S. 2.
420 BT-Drs. 18/5376, S. 6.
421 BT-Drs. 18/5376, S. 6.
422 BT-Drs. 18/5376, S. 7.
423 BT-Drs. 18/5376, S. 1, 2, 9.

V. BT-Drs. 18/6546 – Antrag: Keine neuen Straftatbestände bei Sterbehilfe

Bei BT-Drs. 18/6546 handelte es sich um den Antrag der Abgeordneten Katja Keul, Dr. Sabine Sütterlin-Waack, Brigitte Zypries, Matthias W. Birkwald und weiterer Abgeordneter mit dem Titel „Keine neuen Straftatbestände bei Sterbehilfe“. Die Abstimmung über diesen Antrag hat nicht stattgefunden, denn der Entwurf Brand/Griese u. a. fand zuvor eine absolute Mehrheit im Bundestag.

Der dem Bundestag vorgelegte Antrag enthielt keine neuen Straftatbestände im Zusammenhang mit Sterbehilfe. Danach sollte jede Unterstützung von Suizidhandlungen, egal ob geschäftsmäßig oder gewerbsmäßig, unbestraft bleiben.[424] Der Gesetzgeber sollte den Suizidwilligen uneingeschränkten Zugang zu ergebnisoffener Beratung und Unterstützung zur Verfügung stellen.[425] Auf diese Weise könnte die Person sich möglicherweise von ihrem Suizidwillen distanzieren.[426]

Nach Ansicht der Mitglieder soll der Gesetzgeber nicht in das Thema eingreifen, und der Patient soll das Recht haben zu entscheiden, wen er um Rat und Hilfe ersucht.[427] Es spiele keine Rolle, ob dieser ein Angehöriger, ein Arzt oder ein unabhängiger Sterbehilfeverein sei. Sie gingen davon aus, dass alle alternativen Vorschläge die geschäftsmäßige oder gewerbsmäßige Suizidbeihilfe verbieten wollten und auch den Weg zur Beratung sperrten.[428]

Der Gefahr, dass der Todeswunsch einer Person in Einzelfällen kommerziell ausgenutzt werde, könne nach Auffassung der Abgeordneten durch handelsrechtliche Regelungen außerhalb des Strafrechts entgegengewirkt werden.[429] Darüber hinaus seien die Bestimmungen des Arzneimittelgesetzes und des Betäubungsmittelgesetzes von entscheidender Bedeutung.[430]

424 BT-Drs. 18/6546, S. 1 f.
425 BT-Drs. 18/6546, S. 1 f.
426 BT-Drs. 18/6546, S. 1.
427 BT-Drs. 18/6546, S. 1.
428 BT-Drs. 18/6546, S. 1.
429 BT-Drs. 18/6546, S. 2.
430 BT-Drs. 18/6546, S. 2.

C. Schlussfolgerungen aus dem Vergleich der Gesetzentwürfe

Der Umfang der Entwürfe zeigte verschiedene Formulierungen, die von einem grundsätzlichen Verbot des assistierten Suizids bis zur Erlaubnis der Suizidhilfe reichten. Trotz aller signifikanten Unterschiede hatten die konkurrierenden Vorschläge jedoch auch gewisse Ähnlichkeiten. Erstens hatten alle Entwürfe akzeptiert, dass ein freier Rechtsstaat keine Pflicht zum Leben auferlegt.[431] Dementsprechend beinhalteten alle Entwürfe, außer dem Entwurf von Sensburg et al., die Autonomie und Selbstbestimmung der Person.[432] Andererseits sieht der Entwurf von Sensburg et al. Suizid nicht als Form der gesetzlich geschützten Autonomie und führte als Beispiel § 216 StGB an. Demgemäß schränke die Vorschrift des § 216 StGB die *„Willkür des Einzelnen"* ein, die oft fälschlicherweise als *„Autonomie"* bezeichnet würde, indem sie Dritte daran hindere, den Wunsch desjenigen zu erfüllen, der sterben möchte.[433] Die Ansicht, der Suizid als begrenzbare Willkür des Einzelnen statt als Autonomie der Person zu betrachten, wurde zu Recht kritisiert.[434] Die Gewährleistung der Menschenwürde in Verbindung mit dem Selbstbestimmungsrecht des Einzelnen umfasst nach der im deutschen Verfassungsrecht völlig vorherrschenden Auffassung auch das Recht, sich das Leben zu nehmen.[435] § 216 StGB begrenzt in dieser Hinsicht nicht die direkte Handlung von Sterbewilligen, sondern das Eingreifen von Dritten.

Zweitens waren sich alle Entwürfe der Bedeutung der Palliativversorgung bewusst und erklärten, dass sie unterstützt und finanziell gefördert werden sollte.[436]

---

431 BT-Drs. 18/5373, S. 2; BT-Drs. 18/5374, S. 2, 8; *18/5375*, BT-Drs. 18/5375, S. 1, 10; BT-Drs. 18/5376, S.7.

432 BT-Drs. 18/5373, S. 8 ff. 12; BT-Drs. 18/5374, S. 3; BT-Drs. 18/5375, S. 7.

433 BT-Drs. 18/5376, S. 7.

434 *Herdegen*, Stellungnahme zu den Gesetzentwürfen zur Sterbehilfe, *2015*, S. 5.

435 *Augsberg*, Stellungnahme, S. 3 f.; *Gärditz*, ZfL 2015, 114; *Hecker*, GA 2016, 455, 463; *Hilgendorf/Rosenau*, medstra 2015, 129; *Hillgruber*, ZfL 2013, 70 (71); *Kampmann*, Normierung ärztlicher Suizidassistenz, S. 48; *Lindner*, NJW 2013, 136, *Magnus*, medstra 2016, 210, 211; *Neumann*, Die Mitwirkung am Suizid als Straftat, S. 253 ff.; *Rosenau/Sorge*, NK 25 2013, 108, 110; *Saliger*, medstra 2015, 132, 135; ders., Selbstbestimmung, S. 62 ff.; anders *Isensee, in:* Handbuch der Grundrechte, § 87 Rn. 214; *Höfling*, JuS 2000, 111, 114.

436 BT-Drs. 18/5373, S. 9; BT-Drs. 18/5374, S. 13; Beratung zur palliativmedizinische Alternative BT-Drs. 18/5375, S. 4 f.; BT-Drs. 18/5376, S. 1, 8.

Drittens versuchten alle konkurrierenden Entwürfe, einschließlich dem Entwurf von Sensburg et al., keinen Suizidassistenten zu bestrafen, zumindest wenn er in extremen Konfliktsituationen zum Suizid beisteuert,[437] beispielsweise wenn die Schmerztherapie einer Person, die ständig unter starken Schmerzen leidet, nicht mehr hilft. Während die Gruppe Brand et al. Verwandte oder nahestehende Personen privilegiert, da ihre Suizidassistenz auf ihren altruistischen oder mitfühlenden Gefühlen beruhe, sollte nach Auffassung der Gruppe Sensburg et al. die Strafbarkeit einer Suizidteilnahme im Sinne von Schuld überprüft werden.[438] Dementsprechend sollte die Situation von Fall zu Fall überprüft werden, indem das Motiv, das extreme Leid und die möglicherweise damit verbundene Schuld des Assistenten angemessen berücksichtigt würden.[439]

Bezüglich eines möglichen Verbots der Suizidhilfe wäre die Frage sinnvoll, ob dies nach den Grundsätzen des rechtfertigenden Notstandes gemäß § 34 StGB tatsächlich legitimiert werden kann. Die Maßgabe von § 34 StGB wird derzeit für die Rechtfertigung der indirekten Sterbehilfe überwiegend akzeptiert.[440]

Hier hätten auch die Argumente zur rechtfertigenden Notstand gemäß § 34 StGB in Hinsicht auf § 216 StGB relativ aufschlussreich sein. Einer Ansicht zufolge sollte die Handlung der Sterbehilfe in Ausnahmefällen gerechtfertigt sein, in denen das Leiden des Patienten das vernichtete Leben überwiegt und das Überleben nach objektiven Kriterien unerträglich wird.[441] In diesem Zusammenhang könnte ein Ausnahmezustand sein, dass die Person, die sterben möchte, schrecklichen physischen und psychischen Leiden ausgesetzt ist, dass palliative Maßnahmen nicht ausreichen und daher die schwersten Todesqualen nur durch den Tod verhindert werden können.[442] Außerdem sollte die

---

437 BT-Drs. 18/5373, S. 19 f.; BT-Drs. 18/5374, S. 3; BT-Drs. 18/5375, S. 9; BT-Drs. 18/5376, S. 1, 2, 9.

438 BT-Drs. 18/5376, S. 1, 2, 9.

439 BT-Drs. 18/5376, S. 1, 2, 9.

440 *Schneider* in: MüKo StGB, Vor § 211 Rn. 110; *Rosenau* in: LK-StGB, Vor § 211 Rn. 41; *Ulsenheimer*, Z Evid Fortbild Qual Gesundhwes 2008, 176, 181; BGHSt 42, 301, 305; 32, 367, 380; als fester Grundsatz erwähnt in BGH NStZ 2001 324, 326.

441 Vgl. *Merkel* Früheuthanasie S. 413, 419–425.; *Antoine*, Aktive Sterbehilfe, S. 69; *Otto*, NJW 2006, 2217, 2222; *Kutzer*, FPR 2007, 59; S. *Schneider* in: MüKo StGB, § 216 Rn. 57 f.; siehe auch *Eschelbach* in: BeckOK StGB, § 216 Rn. 14; *Neumann/Saliger* in: NK-StGB, § 216 Rn. 19; *Eser/Sternberg-Lieben* in: Schönke/Schröder StGB, § 216 Rn. 15a. Für Verneinung des Tatbestandes, wenn das Tötungsverlangen als objektiv vernünftig feststeht: *Jakobs*, Tötung auf Verlangen, S. 29.

442 Vgl. *Pawlik*, in: FS Wolter, S. 627, 641; *Schneider* in: MüKo StGB, § 216 Rn. 61.

notstandspezifische Rechtfertigung von Handlungen aktiver Sterbehilfe im Hinblick auf die Unbestimmtheit des Maßstabs für die Bewertung am Lebensende auf äußerst außergewöhnliche Fälle beschränkt werden.[443]

Eine andere Ansicht geht davon aus, dass bei regelmäßiger Beurteilung der Sterbehilfe nach § 34 StGB die Verbotsbestimmung erodiert und das § 216 StGB in sein Gegenteil verkehrt.[444]

Eine andere wichtige Überlegung vertritt die Auffassung, dass solche Ansichten unzulässigerweise die durch § 34 gebotene Güterabwägung vernachlässige und solche Probleme des Täters mit verfahrensrechtlichen Instrumenten, im Konkreten nach § 153 StPO, behandelt werden sollten.[445] Nach dieser Auffassung ging es bei dem Wunsch des Opfers in der Regel eher um einen Hilferuf als um die eigene Tötung.[446] Je nach Situation könnten möglicherweise unterschiedliche Hilfsmaßnahmen verfügbar sein, und unwiderrufliche Maßnahmen wären nicht die letzte Option.[447] Diese Ansicht scheint durch die Erkenntnisse des Vorstandsvorsitzenden der Deutschen PalliativStiftung gestützt zu werden. Er erklärte, die Stiftung ermögliche ein versiertes *Palliative Care Team*, sodass niemand wegen körperlicher Leiden Suizid begehen müsse.[448]

Andererseits unterscheiden sich die Gesetzentwürfe in der Beantwortung von Fragen wie z.B.: Unter welchen Bedingungen kann Suizidhilfe gewährt werden, und wer darf dazu berechtigt sein, Suizid zu assistieren?

Alle Gesetzentwürfe, außer dem Entwurf von Sensburg et al., wollten die Straffreiheit der Suizidbeihilfe nicht geändert wissen.[449] Ebenso wurde kommerzielle Suizidhilfe als Bedrohung für freiverantwortliche Entscheidung am Lebensende angesehen.[450] Das Verbot wurde jedoch nicht von allen Entwürfen vorgeschlagen. Hintze et al. war in seinem Entwurf der Meinung, dass ein strafrechtliches Verbot nicht nötig sei. Als Lösung betrachtete er die Legalisierung des ärztlich assistierten Suizids, denn dieser könne die Inanspruchnahme einer

---

443 Vgl· *Schneider* in: MüKo StGB, § 216 Rn. 61.

444 *Dölling*, in: FS Laufs, S. 767, 772.

445 Vgl· *Jähnke* in: LK-StGB, 11. Auf. § 216 Rn. 17.

446 Vgl· *Jähnke* in: LK-StGB, 11. Auf. § 216 Rn. 17.

447 Vgl· *Jähnke* in: LK-StGB, 11. Auf. § 216 Rn. 17.

448 Siehe *Sitte*, Stellungnahme, S. 12; Vgl· *Dörner*, ZRP 1966, 93, 94; *Oduncu/Eisenmenger*, MedR 2002, 327; *Dölling*, in: FS Laufs, S. 767, 773

449 BT-Drs. 18/5373, S. 4; BT-Drs. 18/5374, S. 3; BT-Drs. 18/5375, S. 3; BT-Drs. 18/5376, S. 7.

450 BT-Drs. 18/5373, S. 11.

durch eine Sterbehilfeorganisation vermittelten oder von bestimmten Personen durchgeführten Suizidassistenz verhindern, und damit wäre die Arbeit von Sterbehilfeorganisationen in Deutschland untergraben.

Der Entwurf von Künast et al. enthielt zwar eine Vorschrift, die die gewerbsmäßige Suizidhilfe verbot, dies wäre aber praktisch unbrauchbar gewesen. Weil Sterbehilfeorganisationen dazu neigen, ihre Satzung gemäß neuen Vorschriften zu formulieren, wäre gewerbsmäßige Suizidbeihilfe durch Vereine von dem Verbot nicht betroffen. Beispielsweise beschloss die Sterbehilfeorganisation StHD im Jahr 2012 der Durchsetzung des geplanten Verbots der gewerbsmäßigen Suizidbeihilfe durch eine Satzungsänderung zu entgehen.[451] Dementsprechend hatte der Verein kein wirtschaftliches Ziel und garantierte im Falle eines begleiteten Suizids eine Rückerstattung aller von seinem Mitglied erhaltenen Geldbeträge. Mit dem Scheitern des Gesetzgebungsverfahrens hob der Verein jedoch seine Satzungsänderung sofort auf.[452] Darüber hinaus könnte eine Begrenzung der Strafbarkeit auf kommerzielle Suizidbeihilfe in kurzer Zeit umgangen werden, da Gewinnabsicht auch durch hohe Verwaltungskosten leicht verschleiert werden kann.[453]

Die Abgeordneten Künast et al. waren außerdem der Meinung, dass ehrenamtliche Vereine oder Menschen Suizidassistenz anbieten dürfen sollten. Auch wollten sie geschäftsmäßige Suizidbeihilfe nicht verbieten.[454] Unter diesen Aspekten ist nicht klar, wer eigentlich vom Verbot der gewerbsmäßigen Suizidhilfe betroffen wäre.

Alle Entwürfe, außer Sensburg et al., wollten ärztliche Suizidbeihilfe freigeben. Nur der Gesetzentwurf von Hintze et al. regelte Einzelheiten und Voraussetzungen dafür (tödliche Krankheit der/des Betroffenen, vorhergehende Beratung über andere Behandlungsmöglichkeiten, Einholung einer zweiten ärztlichen Meinung zum Krankheitsverlauf und Einwilligungsfähigkeit). Demnach solle die Gewissensfreiheit der Ärzte ausdrücklich im BGB garantiert werden. Nach dem Entwurf von Sitte et al. sollte auch geschäftsmäßige ärztliche Suizidbeihilfe oder Sterbehilfe von Organisationen erlaubt werden. Deren Entwurf stellte auch Kriterien zur Beratung und Dokumentation auf.[455]

---

451 BT-Drucks.18/5373, S. 14.

452 BT-Drucks.18/5373, S. 13 f; dazu auch *Berghäuser*, ZStW 2016, 741, 765; *Jäger*, JZ 2015, 875, 880.

453 *Landt/Bauer/Schneider*, über den Selbstmord, S. 143 Fn. 42 zitiert nach *Hillgruber* schriftliche Stellungnahme, S. 20.

454 BT-Drs. 18/5375, S. 4.

455 BT-Drs. 18/5375, S. 2.

D. Verfassungsmäßigkeit des Gesetzes zur Strafbarkeit der geschäftsmäßigen Förderung der Selbsttötung

Am 6. November 2015 hat der Bundestag das „Gesetz zur Strafbarkeit der geschäftsmäßigen Förderung der Selbsttötung" trotz aller Bedenken und Gegenargumente beschlossen[456] und mit dem Tatbestand des § 217 in das StGB eingeführt.[457] Dieser stellt die geschäftsmäßig vorgenommenen Handlungsformen von Suizidbeihilfe unter Strafe. Ein Taterfolg in Form einer vollendeten Selbsttötung war nicht erforderlich, da es sich mithin um ein (abstraktes) Gefährdungsdelikt handelte.[458] Betroffen von der Regelung waren vor allem die Organisationen und Vereine wie „Sterbehilfe Deutschland", aber auch Einzelpersonen, die mit geschäftsmäßiger Absicht Beihilfe zur Selbsttötung leisteten. Darüber hinaus untersagte das Gesetz die Werbung in Deutschland für organisierte Sterbehilfe im Ausland. Von § 217 geschützte Rechtsgüter waren das „menschliche Leben" und die „individuelle Entscheidungsfreiheit".[459] Somit kommt als Tatobjekt wie bei anderen Tötungsdelikten nur ein anderer Mensch in Betracht. Demnach blieb eine Selbsttötung straffrei.

Die professionelle Assistenz bei der Selbsttötung war mit § 217 StGB weitgehend verboten worden. Die Vorschrift galt nicht nur für die gewerbsmäßige Selbsttötungsassistenz, sondern schon für diejenige, die auf Wiederholung angelegt war, darunter fiel auch ärztlich assistierter Suizid. Aufgrund dieses Verbots hatten sich Sterbewillige nicht mehr an professionelle Hilfe in Deutschland wenden können. Ohne professionelle Hilfe können sich bei der Verwirklichung einer Selbsttötung bestimmte Probleme ergeben, und dies könnte die Anwendung des Rechts auf Selbstbestimmung für den Sterbewilligen erheblich erschweren.[460] Auch die ärztliche Suizidbeihilfe hätte i. S. v. Bestimmtheitsgebot problematisch sein können. In der Literatur ist daher die Verfassungsmäßigkeit

456 Abstimmungsergebnis der Vorschrift: 360-Ja 233-Nein 9-Enthaltung 28-Nicht abgegeben.

457 In Kraft getreten am 10.12.2015.

458 *Brunhöber* in: MüKo StGB, § 217 Rn 86; *Taupitz*, in: Assistierter Suizid, S. 115, 117; *Saliger* in: NK-StGB, § 217 Rn. 4.

459 BT-Drs. 18/5373, S. 13

460 So auch *Gaede*, JuS 2016, 385, 387; *Hecker*, GA 2016, 455, 463; *Kampmann*, Normierung ärztlicher Suizidassistenz, S. 119; *Saliger*, Selbstbestimmung, S. 23 f.; *Saliger* in: NK-StGB, § 217 Rn. 6; *Taupitz*, Medstra 2016, 323, 326; *Weigend/Hoven*, ZIS 2016, 681, 683; kritisch *Goos*, ZfL 2015, 49, 50 f.

der Strafvorschrift sehr umstritten.[461] Ob dieses Verbot geschäftsmäßiger Suizidbeihilfe ein Verstoß gegen die durch Art. 2 I GG in Verbindung mit Art. 1 I GG geschützten Rechte von Sterbewilligen darstellt oder es in Hinsicht auf Sterbehilfe-Vereine den Schutzbereich des Art. 9 I GG eröffnen kann, ist zu untersuchen. Zu untersuchen ist auch, ob das strafbewehrte Verbot der geschäftsmäßigen Förderung der Selbsttötung verfassungsrechtlich legitimiert werden kann. In diesem Sinne werden die mit dem § 217 StGB einhergehenden Grundrechtseingriffe und deren möglicher Verstoß gegen die Verfassung festgestellt.

I. Bestimmtheitsgrundsatz

Ein strafbewehrtes Verbot muss mit dem in Art. 103 Abs. 2 GG normierten allgemeinen Bestimmtheitsgebot (nulla poena sine lege certa) vereinbar sein. Straftatbestände hinreichend genau zu bestimmen, sei erforderlich, damit der Betroffene sein Verhalten nach dem Inhalt und den Grenzen des Verbots bestimmen kann.

1. Meinungsstand

Die Situation des Arztes i. V. m. Geschäftsmäßigkeit wurde weitgehend diskutiert.[462] Wie viele assistierte Suizide würden zum Beispiel für einen Ontologen, der häufig mit todkranken Patienten zu tun hat, oder für einen Hausarzt mit überwiegend älteren Patienten gesetzlich als geschäftsmäßig angesehen? Aus der Literatur lassen sich zum unrechtsbegründenden Begriff der „Geschäftsmäßigkeit" einige Argumentationen auflisten. Die h. L. ist der Ansicht, dass der Begriff keine trennscharfen, überprüfbaren Kriterien beinhaltet.[463] Nach Duttge

461 Verfassungsmäßig angenommen bei *Augsberg*, Stellungnahme, S. 9 ff., 13; *Rissing-van Saan*, Stellungnahme, S. 11; *Kubiciel*, ZIS 2016, 396, 402 f.; *Goos*, ZfL 2015, 49, 49 ff.; Verfassungswidrig angenommen bei Stellungnahme von 147 deutschen Strafrechtslehrerinnen und Strafrechtslehrern zur geplanten Ausweitung der Strafbarkeit der Sterbehilfe v. 15.4.2015; *Saliger*, Medstra 2015, 132, 138; *Fischer* StGB, § 217 Rn 3a ff.; *Momsen* in: SSW-StGB, § 217 Rn. 2; *Weigend/Hoven*, ZIS 2016, 681; *Duttge*, NJW 2016, 120, 122 ff.; *Eidam*, Medstra 2016, 17, 18 ff., 20 ff.; 188 ff.

462 Ausführlich zum Thema *Eidam*, Medstra 2016, 17, 20 f.; *Kampmann*, Normierung ärztlicher Suizidassistenz, S. 121; *Taupitz* in: Assistierter Suizid, 115, 121 f., 133; *Fischer* StGB, § 217 Rn. 3d; *Magnus* Medstra 2016, 210, 214 f.; *Riemer*, BRJ 2016, 96, 99, 104; *Saliger*, in: NK-StGB, § 217 Rn. 2.; *Weißer*, ZJS 2016, 525, 530.

463 Näher zu den Auffassungen, Vgl. *Duttge*, NJW 2016, 120, 123; *Roxin*, NStZ 2016, 185, 189;
Taupitz, Medstra 2016, 323, 325; *Riemer*, BRJ 2016, 96, 99.

bleiben die Indizien für das Bestimmen der Intention auf Wiederholung der Tat ungeklärt.[464] Roxin weist darauf hin, dass die Beweisschwierigkeiten zur Unklarheit führen.[465] Auch Riemer findet unklar, wie die Geschäftsmäßigkeit bei den Einzelpersonen, die nicht mit einer Organisation verbunden sind, objektiv und zweifelsfrei bestimmt werden kann.[466]

Eine andere Auffassung meint, dass die Verwendung des Begriffs der Geschäftsmäßigkeit i. S. v. § 217 StGB zu keiner Verfassungswidrigkeit führe, weil dessen Auslegung in „einer Art und Weise" möglich ist. [467] Es ist weitgehend klar, dass bereits die erste Handlung eines Suizidhelfers geschäftsmäßig sein kann.[468] Brunhöber ist jedoch der Auffassung, dass dafür eine Wiederholungsabsicht, Suizidbeihilfe zu leisten, nicht genügend sei.[469] Der Täter muss auch beabsichtigen, die Suizidhilfe zu einem planmäßigen und nachhaltigen Bestandteil seiner Beschäftigung in Form eines regelmäßigen Angebots zu machen.[470]

Nach einem Gutachten des wissenschaftlichen Dienstes des Bundestages ist es fraglich, ob die Voraussetzungen der möglichen Strafbarkeit ärztlicher Suizidbeihilfe *„in einer dem Bestimmtheitsgebot genügenden Weise zweifelsfrei"* bei der Vorschrift bestimmt werden.[471]

Fischer glaubt, dass Menschen, die in der Palliativmedizin tätig sind, häufig am Rande der strafrechtlichen Verantwortlichkeit stehen.[472] In diesem Sinne sei zu prüfen, ob der abgeschaffte Gesetzentwurf dem Bestimmtheitsgebot widerspricht.

2. *Rechtsprechung und Stellungnahme*

Der BVerfG vertritt zu Recht die Auffassung, dass die Verwendung unbestimmter, konkretisierungsbedürftiger Begriffe das Bestimmtheitsgebot nicht ausschließe.[473] Die Rechtsprechung sei gehalten, *„Unklarheiten über den*

---

464 *Duttge* NJW 2016, 120, 123.
465 *Roxin* ZStW 2016, 185, 189.
466 *Riemer* BRJ 2016, 96, 99.
467 Siehe *Brunhöber* in: MüKo StGB, § 217 Rn 30.
468 BT Drs. 18/5373, S. 17.; Nachw. Zum Meinungsstand bei *Bock*, StR BT 2., S. 101; dazu näher s. *Riemer*, BRJ 2016, 96, 99; *Weißer*, ZSJ 2016, 525, 527; hierzu kritisch *Duttge*, NJW 2016, 120, 122 f.
469 *Brunhöber* in: MüKo StGB, § 217 Rn. 59.
470 *Brunhöber* in: MüKo StGB, § 217 Rn. 59.
471 *Wissenschaftliche Dienste*, WD 3 - 3000 - 188/15, S. 10.
472 *Fischer* StGB, § 217 Rn 3d.
473 BVerfGE 143, 38.

Anwendungsbereich von Strafnormen durch Präzisierung und Konkretisierung im Wege der Auslegung nach Möglichkeit auszuräumen.“[474]

Darüber hinaus schließt zwar das Bestimmtheitsgebot eine tatbestandsausweitende Analogie aus, aber nicht eine Auslegung „*im engeren technischen Sinn*".[475] Daher ist es entsprechend der Gesetzesbegründung möglich, eine Präzisierung vorzunehmen, denn der Begriff Geschäftsmäßigkeit wird im „*Konzept der Geschäftsmäßigkeit*“ in verschiedenen Rechtsgebieten als weitgehend einheitliche Terminologie verwendet. Demnach heißt geschäftsmäßige Förderung zur Selbsttötung, dass man die Gewährung, Verschaffung oder Vermittlung der Gelegenheit zur Selbsttötung zu einem dauernden oder wiederkehrenden Bestandteil seiner Tätigkeit macht.[476]

Vor allem besteht das Wort „*Geschäftsmäßigkeit*“ in § 206 StGB und erfordert wiederholte bzw. nachhaltige Handlungen, um den Begriff zu bezeichnen.[477] Auch die entsprechenden rechtlichen Definitionen von Geschäftsmäßigkeit befinden sich im Postgesetz (PostG) und im Telekommunikationsgesetz (TKG). Im Sinne von § 4 Nr. 4 PostG ist ein geschäftsmäßiges Handeln „*das nachhaltige Betreiben der Beförderung von Postsendungen für andere mit oder ohne Gewinnerzielungsabsicht*“.

Entsprechend wird in § 3 Nr. 10 TKG „*geschäftsmäßiges Erbringen von Telekommunikationsdiensten*“ als das nachhaltige Angebot von Telekommunikation für Dritte mit oder ohne Gewinnerzielungsabsicht bezeichnet. Dementsprechend setzt eine geschäftsmäßige Handlung im Strafrecht das nachhaltige Betreiben oder Anbieten einer Handlung gegenüber Dritten voraus. Das Merkmal der Nachhaltigkeit bezieht sich dabei auf Handlungen, die „*auf Wiederholung, d. h. auf eine gewisse Dauer angelegt sind.*“[478]

Die Rechtsprechung des BVerfG betonte auch, dass eine Strafnorm so gefasst werden müsse, dass der Normadressat im Regelfall bereits anhand des Wortlauts der gesetzlichen Vorschrift die Strafbarkeit des Verhaltens voraussehen könne.[479] Aus der Vorschrift des § 217 StGB ist zu verstehen, dass die Absicht zur wiederholenden Tätigkeit der Förderung des Suizids zur Strafbarkeit führen kann, und dies gilt auch für Ärzte.

---

474 BVerfGE 126, 170.

475 BVerfGE 126, 170; Vgl. BVerfGE 71, 108, 115; 82, 236, 269; 92, 1, 12.

476 BT-Drs. 18/5373, S. 17; *Wissenschaftliche Dienste*, WD 3 - 3000 - 188/15, S. 9

477 *Karlg* in: NK-StGB, § 206 Rn. 9.

478 *Karlg* in: NK-StGB, § 206 Rn. 9.

479 BVerfGE 143, 38; Vgl. BVerfGE 25, 269, 285; 75, 329, 30 f.; 126, 170, 195.

Es ist zwar richtig, dass Ärzte aufgrund der Art ihres Berufs oft auf unheilbar Kranke treffen und möglicherweise für sie *„tiefes Mitleid und Mitgefühl"* verspüren, jedoch hat der Gesetzgeber es vorgezogen, für das ärztliche oder das in medizinisch-pflegerischen Bereichen arbeitende Personal keine Privilegierung zu bestimmen. Denn er wollte nicht, dass die Suizidbeihilfe aufgrund der Natur ihres Berufs zu einem weitgehend praktizierten Dienstleistungsmodell führen könnte. Ein solches Ergebnis wäre etwas, das der Gesetzgeber mit § 217 StGB verhindern möchte. Weil die Vorhersehbarkeit eines Strafrisikos vorliegt, ist die unrechtsbegründende Geschäftsmäßigkeit Tatbestand des § 217 StGB und mit dem Bestimmtheitsgebot des Art. 103 Abs. 2 GG zu vereinbaren.[480] Die Verhinderung einer patientenzentrierten ärztlichen Tätigkeit berührt jedoch zumindest die durch Art. 12 Abs. 1 GG garantierte Berufsfreiheit. Ob dieser Eingriff verfassungskonform ist oder nicht, wird später geprüft.

II. Wesensgehaltsgarantie und Verhältnismäßigkeitsprinzip

Die im Grundgesetz verankerten Grundrechte sind Abwehrrechte gegen den Staat und nach Art. 1. Abs. 3 GG ist die öffentliche Gewalt an die Grundrechte gebunden. Daher müssen Strafrechtsnormen mit den verfassungsrechtlichen Vorschriften, einschließlich der Grundrechte, in Einklang stehen und sich verfassungsmäßig interpretieren lassen. Obwohl Grundrechte aus Gemeinwohlgründen gesetzlich eingeschränkt werden können, darf nach Art. 19 Abs. 2 GG deren Wesensgehalt[481] nicht angetastet werden[482]. Art. 2 I GG in Verbindung mit Art. 1 I GG schützt das Recht auf selbstbestimmtes Sterben.[483] Sowohl der Staat

480 Kein Verstoß findet auch *Augsberg*, Stellungnahme, S.11; *Kampmann*, Normierung ärztlicher Suizidassistenz, S. 122; *Kubiciel*, ZIS 2016, 396, 401 f.; *Rissing-van Saan*, Stellungnahme, S. 11 f.

481 Der Begriff Wesensgehalt ist str. Siehe *Stern*, Staatsrecht, Bd. III/2, S. 856 ff.; BGHSt 4, 377, 392 f.; BGHZ 6, 279; BVerwGE 47, 957; *Hofmann* in: Schmidt Bleibtreu/Hofmann/Henneke, Art. 19 GG Rn. 17; Umfassend zur Diskussionen s. *Murmann*, Selbstverantwortung, 285 ff.

482 BVerfGE 13, 97 (BVerfG 17.07.1961 - 1 BvL 44/55).

483 *Augsberg*, Stellungnahme, S. 3 f.; *Dreier*, in: *H. Dreier* (Hrsg.), Art. 2 I GG, Rn 31; *Rudlof*, Strafbarkeit, S. 23ff.; *Gärditz*, ZfL 2015, 114; *Hecker*, GA 2016, 455, 463; *Hilgendorf/Rosenau*, medstra 2015, 129; *Hillgruber*, ZfL 2013, 70, 71; *Kampmann*, Normierung ärztlicher Suizidassistenz, S. 48; *Magnus*, medstra 2016, 210, 211; *Neumann*, Die Mitwirkung am Suizid als Straftat, S. 253 ff.; 44.; Rosenau/Sorge, NK 25 2013, 108, 110; *Saliger*, medstra 2015, 132, 135; ders., Selbstbestimmung, S. 62 ff, 120, 134; *Stern*, Staatsrecht, Bd. III/2, S. 148f.; *Lindner*, NJW 2013, 136. Anders *Isensee, in:* Handbuch der Grundrechte, § 87 Rn. 214; *Höfling*, JuS 2000, 111, 114.

beim Gesetzgebungsverfahren als auch die Rechtsprechung bei der verfassungskonformen Auslegung muss dieses Recht beachten.

In Literatur und Judikatur zur Wesensgehaltsgarantie lassen sich in der Diskussion um den Inhalt zwei Ansichten ausmachen. Eine Ansicht geht davon aus, dass der Wesensgehalt der Grundrechte im Sinne der Beachtung des Grundsatzes der Verhältnismäßigkeit ausgelegt werden soll.[484] An anderer Stelle wird im Wesensgehalt in einem Kernbereich der einzelnen Grundrechte eine absolute Bestimmung gesehen.[485] In diesem Zusammenhang ist das BVerfG der Auffassung, dass der Grundsatz der Verhältnismäßigkeit beachtet werden muss, andernfalls bestünde ein Verstoß gegen die Wesensgehaltsgarantie.[486]

Unter Beachtung beider Ansichten ist zu untersuchen, ob der Wesensgehalt des Grundrechts mit der Strafrechtsvorschrift verletzt wird und ob die mögliche Verletzung verhältnismäßig ist. In Hinsicht auf die absolute Theorie steht an erster Stelle die Frage, ob ein Eingriff in dem unantastbaren Kernbereich des Rechts auf selbstbestimmtes Sterben besteht. § 217 a.F. StGB stellt die Selbsttötung nicht unter Strafe und hindert somit ebenfalls nicht direkt jemanden, Suizid zu begehen. Wenn andererseits die Vorschrift die Handlung der Selbsttötung unter Strafe gestellt oder den Selbsttöter nach einem erfolglosen Suizid bestraft hätte, wäre es dann zu einem Eingriff in den Wesensgehalt des Rechts auf selbstbestimmtes Sterben gekommen? Man könnte aber auch argumentieren, dass das Verbot der geschäftsmäßigen Suizidbeihilfe die Umsetzung des Suizidentschlusses erheblich erschwert und wegen der Einschränkung der Hilfsangebote ein solcher Eingriff vorliegt.[487] Es könnte sogar argumentiert werden, dass ein Mangel an professioneller Hilfe die Menschen dazu zwingen könnte, mit brutalen Methoden zu sterben. [488]

Es ist klar, dass ein Verbot der Selbsttötungshandlung in den Wesensgehalt des Rechts auf Selbstbestimmung eingreifen würde. Andererseits sollte das Recht, Hilfe bei Suizid zu suchen, nach den Bedingungen der Gesellschaft beurteilt werden. Denn die Bestimmung des Kernbereichs eines Grundrechts sollte nicht

---

484 Vgl. BGHSt 4, 375, 377; BGHSt 4, 385, 392; BGHSt 61, 113 f.; BGHSt 58, 348; *Alexy*, Theorie der Grundrechte, S. 270 ff; *Maunz* in: Maunz/Dürig GG Art. 19 Abs. 2 Rn. 16.

485 Vgl. *Stern*, Staatsrecht III/2, S. 853 ff.

486 BVerfGE 61, 113 f.; BVerfGE 58, 348; *Hofmann*, in: Schmidt- Bleibtreu/Hofmann/Henneke, Art. 19 GG Rn. 17.

487 Vgl. *Rosenau/Sorge*, NK 2013, 108, 112; *Hilgendorf*, JZ 2014, 545, 550.

488 Vgl. *Rosenau/Sorge*, NK 2013, 108, 110, 116; *Hoven*, MedR 2018, 741, 742 f.; *Duttge*, NJW 2016, 120 ff.; *Gaede*, JuS 2016, 385, 387; *Saliger* in: NK-StGB, § 217 Rn. 7; *Fischer* StGB, § 217 Rn. 3a.

losgelöst von der Gesellschaft betrachtet werden. Die Sicht der deutschen Gesellschaft auf Suizidbeihilfe bewegt sich in Richtung Liberalisierung. Die Bekämpfung des Suizids bleibt jedoch ein grundlegendes Problem. In Anbetracht dieser beiden Tatsachen erscheint ein liberaler Ansatz mit Schutzmechanismen sinnvoll. Hingegen ist das Argument unbegründet, ein Verbot professioneller Suizidhilfe würde zu brutaleren Methoden zwingen, wie zum Beispiel vor einen Zug oder ein Dach zu springen, Suizid mit einer Waffe oder Gift zu begehen. Denn ist die Einschränkung des Zugangs zu tödlichen Suizidmethoden – die sogenannte Mittelbeschränkung – eine wichtige Strategie zur Suizidprävention.[489]

1. Legitimer Schutzzweck des abgeschafften § 217 StGB

Im Zusammenhang dieser Ansichten, die den Wesensgehalt im Sinne der Beachtung des aus Art. 20 Abs. 3 GG abgeleiteten Verhältnismäßigkeitsgrundsatzes[490] interpretieren, ist zu überprüfen, ob *„ein Grundrechtseingriff einem legitimen Zweck dient und als Mittel zu diesem Zweck geeignet, erforderlich und angemessen ist.“* [491]

Das Rechtsstaatsprinzip schützt den Bürger vor unangemessenen oder willkürlichen Freiheitsbeschränkungen und daher müssen grundrechtseingreifende staatliche Maßnahmen ihre Rechtfertigung zu bestimmten und legitimen Zwecken finden. Dieser Zweck des Gesetzes ist von seinem Wortlaut, seiner Systematik, seiner Historie sowie seinem Telos zu bestimmen.[492]

In der Sektion „Problematik“ des Entwurfs wurde es festgestellt, dass *„der freiheitliche Rechtsstaat keine allgemeine, erzwingbare Rechtspflicht zum Leben kennt“*. Deswegen stelle die Straflosigkeit des selbstverantwortlichen Suizids in Deutschland niemand infrage.[493] Allerdings greift die Notwendigkeit des staatlichen Eingreifens und Tätigwerdens von dem Moment an, in dem Hilfe zum individuellen eigenverantwortlichen Suizid eine Gefahr für soziale Auswirkungen darstellen kann. Laut Gesetzesbegründung werde die Beihilfe zum Suizid nicht als ein „Dienstleistungsangebot der gesundheitlichen Versorgung“ angesehen,[494]

---

489 *Yip, Caine* et al., The Lancet 2012.
490 BVerfGE 19, 342.
491 BVerfGE 120, 274, 318 f.; BVerfGE 29, 402, 410; *Brunhöber* in: MüKo StGB, § 217 Rn. 28.
492 *Wienbracke*, ZSJ 2013, 148, 149; Vgl· *Sachs*, Verfassungsrecht II, A 10 Rn. 34·
493 BT-Drs. 18/5373, S. 2.
494 BT-Dr. 18/5373, S. 2.

daher müsse dieser Tätigkeit strafrechtlich entgegengewirkt werden, wenn diese wiederholt ausgeübt werde.

Bei dieser Vorschrift besteht ein doppelter Rechtsgüterschutz: zum einen hinsichtlich des höchstrangigen Gutes des „menschlichen Lebens“ und zum anderen hinsichtlich der Autonomie des Individuums.[495]

Nach dem Gesetzgeber wird die Autonomie des Individuums gefährdet, wenn *„fremdbestimmte Einflussnahme in Situationen prekärer Selbstbestimmung“* vorliegt. Obwohl Hilfe bei nicht-freiverantwortlichen Selbsttötungen bereits nach §§ 212, 25 I Alt. 1 StGB bereits strafbar ist,[496] geht der Gesetzgeber davon aus, dass das geschäftsmäßige Angebot einer Suizidassistenz eine selbst gewählte Selbsttötungsentscheidung als normal erscheinen lässt. Dies könne dazu führen, dass Menschen sich das Leben nehmen, die ohne eine solche Option keinen Suizid begehen würden.[497]

a) Kritik am gesetzlichen Schutzzweck

In der strafrechtswissenschaftlichen Literatur wurde der Zweck des § 217 StGB weitgehend kritisiert. Eine Gruppe geht davon aus, dass es keine empirische Grundlage für die Befürchtung gibt, dass organisierter assistierter Suizid Menschen zur Selbsttötung führen könne, die dies ohne ein solches Angebot nicht tun würden.[498] Ein weiterer Kritikpunkt ist, dass das Verbot der professionalen Suizidbeihilfe die Betroffenen zur Wahl brutaler Suizidmethoden drängen könnte.[499] Eine andere Überlegung ist, dass mit § 217 StGB die Abweichung von gesellschaftlichen Moralvorstellungen kriminalisiert werde und eine Kriminalisierungsabsicht der Beihilfe zur Selbsttötung in einem liberalen Rechtsstaat nicht gerechtfertigt werden könne.[500] Auch wurde festgestellt, dass ein Verbot

---

495 BT-Dr. 18/5373, S. 12.

496 *Brunhöber* in: MüKo StGB, § 217 Rn. 3; *Weigend/Hoven*, ZIS 2016, 681; Fischer, in: FS Roxin, 2011, 557.

497 BT-Dr. 18/5373, S. 12.

498 *Hoven*, MedR 2018, 741, 742; so auch *Saliger* Selbstbestimmung, 2015, S. 185; *Rosenau/Sorge*, NK 2013, 108, 113; *Eidam*, Medstra 2016, 17, 19; *Merkel*, Stellungnahme, S. 3, abrufbar unter: https://www.bundestag.de/blob/388404/ad20696aca7464874fd19e2dd93933c1/merkel-data.pdf, letzter Zugriff am: 25.09.2021; *Hillenkamp*, KriPoZ 2016, 3 (9); anders Auffassung des Generalbundesanwalts beim Bundesgerichtshof (zitiert in BVerfG, Urteil des Zweiten Senats vom 26. Februar 2020 - 2 BvR 2347/15, Rn. 135.

499 *Rosenau/Sorge*, NK 2013, 108, 110, 116; *Hoven*, MedR 2018, 741, 742 f.; *Duttge*, NJW 2016, 120 ff.; *Gaede*, JuS 2016, 385, 387; *Saliger* in: NK-StGB, § 217 Rn. 7.

500 *Duttge*, NJW 2016, 120 ff.; *Gaede*, JuS 2016, 385, 387; *Hoven*, MedR 2018, 741, 743; *Saliger* in: NK-StGB, § 217 Rn. 6; *Fateh-Moghadam*, Vorgänge 2015, 53, 65.

allein aufgrund der Tatsache, dass steigende Suizidraten ein soziales Problem darstellen, verfassungswidrig wäre.[501] Ebenso wurde diskutiert, dass die Teilnahme von nicht geschäftsmäßig handelnden Suizidhelfern *„mangels eigenständigen Rechtsgutsangriffs"* keinem legitimen Zweck dient.[502] Schließlich geht eine weitere Ansicht davon aus, dass § 217 StGB a.F. kein geeignetes Mittel war, um assistierten Suizid als Dienstleistung zu verhindern und das Tabu gegen das Töten auszumerzen.[503]

b) Rechtsprechung und Stellungnahme

Nach Angaben des Bundesverfassungsgerichts dient das aufgehobene Gesetz einem berechtigten öffentlichen Interesse und ist dazu geeignet, diesen zu erreichen.[504]

Bei einem strafbewehrten Verbot kann es nicht um die Sanktionierung „unethischen" Verhaltens oder ein Verbot im Sinne von Moralvorstellungen der Gesellschaft gehen. Stattdessen muss ein Verhalten nur wegen seiner Sozialschädlichkeit für rechtswidrig erklärt und legitimerweise verboten werden.[505] Auf der anderen Seite schützt das Strafrecht vor sozialschädlichem Verhalten, kämpft aber nicht gegen das Recht auf Selbstbestimmung.[506] Das Bundesverfassungsgericht erklärt dies mit der Feststellung, dass der bestehende oder vermutete Wertekonsens nicht das direkte Ziel strafrechtlicher Gesetzgebungsaktivitäten sein kann.[507] Daher muss ein Verbot daraufhin untersucht werden, ob „gewichtige Schutzinteressen den Eingriff legitimieren und der Grundsatz der Verhältnismäßigkeit gewahrt ist" [508].

Den sozialschädlichen Einfluss als Grund der Strafbarkeit erklärt der gesetzgewordene (und dann abgeschaffte) Entwurf als einen „Gewöhnungseffekt" und deklariert, sowohl die Sterbehilfe-Vereine als auch einschlägig renommierte Einzelpersonen, die Suizidassistenz regelmäßig anbieten, könnten durch

501 *Gärditz*, ZfL 2015, 114.; *Hoven*, MedR 2018, 741, 743.

502 *Kampmann*, Normierung ärztlicher Suizidassistenz, S. 129; Vgl. auch *Taupitz*, in: Assistierter Suizid, 115, 128 f.

503 *Oğlakçıoğlu* in: BeckOK StGB, § 217 Rn. 12a; *Hecker* GA 2016, 455, 463.

504 BVerfG, Urteil des Zweiten Senats vom 26. Februar 2020 - 2 BvR 2347/15, Rn. 226.

505 Vgl. *Kaspar*, Verhältnismäßigkeit, S. 30f.

506 *Roxin*, StrR AT Bd. I, § 2 Rn. 211; siehe auch *Kaspar*, Verhältnismäßigkeit, S. 460 ff.

507 Vgl. BVerfGE 120,224 (264), BVerfG, Urteil des Zweiten Senats vom 26. Februar 2020 - 2 BvR 2347/15, Rn. 234.

508 BVerfGE 115, 118, 165; *Maunz*, in: Maunz/Dürig GG Art. 19 Abs. 2 Rn. 16ff; *Epping*, Grundrechte, S. 62 Rn. 139.

eine Normalisierung der Suizidförderung insbesondere alte und/oder kranke Menschen zu einem nicht freien Suizid führen.[509] Der Gesetzgeber hat sich daher als Antwort auf zunehmende Fälle von organisierten Formen des assistierten Suizids für eine strafrechtlichen Regelung entschieden, um die Verhinderung der Beihilfe zum Suizid als *„einem Dienstleistungsangebot der gesundheitlichen Versorgung“*[510] sicherzustellen. Es ist auch denkbar, dass professionell unterstützter und begleiteter Suizid eine positivere Wahrnehmung von Selbsttötung fördert. Als Ergebnis könnten Menschen den Suizid als Ausweg aus Schmerzen oder Belastungen ansehen. Dafür ist der Gesetzgeber der Meinung, dass nicht nur die kommerzielle Suizidbeihilfe, sondern *„auch das Eigeninteresse der Suizidassistenten an der Durchführung der Selbsttötung“* gefährlich ist.[511]

Daher ist der Tatbestand der Strafvorschrift als abstraktes Gefährdungsdelikt ausgestaltet gewesen.[512] Nach dem Gesetzgeber sollte auch eine Teilnahme in Form einer Anstiftung oder Beihilfe zu einer geschäftsmäßigen Förderung der Selbsttötung gemäß den §§ 26, 27 StGB strafbar sein.[513]

So wollte der Gesetzgeber die Verbreitung einer Suizidkultur in der Gesellschaft verhindern. In diesem Sinne könnte die Einführung einer Strafe die Achtung vor dem Rechtsgut „Leben“, das als Allgemeingut gilt, in der Gesellschaft erhöhen. Es kann auch davon ausgegangen werden, dass durch das Verbot das Risiko verringert wird, dass jemand Suizidhilfe gewährt wird, obwohl „bei ihm in Wahrheit Autonomiedefizite, etwa in Form einer unerkannten Geisteskrankheit“, oder zumindest „Zweifel am Suizidwillen“ bestanden.[514] In diesem Zusammenhang ist auch das Privileg von nahestehenden oder Angehörigen wichtig, da sie über mehr Informationen zur Person und ihren wahren Wünschen verfügen, und daher die Autonomie der suizidwilligen Person besser schützen können. Aus diesen Gründen dient das abgeschaffte Verbot legitimen Zwecken des öffentlichen Interesses und kann als geeignetes Instrument zur Erreichung dieses Ziels betrachtet werden.

---

509 BT-Drs. 18/5373, S. 17.

510 BT-Drs. 18/5373.

511 BT-Drs. 18/5373.

512 BT-Drs. 18/5373, S. 16; *Brunhöber* in: MüKo StGB, § 217 Rn 86; *Saliger* in: NK-StGB, § 217 Rn. 4.

513 BT-Drs. 18/5373, S. 10.

514 So in Bezug auf das Beispiel der Tötung auf Verlangen auch *Kaspar*, Verhältnismäßigkeit, S. 465 f.

2. *Erforderlichkeit*

Zur Überprüfung der Verfassungsmäßigkeit war § 217 StGB a.F. zum Schutz der Autonomie des Einzelnen und des menschlichen Lebens erforderlich. Eine strafbewehrte Vorschrift ist erforderlich, wenn es zur angestrebten Zweckerreichung kein weniger stark eingreifendes Mittel gibt.[515]

a) *Meinungsstand*

In der Literatur zu dem abgeschafften Gesetz zur Strafbarkeit der geschäftsmäßigen Förderung zur Selbsttötung wurden hinsichtlich der Frage nach der Erforderlichkeit einige Ansichten eingebracht.

Einer Auffassung zufolge hat der Gesetzgeber weder das Risiko einer kommerziellen Sterbehilfe nachgewiesen, noch diesbezügliche Schutzüberlegungen in Übereinstimmung mit den Tatsachen getroffen.[516] Darüber hinaus gibt es auch die Auffassung, dass Regelungen wie die einschlägigen Werbeverbote oder Vorschriften des Vereinsrechts als Maßnahme gegen die angeblich aggressive Haltung der Sterbehilfe-Organisationen festgelegt werden können.[517] Eine andere Ansicht besagte, dass anstatt des Verbotes der geschäftlichen Förderung der Suizidbeihilfe, das Verbot des gewerbsmäßigen Handelns ein milderes Mittel sei, um das Ziel des Gesetzgebers zu erreichen.[518] Es wurde auch vorgeschlagen, dass eine zivilrechtliche Regelung eine mildere und gleichermaßen wirksame Alternative sein würde.[519]

b) *Rechtsprechung und Stellungnahme*

Zwar ist es richtig, dass der Tatbestand der Gewerbsmäßigkeit ein milderes Mittel wäre, jedoch war es die bewusste Wahl des Gesetzgebers, den Begriff „*Geschäftsmäßigkeit*" statt „*Gewerbsmäßigkeit*" vorzuschlagen. Im Jahr 2012 musste die Bundesregierung schon den Entwurf mit dem strafbegründenden Merkmal „*Gewerbsmäßigkeit*" zurückstellen, denn Sterbehilfevereine haben

---

515 BVerfGE 30, 292, 316; 67, 157, 176; 92, 262, 273; 102, 197, 217; 126, 112, 144 f..; *Wienbracke*, ZJS 2013, 148, 151; *Kampmann*, Normierung ärztlicher Suizidassistenz, S. 130.

516 *Hoven*, MedR 2018, 741, 744.

517 *Hilgendorf* JZ 2014, 550, 552; *Hoven*, MedR 2018, 741, 744; *Kampmann*, Normierung ärztlicher Suizidassistenz, S. 134; Siehe auch Entwurf für Werbeverbote BR-Drs. 149/10.

518 *Freund/Timm* (heute Rostalski), GA 2012, 491, 495 zitiert nach *Hoven*, MedR 2018, 741, 744; Vgl. *Kampmann*, Normierung ärztlicher Suizidassistenz, S. 134

519 *Saliger* in: NK-StGB, § 217 Rn. 6

den Tatbestand der Gewerbsmäßigkeit durch Änderung ihrer Vereinssatzung umgangen, was das Ziel des Entwurfs ins Leere laufen ließ. Erfolgen Zahlungen in monatlichen Mitgliedsbeiträgen ohne Bezugnahme auf die tatsächliche Suizidhilfe wäre es in der Praxis schwierig gewesen, die Gewinnerzielungsabsicht und daher die Gewerbsmäßigkeit zu beweisen.[520]

Aus diesem Grund hat der Gesetzgeber beabsichtigt, den Umfang auf die Tätigkeit zu erweitern. Auf der anderen Seite genügt es jedoch prinzipiell nicht, wenn die Tätigkeit erst- und einmalig angeboten wird. Ob eine Gewinnerzielungsabsicht vorhanden ist oder es als Teil einer wirtschaftlichen oder beruflichen Tätigkeit geschieht, wurde bei der Bestimmung der Geschäftsmäßigkeit nicht berücksichtigt.[521] Eine fehlende Gewinnerzielungsabsicht hindert in diesem Sinne die Geschäftsmäßigkeit nicht, da dies *„mit"* oder *„ohne"* Gewinnerzielungsabsicht vorliegen kann. Der Gesetzgeber bestimmte die Geschäftsmäßigkeit als Tatbestandsmerkmal in der Norm, um die Autonomie und Selbstbestimmung des Patienten zu unterstützen. Er weist darauf hin, dass die auf Wiederholung und Kontinuität ausgelegte Hilfe zu unterschiedlichen Selbsttötungshandlungen in *„autonomiegefährdendem Gewöhnungseffekt und Abhängigkeiten"* resultiert.[522] Dies kann mithin aufgrund der standardisierten Suizidhilfe des Suizidgehilfen einen Entscheidungsdruck auf den Betroffenen auslösen und damit eine Gefährdung der Freiwilligkeit zur Selbsttötung zur Folge haben.

Maßnahmen wie Werbeverbote und eine stärkere Regulierung der Aktivitäten von Sterbehilfeorganisationen können hilfreich sein. Es ist jedoch nicht schlüssig, ob dies ausreichend sein kann. Das BVerfG vertritt auch die Auffassung, dass aufgrund der mangelnden empirischen Befunde zur Effektivität alternativer und weniger intensiver Maßnahmen die Erforderlichkeit des abgeschafften § 217 StGB ungewiss ist.[523] Dadurch hat der Gesetzgeber einen erweiterten Entscheidungsspielraum.

---

520 So auch *Kampmann*, Normierung ärztlicher Suizidassistenz, 130; *Hillgruber* schriftliche Stellungnahme, S. 20; *Jäger* JZ 2015, 873, 880 f.; *Kubiciel*, JZ 2009, 600, 607; *Kubiciel*, ZRP 2015, 194, 197; *Lüttig*, ZRP 2008, 57, 59; *Rosenau/Sorge*, NK 2013, 108, 115 f.

521 BT-Drs. 18/5373, S. 17.

522 BT-Drs. 18/5373, S. 17.

523 BVerfG, Urteil des Zweiten Senats vom 26. Februar 2020 - 2 BvR 2347/15, Rn. 226.

3. *Angemessenheit*

Um die Verfassungsmäßigkeit zu überprüfen, sollte zuletzt geprüft werden, ob die Regel angemessen ist. Eine Grundrechtseinschränkung ist nur dann sinnvoll, wenn das Ausmaß der Belastung des Einzelnen noch in einem rationalen Verhältnis zu den Vorteilen des Gemeinwohls steht[524] bzw. die Schwere der Einmischung in eine Gesamtbewertung nicht unverhältnismäßig zum Gewicht der Gründe ist, die dies rechtfertigen.[525] Um dies festzustellen, müssen das öffentliche Interesse und die Auswirkungen der Einschränkung der Grundrechte auf die rechtlichen Interessen der Betroffenen abgewogen werden.[526] Je mehr die rechtlichen Eingriffe die Handlungsfreiheit des Einzelnen beeinträchtigen, desto sorgfältiger müssen die Gründe abgewogen werden, die dies gegen das Grundrecht auf Freiheit rechtfertigen.[527]

a) *Meinungsstand*

Die in der Literatur vor herrschende Meinung zur Frage von Angemessenheit von § 217 StGB a.F. war, dass das abgeschaffte Gesetz zur Strafbarkeit der geschäftsmäßigen Förderung zur Selbsttötung die verfassungsrechtlichen Grenzen überschreitet.[528] Demnach war der Eingriff in die Rechte der Betroffenen nicht angemessen, da der Schaden, der durch das Verbot der Selbstbestimmung

---

524 BVerfGE 76, 1, 51. Siehe auch BVerfGE 90, 145, 173; *Wienbracke*, ZJS 2013, 148, 152. BVerfG, Urteil des Zweiten Senats vom 26. Februar 2020 - 2 BvR 2347/15, Rn. 265.

525 BVerfGE 118, 168, 195.; *Wienbracke*, ZJS 2/2013, 148, 152.

526 BVerfG, Urteil des Zweiten Senats vom 26. Februar 2020 - 2 BvR 2347/15, Rn. 265.; Vgl. BVerfGE 92, 277, 327; BVerfGE 90, 145, 185.

527 BVerfGE 17, 314; 20, 150 (159); Vgl. BVerfGE 36, 47 (59); BVerfGE 40, 196, 227; *Stern*, Staatsrecht Bd. III/2, S. 790; BVerfG, Urteil des Zweiten Senats vom 26. Februar 2020 - 2 BvR 2347/15, Rn. 265.

528 *Hecker* GA 2016, 455, 463; *Gaede* JuS 2016, 385, 386 f; *Taupitz* Medstra 2016, 323, 330; Grünewald JZ 2016, 938, 947; *Hoven*, MedR 2018, 741, 744; *Hilgendorf/Rosenau* Stellungnahme von 147 deutschen Strafrechtslehrerinnen und Strafrechtslehrern zur geplanten Ausweitung der Strafbarkeit der Sterbehilfe v. 15. 4. 2015, Medstra 2015, 129; *Saliger* Medstra 2015, 132, 138 und *Saliger*, Selbstbestimmung, 22 ff., 113 ff., 154 f., 160 ff.; *Rosenau* NJW Editorial Heft 49/2015; und *Rosenau* Bayerisches Ärzteblatt 3/2016, 100, 101; *Duttge* NJW 2016, 120, 122 ff.; *Eidam* Medstra 2016, 17, 18 f, 20 f.; Roxin NStZ 2016, 185, 188 ff.; *Herzberg* ZIS 2016, 440, 449; anders *Gärditz*, ZfL 2015, 114; *Augsberg*, Stellungnahme, S. 9 ff., 13; *Rissingvan Saan* Stellungnahme, 11; verfassungskonformer Auslegung *Kubiciel* ZIS 2016, 396, 402 f.

derjenigen, die Suizid begehen wollen, verursacht wird, die Vorteile bei Weitem überwogen hat.

In der Literatur ist auch die Kritik an einem Wertungswiderspruch im Sinne von § 30 des StGB (Versuch der Beteiligung) in den Vordergrund getreten.[529] Demnach ist es unangemessen, wenn mehrfach versuchte Beihilfe zum Totschlag oder Mord (§§ 211, 212 StGB) unbestraft bleibt, während versuchte Förderung einer Beihilfe zur freiverantwortlichen Selbsttötung im Sinne von § 217 StGB strafbar sein könnte.[530] In der Literatur wurde die Einführung eines zusätzlichen Tatbestandsmerkmals in § 217 I StGB als Lösung vorgeschlagen. Danach sollte die Vorschrift für die Strafbarkeit der Suizidförderung voraussetzen, dass es sich um einen abgeschlossenen Suizid oder zumindest einen Suizidversuch handelt.[531]

Eine andere Ansicht wertete die Vorschrift als unangemessen, da es sich um ein abstraktes Gefährdungsdelikt handle.[532]

b) Rechtsprechung

Das Bundesverfassungsgericht ist der Auffassung, dass die verfassungsrechtliche Prüfung nur umfasst, ob der Gesetzgeber künftige Folgen einer Norm und die Abschätzung der Konflikte der Rechtsgüter angemessen widerspiegelt.[533] In diesem Sinne habe er großen Ermessensspielraum bei der Schaffung einer Regelung, indem er die soziale Realität berücksichtigt und widersprüchliche Interessen abwägt.[534]

---

529 *Grünewald*, JZ 2016, 938, 943; *Saliger* in: NK-StGB, § 217 Rn. 7; *Hilgendorf* Stellungnahme, S. 14.

530 *Britzke*, Legitimität und Auslegung der Norm, S. 139.

531 Siehe *Kampmann*, Normierung ärztlicher Suizidassistenz, S. 141; *Grünewald*, JZ 2016, 938, 943.

532 Anders Auffassung des Generalbundesanwalts beim Bundesgerichtshof, in: BVerfG, Urteil des Zweiten Senats vom 26. Februar 2020 - 2 BvR 2347/15, Rn. 133. und Stellungnahme von der Bayerischen Staatsregierung, in: BVerfG, Urteil des Zweiten Senats vom 26. Februar 2020 - 2 BvR 2347/15, Rn. 123. Laut der Bayerischen Staatsregierung findet Angemessenheit der Regelung eine Rechtfertigung; 1) wegen der Vorschrift bezweckten Rechtsschutzgüter, 2) angemessener Entschädigung in einem moderaten Bereich von Strafen und 3) den Möglichkeiten des Strafverfahrens, um im Einzelfall einem geringen Grad an Schuld Rechnung zu tragen.

533 BVerfG, Urteil des Zweiten Senats vom 26. Februar 2020 - 2 BvR 2347/15, Rn. 224, 225.

534 Siehe BVerfG, Urteil des Zweiten Senats vom 26. Februar 2020 - 2 BvR 2347/15, Rn. 224.

Das Bundesverfassungsgericht ist der Ansicht, die aus § 217 StGB a.F. abgeleitete Einschränkung des Rechts auf selbstbestimmtes Sterben im Sinne des allgemeinen Persönlichkeitsrechts sei in zweierlei Hinsicht nicht angemessen. Erstens stehe die Belastung der Vorschrift gegenüber Sterbewilligen nicht in einem angemessenen Verhältnis zu den sich der Allgemeinheit ergebenden Vorteilen.[535] Zweitens müssten die Suizidhelfer in der Lage sein, ihre Bereitschaft zur Unterstützung der Selbsttötung rechtlich und tatsächlich umzusetzen.[536] Ansonsten liefe damit das verfassungsrechtlich vorgesehene Recht auf selbstbestimmtes Sterben des Einzelnen faktisch leer.[537] Daher hat das Bundesverfassungsgericht festgestellt, dass mit dem Verbot der geschäftsmäßigen Förderung der Selbsttötung die *„existenzielle Bedeutung des Selbstbestimmungsrechts“* und die sich daraus ergebenden Grenzen überschritten wurden.[538]

Nach dem Bundesverfassungsgericht steht das Recht auf selbstbestimmtes Sterben und die Hilfe dazu nicht zur freien Disposition des Gesetzgebers.[539] Er sei zwar der Auffassung, dass der hohe Rang des verfassungsrechtlich verankerten Rechts auf Autonomie und Leben ermöglicht, dass grundsätzlich der präventive Schutz legitimiert ist und für einen vorbeugenden Rechtsschutz das abstrakte Gefährdungsdelikt ein optimales Mittel sein könne.[540] Jedoch müsse dies zum Schutz der selbstbestimmten Entscheidung des Einzelnen dienen.[541] Dagegen schränke das Verbot der geschäftsmäßigen Förderung der Selbsttötung die Möglichkeiten des assistierten Suizids derart ein, dass der Einzelne in diesem Bereich der Selbstbestimmung tatsächlich keinen Raum habe, seine verfassungsrechtlich geschützte Freiheit auszuüben.[542] Laut Bundesverfassungsgericht sind die rechtliche Ausweitung der Palliativmedizin und der Hospizdienste sowie die Verfügbarkeit von Suizidhilfemöglichkeiten im Ausland nicht ausreichend, um die Einschränkung des selbstbestimmten Sterbens zu kompensieren, die sich aus dem Verbot der Vorschrift ergibt.[543] Als der Gesetzgeber die geschäftsmäßige Förderung der Selbsttötung verboten hatte, hätte er laut Bundesverfassungsgericht

535 BVerfG, Urteil des Zweiten Senats vom 26. Februar 2020 - 2 BvR 2347/15, Rn. 264.
536 BVerfG, Urteil des Zweiten Senats vom 26. Februar 2020 - 2 BvR 2347/15, Rn. 331.
537 BVerfG, Urteil des Zweiten Senats vom 26. Februar 2020 - 2 BvR 2347/15, Rn. 331.
538 BVerfG, Urteil des Zweiten Senats vom 26. Februar 2020 - 2 BvR 2347/15, Rn. 267.
539 BVerfG, Urteil des Zweiten Senats vom 26. Februar 2020 - 2 BvR 2347/15, Rn. 267, 274.
540 BVerfG, Urteil des Zweiten Senats vom 26. Februar 2020 - 2 BvR 2347/15, Rn. 271 f.
541 BVerfG, Urteil des Zweiten Senats vom 26. Februar 2020 - 2 BvR 2347/15, Rn. 271 f.
542 BVerfG, Urteil des Zweiten Senats vom 26. Februar 2020 - 2 BvR 2347/15, Rn. 267 f.
543 BVerfG, Urteil des Zweiten Senats vom 26. Februar 2020 - 2 BvR 2347/15, Rn. 278, 281 ff., 298.

sicherstellen müssen, dass Suizidhilfe im Einzelfall de facto möglich ist und nicht nur auf dem Papier. Sowohl die tatsächlichen Auswirkungen der berufsrechtlichen Regelungen der Landesärztekammern gegen ärztlich assistierten Suizid in einigen Bundesländern auf Ärzte als auch die Zurückhaltung von Ärzten, Hilfe bei freiverantwortlichem Suizid zu leisten, wirkten sich jedoch negativ auf die Verhältnismäßigkeit eines solchen Verbots aus. [544]

III. Stellungnahme

Im Mittelpunkt aller Diskussionen über die Gestaltung des Lebensendes durch assistierten Suizid aus verfassungsrechtlicher Sicht stehen die Grundrechte im Zusammenhang mit Menschenwürde, Verpflichtung des Staates auf Lebensschutz und Selbstbestimmung. Das Recht auf Selbstbestimmung wird im Grundgesetz nicht als eigenständiges Grundrecht ausdrücklich genannt, sondern es wird indirekt im allgemeinen Persönlichkeitsrecht (APR)[545] in Art. 2 Abs. 1 GG (freie Entfaltung bzw. allgemeine Handlungsfreiheit) i. V. m. Art. 1 Abs. 1 GG (Menschenwürde) formuliert und verfassungsrechtlich als Grundprinzip anerkannt. Die Selbstbestimmung ist auch auf europäischem Niveau nach Art. 8 EMRK (Grundrecht auf Schutz des Privatlebens) und den Urteilen des EGMR geschützt. Dies schließt das Recht ein, sich an selbstverletzenden oder gefährlichen Handlungen zu beteiligen. Nach ständiger Rechtsprechung des EGMR bedarf ein Eingriff in das Recht auf Privatleben einer Rechtfertigung nach Art. 8 Abs. 2 des EMRK, auch wenn er dem Schutz des Lebens der betroffenen Person dient.[546]

Die in der deutschen Rechtsprechung dominierende Objektformel,[547] die auf Kants Sittenlehre basiert, bezieht sich auf einen Aspekt der Menschenwürde und wurde von Dürig wie folgt geprägt:

„Die Menschenwürde ist getroffen, wenn der konkrete Mensch zum Objekt, zu einem bloßen Mittel, zur vertretbaren Größe herabgewürdigt wird.“[548]

Dürig erstellte eine Charakteristik der Verletzung der Menschenwürde. Danach ist die Menschenwürde betroffen, wenn der Mensch zum bloßen Objekt

544 BVerfG, Urteil des Zweiten Senats vom 26. Februar 2020 - 2 BvR 2347/15, Rn. 290 ff., 293 ff., 295ff.

545 Der Begriff des APR ist im Grunde in der Rechtsprechung des BVerfG entwickelt worden.

546 EGMR, Pretty v. Vereinigtes Königreich, Urt. v. 29.04.2002 Az. 2346/02.

547 *Herdegen*, in: Maunz/Dürig GG Art. 1 Abs. 1 Rn. 36.

548 *Dürig*, Der Grundrechtssatz der Menschenwürde, 1956, S.127.

herabsinkt. Es liegt hierbei in der Natur der Sache, dass er nicht über sich oder etwas frei verfügen kann, sondern als Objekt, als Ding, Sache oder Stück gesehen wird und von einem anderen gegen einen Preis oder Wert besessen werden kann.[549] Es ist für den *„Eigentümer"* sogar möglich, *„sein Objekt"* zu verletzen oder völlig zu zerstören.

Ein Objekt oder Gegenstand verfügt über keine Rechte, nicht einmal auf das Recht seiner eigenen Existenz. Als Gegenstand darf es nicht denken, für sich selbst entscheiden und schon gar nicht sich eine eigene Meinung bilden, geschweige denn sie frei äußern.

Daher ist allgemein anerkannt, dass das Selbstbestimmungsrecht das Recht beinhaltet, da jede Person frei nach eigenem Willen über das eigene Leben unabhängig von jeder Art der Fremdbestimmung oder Manipulation, einschließlich durch Verwandte, gesellschaftliche Zwänge oder durch staatliche Gewalt, entscheiden und auch freiwillig handeln kann.[550]

Ein Recht zur Selbstgefährdung[551] bis zum Suizid gehört auch zum Gebiet des Rechts auf Selbstbestimmung.[552] Denn die Übernahme der Verpflichtung zum Weiterleben verstößt gegen die Menschenwürde. Nach der Entscheidung des Bundesverfassungsgerichts gehört zum Grundrechtsschutz auch die Freiheit, sich Suizidhilfe von Dritten zu suchen und diese in Anspruch zu nehmen, soweit sie angeboten wird.[553] Dies ist in zweierlei Hinsichten begrüßenswert. Erstens ist es nicht gerechtfertigt, Hilfe zu einer legitimen Handlung zu verbieten, wenn bekannt ist, dass das Recht auf freiverantwortlichen Suizid verfassungsrechtlich als legitim betrachtet wird und die Entscheidung zum Todeswusch respektiert werden muss. Zweitens würde es eine Verletzung der Menschenwürde darstellen, Menschen davon abzuhalten, für einen möglichst schmerzlosen Tod Hilfe zu suchen, um legitimen Suizid zu begehen.

Das Recht auf Leben ist die wesentliche Grundlage der Menschenwürde[554] und ist als *„Höchstwert innerhalb der verfassungsrechtlichen Ordnung"* geschützt.[555] Die rechtsstaatliche Verpflichtung zum Schutz des Lebens ist nicht nur für die Interessen des Einzelnen, sondern auch zum Wohl der Allgemeinheit entwickelt

---

549 *Härle*, in: Menschenwürde, S. 237, 246.
550 *Lindner*, NJW 2013, 136.
551 Siehe *Dreier* in: Dreier (Hrsg.) GG, Art 2 I Rn. 31.
552 Siehe auch BVerwGE 82, 45, 48 f.
553 BVerfG, Urteil des Zweiten Senats vom 26. Februar 2020 - 2 BvR 2347/15, Rn. 208.
554 BVerfGE 46, 160, 164; 49, 24, 53; 115, 118, 139.
555 BVerfGE 39, 1, 42; 46, 160, 164; 49, 24, 53.

worden. Denn das Interesse des Einzelnen ist eng mit dem Wohl der Allgemeinheit verflochten, und menschliches Leben ist die Hauptvoraussetzung für einen funktionierenden Staat.[556] Aus diesem Grund sind auch präventive Maßnahmen gegen allgemeinen Suizid wichtig. So liegt es beispielsweise in der Zuständigkeit eines Staates, den allgemeinen Zugang zu Pentobarbital einzuschränken und seinen Zugang an bestimmte Bedingungen zu knüpfen. Ein weiteres Beispiel ist die Sicherung von Brücken oder hohen Gebäuden mit vertikalen Absperrungen oder niedrigen horizontalen Sicherheitsnetzen, um Suizide durch Springen zu verhindern, weil es Daten darüber gibt, dass die Beschränkung des Zugangs zu Suizidmitteln und -orten einen präventiven Charakter für Suizide hat.[557]

Die Durchführung eines Suizids, soweit dieser auf freier Entscheidung beruht, soll nicht vom Staat verhindert werden. Daher hat das Bundesverfassungsgericht auch Menschen, die nicht schwer erkrankt sind, den Zugang zur Suizidhilfe eröffnet, wenn sie ihr Leben als vollendet beurteilen. Dementsprechend wird die Hilfe auch Menschen zur Verfügung stehen, die durch allgemeine Lebensmüdigkeit, Verschlechterung und Verlust der persönlichen Würde belastet sind und ein Gefühl der Einsamkeit, auch aufgrund des Verlusts von Angehörigen, haben. Theoretisch ist dies gerechtfertigt, jedoch muss in der Praxis sichergestellt werden, dass diese Probleme nicht auftreten. Die Staaten haben auch eine Verpflichtung gegenüber verletzlichen Menschen, die anfällig für seelische oder emotionale Angriffe oder Schäden sind. Prävention ist hier wichtig, um einen nicht freiverantwortlichen Suizid zu vermeiden.

Es gibt weitere Situationen, in denen die positive Schutzpflicht *„positive Obligation“* [558] des Staates in Bezug auf das Leben überwiegt, insbesondere wenn die Betroffenen an einer psychischen Krankheit leiden, zum Beispiel an schweren Depressionen, Persönlichkeitsstörungen, Drogen- oder Medikamentenmissbrauch. Diese Umstände können die Freiverantwortlichkeit des Suizids beeinträchtigen. In diesen Fällen soll der Staat unter Berücksichtigung der konkreten Umstände des Einzelfalls auch die Menschen vor sich selbst schützen, die ihre Lebensbeendigung bereits beschlossen haben.[559] Außerdem soll Suizid nicht als

---

556 Vgl. *Vöhringer*, Abgrenzung des § 216 StGB, S. 63.

557 *Organization*, Preventing suicide: a global imperative, S. 7.; *Wong, Liu et al.*, Suicide Life Threat Behav 2009, 82 (87); *Zalsman, Hawton et al.*, Lancet 2016, 646 *Yip, Law et al.*, Br J Psychiatry 2010, 241;; *Wilks, Fernando et al.*, PLoS Med 2008,; *Mann, Apter et al.*, JAMA 2005, 2064; *Gunnell, Fernando et al.*, Int J Epidemiol 2007; *Sarchiapone, Mandelli et al.*, Int J Environ 2011, 4550; *Lin/Lu*, BMC Public Health 2011, 712.

558 *Mowbray*, the European Convention on Human Rights, S. 47.

559 Siehe Di Fabio, in: Maunz/Dürig GG Art. 2 Nr. 1 Rn. 47, 48.

Lösung oder „*Exit*" für soziale Probleme im Alter dienen. In diesem Sinne muss Suizid die Ausnahme bleiben und nicht als Flucht aus allen anderen Problemen, die das Leben betreffen.

Das Bundesverfassungsgericht hat ebenso angemerkt, dass die steigende Zahl der Suizide allein, ohne Berücksichtigung weiterer Faktoren, den Anspruch auf Suizidhilfe nicht mindern kann. Das Gericht stellte fest, dass die Zunahme der Suizide insgesamt auch durch eine größere Akzeptanz der Sterbehilfe und des Suizids in der Gesellschaft, eine Stärkung des Rechts auf Selbstbestimmung oder ein wachsendes Bewusstsein dafür erklärt werden kann, sodass der eigene Tod nicht mehr als unangetastetes Schicksal gilt.[560]

Auf der anderen Seite darf ein Freiheitsgebrauch limitiert werden, wenn er Dritte gefährdet oder Rechtsgüter der Allgemeinheit betroffen sind. Die Zulässigkeit staatlicher Einschränkungen ist mit der Verfassung vereinbar, wenn sie zu „*möglicherweise resultierenden Lasten für die Gemeinwesen*" führen.[561] Dies gilt, weil ein Mensch nicht als isoliertes Individuum, sondern als wertvolles Mitglied der Gesellschaft betrachtet wird.[562] Die Mitgliedschaft in der Gesellschaft sollte jedoch keine Belastung darstellen, die eine Person nicht tragen kann. An einem Punkt, an dem das Leben für einen Menschen zu einer solchen Belastung wird und dazu führt, sein eigenes Leben aufgeben zu wollen, ist es sinnlos zu erwarten, dass der betroffene Mensch nur für die Gesellschaft weiterlebt. Es ist nicht angemessen, einer Person, die freiwillig Suizid begehen will, die Hilfe, die sie für einen möglichst schmerzlosen Tod wünscht, gänzlich zu versagen und sie bis zum letzten Atemzug zum Leiden zu zwingen. Dies ist weder den Familien der Verstorbenen noch den Menschen, die diese Selbsttötungen persönlich miterleben mussten, angemessen. Aus diesen Gründen war § 217 StGB unangemessen.

Das Recht auf Suizidbeihilfe kann jedoch nicht direkt vom Staat gefordert werden. In der Verantwortung des Staates liegt lediglich, dafür zu sorgen, dass einem freiverantwortlichen Suizid der Weg zur Hilfe nicht völlig versperrt wird. Mit anderen Worten, der Staat muss die Mittel zur Selbsttötung nicht selbst bereitstellen, er muss lediglich die Hindernisse für den Erhalt von Suizidmitteln beseitigen.

Obwohl Statistiken darauf hindeuten, dass die Zahl der Antragsteller auf Suizidhilfe im Laufe der Jahre in Ländern, in denen assistierter Suizid ohne strenge Voraussetzungen erlaubt wurde, zugenommen hat, müssen für eine genaue

560 BVerfG, Urteil des Zweiten Senats vom 26. Februar 2020 - 2 BvR 2347/15, Rn. 256.

561 *Dreier* in: Dreier (Hrsg.) GG Art 2 I Rn. 31.

562 *Di Fabio, in*: /Dürig GG Art. 2 Nr. 1 Rn. 47, 48.

statistische Modellierung viele weitere Faktoren berücksichtigt werden. Ob dieser Anstieg statistisch signifikant ist oder nicht, ist eine weitere Frage, die von Experten auf diesem Gebiet untersucht werden muss.

Es ist aber klar, dass ein deutlicher Unterschied zwischen Ländern besteht, die nur unheilbar Kranken das Recht auf Suizidhilfe gewähren oder Suizidhilfe an strikte Regelungen binden, und solchen, die dieses Recht allen berechtigten Ansprüchen – unabhängig von Krankheit – einräumen. Das Bundesverfassungsgericht hat in seiner Entscheidung im Gegensatz zum Bundesverwaltungsgericht bei der Anerkennung des Anspruchs auf Suizidhilfe nicht unterschieden, ob Personen, die einen Suizid begehen wollten, unheilbar krank waren oder nicht. Hier ist es nun Aufgabe des Gesetzgebers, Regelungen zu treffen, die klar genug sind, um einen reibungslosen Freiheitsgenuss zu ermöglichen, und eng genug, um Missbrauch und Normalisierung von Tabus zu verhindern.

Das Bundesverfassungsgericht hat entschieden, dass § 217 StGB die Handlungsfreiheit eines Menschen verletzt hat, unabhängig davon, ob er Hilfe bei einem Suizid sucht oder Hilfe bei einem Suizid leisten will. Auch wird festgestellt, dass die Handlungsfreiheit von Sterbehilfeorganisationen in Deutschland verletzt wurde, weil sie mit einer möglichen nach § 217 StGB geknüpften Bußgeldbewehrung nach § 30 Abs. 1 Nr. 1 OWiG bedroht waren.[563] Dies soll jedoch nicht bedeuten, dass der Gesetzgeber nicht das Recht hat, Rechtsvorschriften zu erlassen, um Sterbehilfeorganisationen an der Beihilfe zum Suizid zu hindern.

Die Verbotsnorm kann nicht von vornherein als verfassungswidrig angesehen werden, solange das Suizidrecht des Einzelnen nicht tatsächlich geleugnet wird und der Gesetzgeber die Wirkungen der Regelung angemessen bewertet und dem Widerspruch zwischen Freiheit und Schutzdimension des Grundrechts angemessen Rechnung trägt. Sogar wenn ein Grundrechtseingriff besteht, wird geprüft, ob die angegriffene Strafnorm ein geeignetes, erforderliches und angemessenes Mittel darstellt, um den ihr vom Gesetzgeber zugedachten Schutzzweck zu erreichen.

Da Sterbehilfevereine Suizidbeihilfe ehrenamtlich leisten, ist es ihnen verwehrt, sich auf ihr Berufsrecht zu berufen.[564] Für Mitarbeiter eines solchen Vereins ist auch der Schutzbereich der Gewissensfreiheit nicht eröffnet. Denn zwischen dem Suizidwilligen und den Mitarbeitern eines Sterbehilfevereins

---

563 BVerfG, Urteil des Zweiten Senats vom 26. Februar 2020 - 2 BvR 2347/15, Rn. 333.

564 Siehe auch *Saliger*, Selbstbestimmung, S. 86; so auch BVerfG, Urteil des Zweiten Senats vom 26. Februar 2020 - 2 BvR 2347/15, Rn. 321.

besteht im Regelfall keine enge Beziehung, die für den Sterbehelfer zu einer Gewissensnot für die Hilfe führen würde.[565]

Auf der anderen Seite hatte das VG Berlin in einer Entscheidung zu Recht den Schutz der Gewissensfreiheit für einen Arzt aufgrund einer langen Patienten-Arzt-Beziehung bejaht.[566] Angehörige und Hausärzte sowie Pflegekräfte, die eine lang andauernde Beziehung zum Patienten haben, sollen sich auf ihre Gewissensfreiheit berufen dürfen.[567] Aufgrund der wie auch immer gearteten Verbindung zum Patienten ist es möglich, dass die Pflegeperson oder der Arzt eine gewissenhafte Entscheidung treffen muss, basierend auf ihren oder seinen persönlichen inneren Kategorien von *„Gut und Böse"*. Deren Situation stellt mehr als eine politisch korrekte Haltung dar; sie können sich sehr verpflichtet fühlen und daher trotz ernsthafter Gewissensnöte nicht in der Lage sein, sich dem Wunsch des Sterbewilligen zu entziehen. Die möglichen neuen Vorschriften müssen diese Punkte berücksichtigen.

Das Urteil des BVerfG vom 26. Februar 2020 ist auch mit der Europäischen Menschenrechtskonvention vereinbar. Art. 2 EMRK sowie Art. 2 Abs. 2 GG umfasst das Recht auf Leben. Dieses Recht hat keine Umkehrung, das heißt, es gibt kein Recht auf Todesschutz im Sinne dieser Vorschriften. Die staatliche Verpflichtung zum Schutz des Lebens besteht darin, den Bürger auch vor sich selbst zu schützen, wenn der Suizidwille nicht freiverantwortet ist. Diese Schutzpflicht der Staaten lässt sich nur unter bestimmten Bedingungen und ausnahmsweise begrenzen.[568]

Interessant ist der Fall von Frau Pretty aus Großbritannien, die für ihre Klage-Argumentation die ganze Bandbreite der Menschenrechte nutzte, und ebenso bemerkenswert war die Art und Weise, wie ihre Argumente vom Gerichtshof für Menschenrechte behandelt wurden.[569]

Sie argumentierte zunächst, dass die Bestimmungen des Übereinkommens ihr ein *„Recht auf Sterben"* garantierten, und begründete dies mit Artikel 2 des Übereinkommens, der das Recht auf Leben garantiert. Sie argumentierte, dass *„das Recht zu sterben nicht die Antithese zum Recht auf Leben ist, sondern die logische Folge daraus"*, und der Staat habe *„eine positive Verpflichtung, beides zu schützen"*. Dies beruhte auf der Tatsache, dass einige Konventionsrechte ihr

---

565 *Saliger*, Selbstbestimmung, S. 87 f.

566 VG Berlin MedR 2013, 58, 64; *Saliger*, Selbstbestimmung, S. 88.

567 Siehe *Brunhöber* in: MüKo StGB, § 217 Rn. 28.

568 Siehe EGMR, Pretty v. Vereinigtes Königreich, Urt. v. 29.04.2002 Az. 2346/02.

569 Siehe EGMR, Koch v. Germany, Urt. v. 17.12.2012 Az. 497/09.

Gegenteil bedeuten – zum Beispiel beinhaltet das Recht, einer Handelsorganisation beizutreten, auch das Recht, dies nicht zu tun. Der EGMR war jedoch von dieser Argumentation nicht überzeugt und begründete seine Entscheidung zu einem großen Teil mit dem ethischen Prinzip der *„Heiligkeit des Lebens"*.

Der EGMR stellte fest: Der Artikel schützt das Recht auf Leben und verhindert die bewusste Lebensbeendigung unter sehr eng begrenzten Umständen. Ein Artikel mit diesem Effekt kann nicht so ausgelegt werden, als würde er ein Recht auf Sterben oder die Einschaltung eines anderen in den eigenen Tod verleihen.

Der zweite Teil Frau Prettys Argumentation betraf Artikel 3 der Konvention, der unmenschliche und erniedrigende Behandlung verbietet. Sie argumentierte, alle Mitgliedstaaten hätten die Verpflichtung sowohl in negativer wie positiver Hinsicht, eine untersagte Behandlung nicht vorzunehmen und stattdessen Maßnahmen zu ergreifen, um die Unterwerfung einer Person unter eine solche Behandlung zu verhindern.

Für das Gericht waren gegen dieses Argument jedoch rechtliche Fragen bestimmend und nicht ethische. Deren Frage konzentrierte sich darauf, ob das Vereinigte Königreich eine Verfahrensverpflichtung hatte, die Wünsche von Frau Pretty zu respektieren. Unter diesem Aspekt fand das Gericht das Argument von Frau Pretty nicht überzeugend. Schließlich entschied das Gericht, dass keine Verletzung der Artikel 8 (private Achtung des Lebens), Art. 9 (Gewissensfreiheit) und Art. 14 (Diskriminierungsgesetz) vorliege.

Art. 2 Abs. 1 i. V. m. Art. 1 Abs. 1 GG und Art. 8. EMRK schützen auch die freie Entscheidung, wann und wie das eigene Leben zu Ende gebracht wird. Hierzu ist der Fall „Haas gegen die Schweiz" wichtig, in welchem der EGMR aufzeigte, dass es zwar ein Recht gibt, das den freien Willen des entscheidungsfähigen Individuums (auch zur Selbsttötung) schützt, aber dass es keinen Rechtsanspruch gegen den Staat auf Suizidhilfe gebe.

In diesem Fall klagte unter Berufung auf Art. 8 EMRK ein psychisch kranker Mann nach mehreren erfolglosen Suizidversuchen, weil es in der Schweiz keinen rezeptfreien Zugang zum tödlich wirkenden Mittel Natrium-Pentobarbital gab. Er argumentierte, über Art und Zeitpunkt seines eigenen Lebens zu entscheiden, gehöre auch zum Selbstbestimmungsrecht i. S. v. Art. 8 EMRK, wenn der Suizidwillige entscheidungsfähig sei und die Suizidentscheidung auf dem freien Willen des Suizidenten beruhe.

Der EGMR entschied, da der Begriff *„Privatleben"* die physische und psychische Integrität und manchmal die physische und soziale Identität eines Individuums umfasse, könne er nicht erschöpfend definiert werden. Das Gericht befand, das Recht auf Achtung des Privatlebens im Sinne von Artikel 8 der Konvention umfasse auch das Recht eines Individuums, zu entscheiden, mit welchen

Mitteln und zu welchem Zeitpunkt sein Leben endet, sofern es in der Lage sei, frei über diese Frage zu entscheiden und folglich zu handeln. Jedoch war der EGMR der Auffassung, dieser Fall sei insofern anders als der Fall Pretty, weil der Beschwerdeführer nicht nur behauptete, sein Leben sei schwierig und schmerzhaft, sondern auch, der Akt des Suizids selbst wäre würdelos, wenn er die fragliche Substanz nicht erhalte.

Ob der Staat eine Erleichterung des Suizids ermöglichen muss, ist Gegenstand der Kontroverse. In diesem Sinne ist der Gerichtshof insbesondere der Ansicht, dass das durch Artikel 2 der Konvention garantierte Recht auf Leben die Staaten verpflichtet, ein Verfahren zu schaffen, das gewährleisten kann, dass eine Entscheidung zur Beendigung des Lebens tatsächlich dem freien Willen des Einzelnen entspricht, um die Risiken eines Missbrauchs auszuschließen, um darüber hinaus die öffentliche Gesundheit und Sicherheit zu schützen und Straftaten zu verhindern. Daher entschied der EGMR, dass die Schweiz mit ihrer Weigerung zur rezeptfreien Abgabe des Mittels ihren Anspruch auf Achtung des Privat- und Familienlebens nicht verletzt habe.

Im Fall Haas gegen die Schweiz [570] entschied der EGMR, dass eine Person das Recht habe, Suizid zu begehen, solange sie in der Lage sei, ihren Willen frei zu äußern und entsprechend zu handeln. Daraus ergibt sich jedoch kein Rechtsanspruch auf assistierten Suizid. Für die Verhinderung von Straftaten und um die öffentliche Sicherheit und das Leben zu schützen, können Staaten laut EGMR den Zugang zu Natrium-Pentobarbital beschränken. Nur in wenigen europäischen Ländern ist der ärztlich assistierte Suizid erlaubt, obwohl immer mehr Länder sich in Richtung Selbstbestimmung und Suizidhilfe bewegen.[571] Weil die einzelnen Staaten diesbezüglich uneins sind, gibt ihnen der EGMR einen weiten Ermessensspielraum und ordnet das Thema dem Zuständigkeitsbereich des jeweiligen Staates zu. In diesem Sinn kann der Gesetzgeber Maßnahmen zur allgemeinen Suizidprävention treffen.

Im Fall „*Koch versus Germany*“ machte der Beschwerdeführer geltend, dass es der Staat verweigert hatte, seiner inzwischen verstorbenen Ehefrau die Genehmigung zu erteilen, eine tödliche Dosis Drogen für ihren Suizid zu erwerben, und dass dies sowohl ihr Recht als auch seines auf Achtung des Privat- und Familienlebens verletze.

---

570 EGMR, Haas. v. Schweiz, Urt. v. 20.01.2011 Az. 31322/07.

571 EGMR, Koch v Germany, Urt. v. 17.12.2012 Az. 497/09; *Oğlakçıoğlu* in: BeckOK StGB, § 217 Rn 12.1.

Die Regierung war der Auffassung, dass die Ablehnung des Bundesinstituts nach Artikel 8 Absatz 2 gerechtfertigt sei, weil die Rechtsgrundlage in den einschlägigen Bestimmungen des Betäubungsmittelgesetzes mit dem legitimen Ziel des Schutzes der Gesundheit und des Rechts auf Leben weiterverfolgt und ihm ein breiter Ermessensspielraum eingeräumt werden sollte, insbesondere unter Berücksichtigung der Tatsache, dass die Rechtslage in den Mitgliedstaaten sehr unterschiedlich sei. Die Regierung verwies ferner auf die ethische Dimension der Frage, ob und inwieweit der Staat Suizid begünstigen oder unterstützen sollte, was sich darin zeigte, dass der Nationale Ethikrat die fraglichen Argumente zuvor geprüft hatte. Die grundsätzliche Bedeutung, die die deutsche Rechtsordnung dem Schutz des Lebens vor zugefügter Euthanasie beimesse, habe auch starke historische Gründe, die zu einem besonders kraftvollen Rechtsbegriff der Menschenwürde geführt hätten.

Das Gericht merkte überdies an, vergleichende Untersuchungen hätten ergeben, dass die meisten Mitgliedstaaten keine Beihilfe zur Selbsttötung zuließen. Nur vier untersuchte Staaten erlaubten Ärzten, eine tödliche Droge zu verschreiben, um einem Patienten zu ermöglichen, sein Leben zu beenden. Daraus folge, dass die Vertragsstaaten in dieser Hinsicht weit davon entfernt seien, einen Konsens zu erzielen, was auf einen gewissen Ermessensspielraum hinweise, den der Staat in diesem Zusammenhang genieße. Daher war der Gerichtshof der Ansicht, dass es in erster Linie Sache der deutschen Gerichte sei, die Begründetheit zu prüfen.

Andererseits war *„Gross gegen die Schweiz“*[572] das erste Urteil, in dem der EGMR festgestellt hatte, dass die Position eines Mitgliedstaats zur Beihilfe zum Suizid mit Artikel 8 EMRK unvereinbar sei. Der Fall ist auch deshalb wichtig, weil er sich von denen unterscheidet, die der EGMR in seinen früheren Urteilen zum assistierten Suizid behandelt hatte, da die Beschwerdeführerin keine schwerkranke Person war, sondern eine alte Frau, die wegen fortgeschrittenen Alters unter einem anhaltenden Rückgang ihrer körperlichen und geistigen Fähigkeiten litt.

Nach einem erfolglosen Suizidversuch wollte sie ihr Leben schmerzlos und sicher beenden, indem sie eine tödliche Dosis Natrium-Pentobarbital einnahm. Obwohl die Entscheidungsfähigkeit der Beschwerdeführerin durch eine psychiatrische Untersuchung bestätigt worden war, war ihr Antrag auf Verschreibung von Natrium-Pentobarbital von drei Ärzten abgelehnt worden. Begründet wurde die Ablehnung mit der Einhaltung der schweizerischen Richtlinien zur

572 EGMR, Gross v. Schweiz, Urt. v. 30.9.2014 Az. 67.810/10.

ärztlichen Ethik, wonach eine legitime medizinische Suizidhilfe nur dann zulässig ist, wenn der Patient an einer Krankheit leidet, von der angenommen wird, dass sie innerhalb von Tagen oder wenigen Wochen mit dem Tod endet. Der Todeswunsch allein reichte daher nicht aus, um die Ausstellung einer ärztlichen Verschreibung von Natrium-Pentobarbital zu rechtfertigen.

Der EGMR entschied, dass die Forderung des Beschwerdeführers in den Anwendungsbereich von Artikel 8 EMRK falle. Da die schweizerischen ärztlichen Ethik-Richtlinien nur für Patienten gelten, die an einer unheilbaren und tödlichen Krankheit leiden, hatte das Gericht festgestellt, dass die Situation der Menschen im Bundesstaat von Frau Gross nicht durch das schweizerische Recht geregelt sei. Dieser Mangel an Regulierung sollte nach Angaben des EGMR vermutlich eine abschreckende Wirkung auf Ärzte (a chilling effect on doctors) haben und ein erhebliches Maß an Angst (considerable degree of anguish) für die schweizerische Gesellschaft bewirken.

Mit diesem Urteil machte der EGMR deutlich, dass es in den Ländern, in denen assistierter Suizid legalisiert ist, klare positive Regelungen geben muss, damit Rechtsunsicherheit nicht dazu führt, dass die Ausübung des Rechts auf Suizid unmöglich gemacht wird.

Zusammenfassend zeigt sich bei einer Gesamtbetrachtung der Entscheidungen des Europäischen Gerichtshofs, dass die Existenz des Rechts auf Suizid akzeptiert wird. Dies ergibt sich nicht aus Art. 2 EMRK zum Schutz des Lebens, sondern aus Art. 8 EMRK, der das Recht auf Achtung des Privat- und Familienlebens und damit das Recht auf Selbstbestimmung umfasst. Darüber hinaus liegt es im Ermessen der Vertragsstaaten, Verfahren einzuführen, die assistierten Suizid zulassen oder verbieten. Wenn Staaten jedoch die Beihilfe zur Selbsttötung nach freiem Ermessen zulassen, sollten Regelungsmängel nicht zu Rechtsunsicherheit führen. Denn solche Mängel an einer Regelung beeinträchtigen die Bereitschaft der Ärzte zum assistierten Suizid, und diese Situation verhindert die Ausübung des Rechts auf Suizid und ist somit nicht mit der EMRK vereinbar.

Kapitel 3: Rechtslage nach der Entscheidung des BVerfG

A. Suizid und Beteiligung am Suizid aus strafrechtlicher Sicht (de lege lata)

Die Problematik des Suizids und die Beiträge Dritter im Sinne von Garanten oder Nichtgaranten nimmt einen großen Platz in der modernen deutschen Strafrechtstheorie ein. Ob und unter welchen Bedingungen Suizide verhindert werden können, die Gefahr einer Strafbarkeit bei Nichterfüllung der auferlegten Rettungspflicht oder aktiver Teilnahme an der Selbsttötung wurde längst debattiert. Umfangreiche Diskussionen in der Lehre haben in den letzten Jahren zu einer Weiterentwicklung der Rechtsprechung geführt. Im Folgenden werden der Suizid und die Probleme, die sich beim Eingreifen Dritter zum Suizid oder Nichterfüllen der Rettungspflicht ergeben, vor dem Hintergrund der aktuellen Situation betrachtet.

I. Tatbestandslosigkeit des Suizids und der Teilnahme daran

„Felo de se" ist eine alte lateinische Redewendung, die wörtlich „Verbrecher von sich selbst" bedeutet, die für „sich das Leben nehmen" im Gebrauch ist und auf Illegalität der Suizidhandlung hinwies.[573] Im heutigen deutschen Rechtsverständnis hingegen ist der Suizid kein Verbrechen mehr. Die §§ 211 ff. StGB sanktionieren nur die Tötung eines anderen Menschen, aber nicht die eigene Tötung. Eine Selbsttötung oder ein Suizidversuch realisiert daher laut Literatur und aktueller Rechtsprechung keinen Straftatbestand und stellt keine rechtswidrige Tat i. S. v. § 11 Abs.1 Nr. 5 StGB dar.[574]

Infolge der Straflosigkeit des Suizids ist die fahrlässige Mitverursachung einer Selbsttötung auch nicht strafbar, denn man trägt keine Sorgfaltspflicht gegenüber Personen, die urteilsfähig sind und deren Suizid infolge eines freiverantwortlich gefassten Entschlusses zustande gekommen ist.[575] Dasselbe gilt auch für

---

573 *Fletcher*, Morals and Medicine, S. 176.

574 Vgl. RGSt 70, 313, 315; BGHSt. 2, 150, 152; 6, 147,154; 13, 162, 167; 19, 135, 137; 32, 262, 264; 53, 288, 290; *Hirsch*, in: FS für Karl Lackner, S. 597, 600; *Momsen* in: SSW-StGB, Vor § 211 ff. Rn. 16 ff.; *Neumann* in: NK-StGB,Vor § 211 Rn. 37 ff.

575 *Momsen* in: SSW-StGB, Vor § 211 ff. Rn. 19; BGHSt 24, 342.

die vorsätzliche Teilnahme am Suizid.[576] Nach dem Akzessorietätsprinzip, mit dem die Abhängigkeit der Teilnahme von der Haupttat beschrieben wird, muss zunächst das Vorliegen einer rechtswidrigen Haupttat untersucht werden. In diesem Zusammenhang sind die „Anstiftung" oder „Beihilfe" in §§ 26 ff. StGB grundsätzlich straflos, weil Suizid keine rechtswidrige Haupttat beinhaltet.[577] Deshalb sind sowohl die direkte Teilnahme als auch die indirekte Teilnahme nicht strafbar. Beispielsweise versteht man unter der indirekten Teilnahme die indirekte Erleichterung eines Suizids z. B. durch Veröffentlichung von Suizidanleitungen.[578] Auch macht sich nicht strafbar, wenn jemand die selbstverantwortlich gewollte und verwirklichte Selbsttötung eines anderen veranlasst, ermöglicht oder fördert.[579] Würde jemand beispielsweise ein tödliches Mittel für einen freiwilligen Selbsttöter bereitstellen, würde es an einer teilnahmefähigen rechtswidrigen Haupttat, unabhängig vom Erfolg der Selbsttötung, fehlen, da § 212 StGB die Tötung eines anderen Menschen voraussetzt.[580] Dasselbe gilt für das Ermöglichen des Zugangs zu Waffen, Medikamenten oder Giften.[581]

II. Abgrenzung von Selbsttötung und § 216 StGB

Tötung auf Verlangen bleibt dagegen nicht ungestraft. Nach der gesetzlichen Regelung des § 216 StGB wird der Täter, der den ausdrücklichen und ernsthaften Sterbewunsch des zu Tötenden erfüllt, mit einer Freiheitsstrafe von sechs Monaten bis zu fünf Jahren bestraft. Darüber hinaus ist der Versuch strafbar.

Für die Frage, ob es sich um eine kriminelle Tötung auf Verlangen oder eine straflose Teilnahme am Suizid handelt, ist nach herrschender Meinung entscheidend, wer die letzte, unumkehrbar zum Tode führende Handlung dominiert.[582]

---

576 *Momsen* in: SSW-StGB, Vor § 211 ff. Rn. 19; *Fischer* StGB, Vor § 211 Rn. 19a;

577 BGHSt 32, 367, 371 f.

578 *Momsen* in: SSW-StGB, Vor § 211 ff. Rn. 19.

579 *Momsen* in: SSW-StGB, Vor § 211 ff. Rn. 19; *Eser/Sternberg-Lieben* in: Schönke/Schröder StGB, Vor §§ 211 ff. Rn. 35; *Kühl* in: Lackner/Kühl StGB, Vor § 211 Rn. 11; *Fischer* StGB, Vor § 211 Rn. 19; *Schneider* in: MüKo StGB, Vor § 211 Rn. 86.

580 *Momsen* in: SSW-StGB, Vor § 211 ff. Rn. 19; Vgl. OLG München NJW 1987, 2940, 2942: Fall „Hackethal".

581 *Momsen* in: SSW-StGB, Vor § 211 ff. Rn. 19; SK-StGB/Horn § 212 Rn. 21; *Kühl* in: Lackner/Kühl StGB, Vor § 211 Rn. 11; *Fischer* StGB, Vor § 211 Rn. 19; *Schneider* in: MüKo StGB, Vor § 211, Rn. 86.

582 *Neumann* in: NK-StGB, Vor § 211 Rn. 51; *Kühl* in: Lackner/Kühl StGB, § 216 Rn. 3; *Rengier*, StR BT II, § 8 Rn. 8; BGH, Urteile vom 14. August 1963- 2 StR 181/63, BGHSt 19, 135, 139 f.; vom 7. Februar 2001- 5 StR 474/00, BGHSt 46, 279, 284; vom 20. Mai

Handlungen, wie das Zusammenmischen der tödlichen Medikamente oder die Vorbereitung des Seils, mit dem der Suizident die Selbsttötung begeht, werden nicht von § 216 StGB erfasst. Demgegenüber wird der an einer Tat Beteiligte, bei der der Tod bringende letzte Akt nicht vom Suizidenten selbst vorgenommen wird, nach § 216 StGB bestraft, obwohl die Tötung aufgrund des Verlangens eines schwerkranken und sterbewilligen Menschen geschehen ist.[583] Dies ist beispielsweise der Fall, wenn ein Arzt auf Wunsch des Patienten ein tödliches Suizidmedikament spritzt, wenn zum Beispiel ein Gelähmter das tödliche Suizidmedikament nicht selbst einnehmen kann.

Bei der Abgrenzung der Tötung auf Verlangen von einer straflosen Teilnahme am Suizid ergeben sich die meisten Probleme dann, wenn die Handlung eines Beteiligten sich nicht auf die Verstärkung des Suizidentschlusses oder bloße Vorbereitungshandlungen beschränkt, sondern er aktiv am Tötungsgeschehen mitwirkt.[584]

Ein Beispiel dafür ist der sogenannte Fall „Gisela", in dem es um einen gescheiterten Doppelsuizid ging. In solchen Fällen sind sich der Bundesgerichtshof und die h. L. einig darüber, die *„maßgeschneiderte materiell-objektive Teilnahmetheorie"* anzuwenden. Nach dieser Theorie liegt eine bloße Beihilfe zur Selbsttötung vor, wenn der Beitrag eines am Suizid Beteiligten, *„nicht bis zum Eintritt des Erfolges willensgesteuert fortdauert, sondern nur die Ursachenreihe so in Gang setzt, dass nach seinem Vollzug dem anderen Beteiligten noch die volle Freiheit verbleibt, sich den Auswirkungen zu entziehen oder sie zu beenden."*[585]

III. Strafrechtliche Verantwortlichkeit durch Unterlassen

Darüber hinaus stellt sich noch die Frage, ob man sich durch das Nichtverhindern des Todeseintritts bei einem freiverantwortlichen Suizid wegen unterlassener Hilfeleistung nach §§ 323c StGB bzw. als Garant wegen Tötung auf Verlangen durch Unterlassen gem. §§ 216, 13 StGB oder Tötung durch Unterlassen gem. §§ 211, 212, 13 StGB strafbar macht.[586]

2003- 5 StR 66/03, NJW 2003, 2326, 2327; vom 4. Juli 2018 - 2 StR 245/17, BGHSt 63, 161; Beschluss vom 25. November 1986 - 1 StR 613/86, NJW 1987, 1092.

583 Siehe *Roxin in:* Roxin/Schroth, Handbuch des MedStR, S. 75; so BGH v. 3.7.2019 – 5 StR 393/18, NStZ 2019, 666, 667; kritisch hierzu *Rissing-van Saan/Verrel*, NStZ 2020, 121, 127.

584 *Eser/Sternberg-Lieben* in: Schönke/Schröder StGB, § 216 Rn. 11.

585 BGHSt 19, 135, 140; *Arzt, Weber, Heinrich et al.*, StR BT, § Rn. 40 f.

586 BGHSt. 13, 166; BGHSt. 32, 367.

Das Thema, das in Bezug auf uneinheitliche Rechtsprechung immer noch wichtig ist, ist die sogenannte Garantenstellung. Laut Bundesgerichtshof macht es keinen Unterschied, ob die Garantenstellung auf Gesetz, Vertrag, vorausgegangener gefährdender Handlung oder enger Beziehung beruht.[587] Ein Garant hat – von Ausnahmefällen abgesehen – eine Rettungspflicht gegenüber Suizidenten und macht sich in der Regel der vorsätzlichen oder fahrlässigen Tötung strafbar, wenn er den Suiziderfolg nicht verhindert, obwohl er seine Rettungspflicht kennt und er den Suizidenten hätte retten können, aber dennoch nicht gerettet hat.[588] Im Fall eines eindeutigen nicht-freiverantwortlichen Suizids auf der anderen Seite könnte sich ein Garant möglicherweise wegen Totschlags durch Unterlassen i. S. v. §§ 212, 13 machen. Wenn er die Unfreiheit der Suizidentscheidung aufgrund einer Verletzung der Sorgfaltspflicht nicht erkennt, so kann fahrlässige Tötung durch Unterlassen i. S. v. §§ 222, 13 in Betracht kommen.

In einer früheren Entscheidung des Bundesgerichtshofs wurde eine Frau, deren Ehemann Suizid begangen hatte, indem er sich nach einer Diskussion erhängte, wegen eines Tötungsdelikts durch Unterlassen bestraft. Denn sie hatte ihn nicht gerettet und somit nicht ihre Pflicht aufgrund der Garantenstellung aus konkreter Lebensbeziehung erfüllt, obwohl er noch am Leben war, als sie dazukam.[589]

In einem späteren Fall wechselte der Bundesgerichtshof die Begründung bzw. verengte den Umfang der Gründe der Verantwortung und stellte fest, dass im Falle der Bewusstlosigkeit ein Tatherrschaftswechsel eintrete. Im bekannten sogenannten Wittig-Fall, bei dem eine Witwe durch Medikamente Suizid beging und laut einer schriftlichen Erklärung keine Behandlung wollte, respektierte der Hausarzt diesen Sterbewillen und tat nichts, um sie zu retten. Obwohl der Bundesgerichthof die ärztliche Gewissensentscheidung von Rechts wegen nicht unvertretbar fand[590] und im Ergebnis den Arzt (Wittig) vom Vorwurf der Tötung auf Verlangen durch Nichtgewährung ärztlicher Hilfe (§ 216 StGB) freigesprochen hat, stellte das Gericht fest, dass, weil die Suizidentin handlungs- und willensunfähig geworden war, es ihr nicht mehr möglich gewesen sei, den eigenen Todeseintritt zu verhindern. Daher geht die Tatherrschaft und damit die Pflicht zur Rettung auf den anwesenden oder hinzukommenden Garanten über, und

---

587 BGHSt 2, 150 (Ls. 1).

588 *Schneider* in: MüKo StGB, Vor § 211 Rn. 67; BGH 12.2.1952 – 1 StR 59/50.; kritisch hierzu *Rosenau* in: LK-StGB, Vor § 211 Rn. 52.

589 Siehe BGHSt 2, 150.

590 BGHSt 32, 367, 381.

wenn dieser Garant keine Rettungsmaßnahme trifft, um den noch abwendbaren Erfolgseintritt zu verhindern, so handelt es sich um eine Unterlassungstat.[591]

Demnach darf der Suizidhelfer tödliche Subtanzen bereitstellen, muss aber nach Bewusstlosigkeit des Patienten den Raum sofort verlassen, um seiner Rettungspflicht nach §§ 216, 13 StGB zu entgehen. Diese Ansicht des Bundesgerichtshofs ist von der Literatur diskutiert und abgelehnt worden.[592] Nach der Literatur beruht das Gerichtsurteil auf einem Verstoß gegen den Sinn des Gesetzes und leidet an einem fundierten Begründungsmangel.

Das OLG München teilte in einem Urteil von 1987 die Auffassung der Literatur, wonach sich eine rechtliche Verpflichtung zur Erfolgsabwendung vom Eintritt der Bewusstlosigkeit an auch nicht daraus ergibt, dass der Arzt ein tödliches Gift überlassen und damit eine Gefahrenlage für das Leben des Patienten herbeigeführt hat.[593] Wie bereits gesagt, erfüllt die Bereitstellung des Tötungsmittels als Beihilfe zur selbstverantwortlichen Selbsttötung nach geltendem Recht nicht den Tatbestand eines Tötungsdelikts und ist daher nicht strafbar.[594] Jedoch sollte dies nach dem früheren Tatherrschaftswechsel-Urteil des Bundesgerichtshofs bezüglich der Pflicht aus einem vorangegangenen Verhalten nach § 13 StGB als Unterlassungstat bestraft werden (Garantenstellung aus Ingerenz), wenn Bewusstlosigkeit eintrete.

Im Gegensatz zum OLG München hat das OLG Hamburg im Jahr 2016 die Auffassung des Bundesgerichtshofs zum Tatherrschaftswechsel im Fall Wittig in einem Fall nochmals bestätigt, in dem ein Arzt einem sterbewilligen Patienten tödliche Medikamente zur Verfügung stellte und nach Eintritt der Bewusstlosigkeit des Sterbewilligen keine lebensrettende Maßnahme traf. Aufgrund seiner Garantenstellung durch Schaffung einer Gefahrenquelle habe sich der Arzt zum einen wegen versuchter Tötung auf Verlangen durch Unterlassen zum anderen wegen Verstoßes gegen das BtMG strafbar gemacht.[595]

---

591 BGHSt 32, 367/373 ff.; NJW 1984, 2639; Eser, MedR 1985, 6; Gropp, NStZ 1985, 97.; Siehe auch Küpper/Börner, StR BT I, S. 6

592 Siehe hierzu *Duttge*, NJW 2016, 120, 121; auch *Rosenau* in: LK-StGB, Vor § 211 Rn. 96 f.; *Arzt/Weber*, StR BT § 3 Rn. 22; *Krey/Hellmann/Heinrich* StR BT 1 Rn. 93; *Kühl* in: Lackner/Kühl StGB, Vor § 211 Rn. 15; *Fischer* StGB, Vor § 211 Rn. 19a, 25; *Laufs/Katzenmeier/Lipp* Arztrecht, S. 100; *Laux/Nahrmann/Parzeller*, Rechtsmedizin 2018, 112, 116; *Eser*, MedR 1985, 6, 11; *Gropp*, NStZ 1985, 97 ff., 100 f.; *Ranft*, JZ 1987, 908, 912 f.; *Schmitt*, JZ 1984, 866 ff.; auch *Bottke*, GA 1983, 21, 33.

593 NJW 1987, 2944.

594 Vgl. BGHSt 32, 367, 371 f.

595 OLG Hamburg, Beschl. v. 8. 6. 2016 – 1 Ws 13/16.

Kritiker dieser Entscheidung vertreten zutreffend die Auffassung, dass sie zum einen die Straflosigkeit der Teilnahme an Suizid, zum anderen das verfassungs- und menschenrechtlich verankerte Selbstbestimmungsrecht verletzt.[596] Auf der anderen Seite vertreten Befürworter die Auffassung, dass der Staat wegen Unumkehrbarkeit des Todes zum Lebensschutz verpflichtet sei, da ein nicht unerheblicher Teil der überlebenden Suizidenten froh darüber sei, dass sie gerettet wurden.[597]

Im Jahr 2017 entschied das LG Hamburg, dass ein Arzt nach Eintritt der Bewusstlosigkeit des Suizidenten nicht verpflichtet ist, den Tod abzuwenden, wenn der freiverantwortlich handelnde Suizident zuvor Rettungshandlungen ausdrücklich verboten hatte.[598]

Schließlich entschied mit zwei Urteilen der 5. Strafsenat des Bundesgerichtshofs, dass die Garantenstellung des Arztes beendet sei, wenn der freiwillige Suizid des Patienten vereinbarungsgemäß begleitet wird.[599] Während im „Fall Berlin" der Arzt langjähriger Hausarzt der sterbenswilligen Frau war, gab es im „Fall Hamburg" keine vergleichbare Arzt-Patient-Beziehung. Stattdessen hatte der Angeklagte nur einen Facharztvertrag als Neurologe mit dem Sterbehilfeverein, mit dem die beiden Suizidwilligen in Kontakt kamen. Während im Berliner Fall der Angeklagte auf Wunsch der Patientin ein tödliches Betäubungsmittel (Luminal) bereitstellte, erstellte der Angeklagte im Hamburger Fall nur das psychiatrische Gutachten, um die Freiverantwortlichkeit der Selbsttötung zu bescheinigen. In beiden Fällen wiesen die Patientinnen keine lebensbedrohlichen Erkrankungen auf, ihre Lebensqualität war jedoch krankheitsbedingt gering. In beiden Fällen nahmen die Patienten die tödlichen Substanzen selbst ein, während die Angeklagten die Patienten bei den Selbsttötungen begleiteten, aber keine Rettungsmaßnahmen ergriffen, als die Bewusstlosigkeit eintrat. Der Bundesgerichtshof hat zutreffend festgestellt, dass sowohl die Bereitstellung des

596 Siehe *Duttge*, MedR 2017, 145, 147; *Laux/Nahrmann/Parzeller*, Rechtsmedizin 2018, 112, 116; bezüglich prozessualem Mangel siehe *Rosenau* in: LK-StGB, Vor § 211 Rn. 52.

597 Nach einer Studie in München liegt diese Rate bei 81 %. Vgl. *Spaemann/Hohendorf*, Ethik Med 2016; Zur Bedeutung der medizinischen Bewertung Siehe *Schneider* in: MüKo StGB, Vor § 211 Rn. 69; BGHSt 32, 367.

598 LG Hamburg, Urt. v. 8.11.2017 – 619 KLs 7/16; *Hoven*, MedR 2018, 741, 745 f.; auch *Rosenau* in: LK-StGB, Vor § 211 S. 52.

599 BGH, Urt. v. 3.7.2019 – 5 StR 132/18, (LG Hamburg) = BGHSt 64, 121-135; sowie BGH, Urt. v. 03.7.2019 – 5 StR 393/18, (LG Berlin), BGHSt 64, 135-146.; Siehe *Grünewald*, JR 2020; *Schöch*, GA 2020, 423, 432.

Betäubungsmittels als auch die Erstellung des Gutachtens nur straflose Beihilfe zum eigenverantwortlichen Suizid darstellte. Denn die Suizidentinnen übten allein in Vollzug des Gesamtplans die Herrschaft über die zum Sterben führende Handlung aus, indem sie die ihren Tod verursachende Menge der Substanzen selbst einnahmen.[600] Daher hatten sich die Angeklagten nicht wegen eines vollendeten Tötungsdelikts durch aktives Tun (§§ 212, 216 StGB) strafbar gemacht.

Der Bundesgerichtshof stellte fest, dass es sich um einen freiwilligen Suizidentschluss handelt, wenn

1) der Sterbewillige über die natürliche Einsichts- und Urteilsfähigkeit verfügt,
2) der Todeswille mangelfrei ist,
3) die innere Festigkeit des Suizidentschlusses gegeben ist.[601]

Darüber hinaus darf – nach Angaben des Bundesgerichtshofs – der Suizidentschluss nicht auf Zwang, Drohung oder Täuschung durch einen Dritten beruhen.

Bei freiverantwortlichen Suiziden sollte ein Tötungsdelikt durch Unterlassen nicht in Betracht kommen, weil eine vereinbarte Sterbebegleitung die Beendigung der Garantenstellung der Ärzte beendet. Nach einer Ansicht kann aber für verschiedene Konstellationen, besonders für die Angehörigen noch ein Strafbarkeitsrisiko bestehen.[602] Dies wäre für die freiverantwortlichen Suizide nicht sinnvoll. Denn wo die Beihilfe zum Suizid durch aktives Handeln straflos ist, wäre es nicht verhältnismäßig, als Verbrecher eines Tötungsdelikts durch Unterlassen angeklagt zu werden, nur weil man die Selbstbestimmung des bewusstlos gewordenen Patienten respektiert und in den Suizidvorgang nicht eingreift.[603] In Fällen, in denen nicht sofort klar ist, ob der Suizid freiwillig ist oder nicht, sollte aber die Tatherrschaftswechsellehre nach wie vor gelten.

Hinsichtlich des Vorwurfs der versuchten Tötung auf Verlangen durch Unterlassen räumte der Bundesgerichtshof im Berliner Fall zunächst ein, dass der Angeklagte aufgrund des Vertrauensverhältnisses als Hausarzt der Patientin in einer besonderen Schutzstellung für Leib und Leben stand. Er entschied jedoch, dass diese Garantenstellung spätestens endete, als die Patientin ihren

600 BGH, Urteil von 03.07.2019- 5 StR 132/18.

601 Vgl. BGH, Urteile vom 7. August 1984 – 1 StR 200/84, NStZ 1985, 25, 26; vom 7. Oktober 2010 – 3 StR 168/10, NStZ 2011, 340 f., und vom 21. Dezember 2011 – 2 StR 295/11, NStZ 2012, 319, 320; Beschluss vom 8. Juli 1987 – 2 StR 298/87, NJW 1988, 1532.

602 *Schöch*, GA 2020, 423, 432.

603 *Dreher*, JR 1967, 269, 270; Roxin, Täterschaft und Tatherrschaft, S.475 f.; *Schmitt*, JZ 1984, 866, 868; *Britzke*, Legitimität und Auslegung der Norm, S. 47

Todeswunsch (nochmals) äußerte und der Arzt dafür Medikamente empfahl. Als Begründung führte der Bundesgerichtshof das Selbstbestimmungsrecht des Patienten und die gesetzliche Regelung der Patientenverfügung in § 1901a BGB an. Mit der Beendigung der Garantenstellung war die Beziehung zwischen Arzt und Patientin lediglich eine Vereinbarung zur Sterbebegleitung, um Leiden oder Schmerzen beim Sterben zu lindern oder zu verhindern.[604]

Im Hamburger Fall lässt sich daher eine Garantenstellung des Arztes von vornherein nicht ableiten, weil es hier an der Übernahme einer Behandlung und damit ärztlicher Verantwortung für die suizidwillige Frau fehlte.[605] Aus diesem Grund kommt eine Strafbarkeit wegen versuchter Tötung durch Unterlassen in beiden Fällen nicht infrage.

IV. Unterlassene Hilfeleistung nach § 323c Abs. 1 StGB

Wenn der den Suizid begleitende Arzt nicht mehr als Garant betrachtet wird, muss noch geprüft werden, ob ein Strafbarkeitsrisiko nach § 323c Abs. 1 StGB besteht.

Nach § 323c Abs.1 StGB wird bestraft. *„wer bei Unglücksfällen oder gemeiner Gefahr oder Not nicht Hilfe leistet, obwohl dies erforderlich und ihm den Umständen nach zuzumuten, insbesondere ohne erhebliche eigene Gefahr und ohne Verletzung anderer wichtiger Pflichten möglich ist“*.

Hier ergibt sich als erste Frage, ob der Suizid einen Unglücksfall im Sinne des § 323c Abs. 1 StGB darstellt. Es besteht in der Literatur Einigkeit darüber, dass der unfreie Suizid ein Unglücksfall i. S. des § 323c Abs. 1 StGB ist und daher die allgemeine Hilfeleistungspflicht auslöst.[606] Allerdings wird kontrovers diskutiert, ob ein freiverantwortlicher Suizid als Unglücksfall angesehen werden kann.[607]

---

604 BGH, Urteil von 03.07.2019- 5 StR 132/18; Vgl. BGH, Urteil vom 3. Dezember 1982 - 2 StR 494/82, NStZ 1983, 117, 118; Beschluss vom 8. Juli 1987 - 2 StR 298/87, NJW 1988, 1532; *Rissing-van Saan* in: LK-StGB, § 216 Rn. 29, 31 f; *Schneider* in: MüKo StGB, § 216 Rn. 66; *Momsen* in: SSW-StGB, § 216 Rn. 11; *Saliger*, Medstra 2015, 132, 136; *Berghäuser*, ZStW 2016, 741, 749.

605 Siehe BGH, Urteil von 03.07.2019 – 5 StR 132/18, (LG Hamburg), BGHSt 64, 121, 135, juris, Rn. 31.

606 *Fischer* StGB, § 323c Rn. 5b; *Kühl* in: Lackner/Kühl § 323c Rn. 2; *Schneider* in: MüKo StGB, Vor § 211 Rn. 81.

607 Vgl. *Kutzer*, ZRP 2012, 135; auch *Jähnke* in: LK-StGB, 11 Auf. § 323c Rn 50 ff; LG Hamburg, Urteil vom 08.11.2017, 619 KLs 7 / 16; *Sternberg-Lieben/Hecker* in: Schönke/Schröder § 323c StGB, Rn 7; *Gropp*, NStZ 1985, 97 (100); *Wagner*, Selbstmord und Selbstmordverhinderung, S. 55; LG Hamburg, Urteil vom 08.11.2017, 619 KLs 7 / 16; BGH, Urteil von 03.07.2019- 5 StR 132/18.

Unter Unglücksfall fällt nach einem alten Urteil des Bundesgerichtshofs jeder mit einer gewissen Plötzlichkeit ereignender Vorfall, der eine wesentliche Gefahr verursacht oder zu verursachen droht.[608] Die Rechtsprechung zur Frage, ob *„es gleichgültig ist, wenn die Gefahrenlage dem Gefährdeten von außen zugestoßen oder wenn sie von seinem Willen hervorgerufen ist“*,[609] ist jedoch uneinheitlich.

Nach einer Entscheidung des 1. Strafsenats vom 12. Februar 1952[610] stellt der Suizid sprachlich und begrifflich keinen Unglücksfall dar. Denn ein Unglücksfall i. S. des § 330c (jetziger § 323c Abs. 1) StGB sei ein äußeres Ereignis und nicht eine vom Opfer aus eigenem Willen geschaffene Lage der Hilfebedürftigkeit, wenn nicht besondere Umstände, wie z. B. eine Geisteskrankheit des Sterbewilligen, vorhanden sind. In der Literatur wird dieselbe Auffassung vertreten.[611] Hier ist auch die Meinung verbreitet, dass die Straflosigkeit der Teilnahme am Suizid mithilfe des § 323c Abs. 1 StGB nicht umgangen werden sollte.[612]

Auf der anderen Seite hatte der Bundesgerichtshof entschieden, dass man die Bedeutung des Begriffs des Unglücksfalls nicht nur aus der Sicht von Sterbewilligen oder anhand allgemeiner Begrifflichkeiten beurteilen kann, sondern die Frage nur dahingehend gestellt werden sollte, „welche Bedeutung der in § 330c Abs. 1 StGB gebrauchte Ausdruck Unglücksfall für denjenigen hat, der darin zur Hilfe aufgerufen ist.“[613] Dies hat zur Folge, dass im Sinne des Gesetzes ein Selbsttötungsversuch ein Unglücksfall ist. Nach demselben Urteil kann zur gleichen Konklusion auch gelangt werden, wenn der Wille des Gesetzgebers beachtet und die Entstehungsgeschichte der Vorschrift nachgelesen wird. Als Ersatz des früheren § 360 Abs. 1 Nr. 10 StGB wurde § 330c StGB durch das Gesetz der Reichsregierung vom 28. Juni 1935 (RGBl I, 839) geschaffen. Die frühere Vorschrift, die die obligatorische Hilfeleistung nur aufgrund einer Aufforderung der Polizei vorsah, war als unzureichend angesehen worden. Das Gericht hatte beschlossen, solange der Suizident nicht mehr die Konsequenzen seiner Handlung allein verhindern kann, werde ein Suizidversuch im Sinne des § 330c StGB als ein Unglücksfall betrachtet. Dies gelte jedoch nicht, wenn man mit Sicherheit feststellen könne, dass die Entscheidung des Suizids weiterging.

---

608 BGHSt 6, 147, 152.

609 BGHSt 6, 147, 153.

610 BGHSt 2, 150.

611 Vgl. *Sternberg-Lieben/Hecker* in: Schönke/Schröder, StGB, § 323c Rn 8; *Kühl* in: Lackner/Kühl, StGB, § 323c, Rn. 2: *Schneider* in: MüKo StGB, Vor § 211 Rn 84.

612 Siehe *Rengier*, StR BT II, Rn. 18; Vgl. *Maurach/Schroeder/Maiwald* StR BT II, 2012, § 55 Rn. 15; *Schneider* in: MüKo StGB, Vor § 211 Rn. 84.

613 BGH, 10.03.1954- GSSt 4/53.

Betrachtet man die Historie des § 323c StGB, hat der Gesetzgeber am 23.05.2017 die Reichweite des § 323c Abs. 1 StGB durch die Einfügung des zweiten Absatzes noch einmal erweitert, der bestimmt, dass jemand, der eine dritte Person daran hindert, jemanden in den erfassten Situationen (darunter fallen auch Unglücksfälle) Hilfe zu leisten oder Hilfe leisten will, strafrechtlich haftbar ist. Dies macht die beim Suizid anwesende Person dafür verantwortlich, in dem Fall, in dem eine Rettungsmöglichkeit besteht, zumutbare und erforderliche Maßnahmen zu treffen. Die Frage der Zumutbarkeit soll anhand der Umstände jedes Falls überprüft werden. Beispielsweise entschied das Gericht im Wittig-Fall, dass eine Strafbarkeit nach § 323c Abs. 1 StGB ausscheide, weil die Patientin nicht, jedenfalls nicht ohne schwere Dauerschäden, hätte gerettet werden können. Wenn die Freiverantwortlichkeit eines Suizids mit Bestimmtheit feststellt werden kann, dann sind die Rettungsmaßnahmen weder erforderlich noch zumutbar.[614] Ein anderes Ergebnis würde die Situation des Suizidenten in einen Teufelskreis stürzen.

2019 hat der 5. Strafsenat des Bundesgerichtshofs festgehalten, dass die durch den freiverantwortlichen Suizidversuch herbeigeführte Gefahrenlage auch einen Unglücksfall im Sinne des § 323c Abs. 1 StGB darstellt.[615] In dem Fall kam der BGH jedoch zutreffend zu dem Schluss, dass es nicht zumutbar sei, bei Menschen, die sich freiwillig umgebracht haben, nach Bewusstlosigkeit zu intervenieren, obwohl sie klargestellt hatten, dass sie nicht damit einverstanden sein würden.[616]

614 Siehe *Gavela,* Ärztlich assistierter Suizid, S. 45 f.; LG Hamburg, Urt. v. 8.11.2017 – 619 KLs 7/16; *Gössel*, StR BT I § 2, Rn. 82; *Dölling*, NJW 1986, 1011, 1016; Vgl. OLG München NJW 1987, 2940 (2945).; auch BGH NJW 1988, 1532.; LG Hamburg, Urt. v. 8.11.2017 – 619 KLs 7/16.

615 BGH, Urteil von 03.07.2019- 5 StR 132/18; auch BGH, Urteil von 03.07.2019- 5 StR 132/19; BGH, Beschluss vom 10. März 1954 - GSSt 4/53, BGHSt 6, 147, 152; Urteil vom 15. Mai 1959 - 4 StR 475/58, BGHSt 13, 162, 169; anders noch Urteil vom 12. Februar 1952 - 1 StR 59/50, BGHSt 2, 150; anders *Schöch* in: SSW-StGB, § 323c Rn. 2; LG Hamburg, Urteil vom 08.11.2017, 619 KLs 7 / 16.

616 Siehe BGH, Urteil von 03.07.2019- 5 StR 132/18; auch BGH, Urteil von 03.07.2019- 5 StR 132/19; Vgl. BGH, Beschluss vom 2. März 1962 - 4 StR 355/61, BGHSt 17, 166, 170; Hecker in: Schönke/Schröder StGB, § 323c Rn. 1.

V. Strafbarkeit nach dem Betäubungsmittelgesetz

Nach der Entscheidung des Bundesverfassungsgerichts begannen Sterbehilfe-organisationen wieder Suizidhilfe zu leisten, indem sie eine Kombination aus verschreibungspflichtigen Arzneimitteln (nicht Betäubungsmitteln) verschrieben. Denn die Verschaffung des für den assistierten Suizid verwendeten Mittels Natrium-Pentobarbital (NaP) ist zu diesem Zweck nach derzeitiger Rechtslage nicht möglich.

Die Strafbarkeit von Drogendelikten ist im Betäubungsmittelgesetz (BtMG) geregelt, das bei einem Verstoß bis zu 5 Jahre Haft oder Geldstrafe androht. Das Natrium-Pentobarbital gehört zu den an sich verkehrs- und verschreibungspflichtigen Betäubungsmitteln, die in Anlage III zum BtMG bezeichnet sind und deren Überlassung zum unmittelbaren Verbrauch bei Erfüllen der Voraussetzungen gem. § 13 Abs. 1 und § 29 Abs. 1 Nr. 6b BtMG stattfinden kann. Nach §§ 13 Abs. 1, 29 BtMG dürfen Pentobarbital *„von Ärzten im Rahmen einer ärztlichen Behandlung verabreicht oder einem anderen zum unmittelbaren Verbrauch überlassen werden, wenn ihre Anwendung am oder im menschlichen Körper begründet ist.“*

Natrium-Pentobarbital ist auch in der Liste III des für Deutschland verbindlichen internationalen Übereinkommens vom 21. Februar 1971 über psychotrope Stoffe enthalten, das für Deutschland am 2. März 1978 in Kraft getreten ist. Nach Art. 9 Ziff. 1 des Abkommens dürfen solche Substanzen nur zur *„Verwendung durch Einzelpersonen grundsätzlich nur gegen ärztliches Rezept geliefert oder abgegeben werden“*. Nach Art. 9 Ziff. 2 des Abkommens müssen *„die Vertragsparteien die notwendigen Maßnahmen treffen, damit die jeweiligen Stoffe nach den medizinischen Regeln ausgestellt und Vorschriften unterstellt werden, wie sie zum Schutz der Gesundheit und des öffentlichen Wohls erforderlich sind“*. Die Überlassung von Natrium-Pentobarbital in tödlicher Dosis (die tödliche Dosis beträgt für einen Erwachsenen im Regelfall 15 g) zum Zweck des Suizids kann zum einen nicht als *„im Rahmen ärztlicher Behandlung“* und zum anderen nicht als *„ärztlich begründet“* angesehen werden. Daher könnte ein Arzt sich durch Verschreibung einer tödlichen Dosis von Natrium-Pentobarbital strafbar machen.[617] Dasselbe gilt auch für einen Nichtarzt, wenn er Suizidenten dieses Mittel verschafft.

Im Jahr 2001 entschied der BGH, dass die Einfuhr und die Überlassung eines Betäubungsmittels zum Zwecke der Suizidhilfe nicht gerechtfertigt oder

617 Siehe NStZ 2001, 324 ff. (325); BGHSt 46, 279.; Siehe auch *Rudlof*, Strafbarkeit, S. 88 f.; *Gavela*, Ärztlich assistierter Suizid, S. 47 f.

entschuldigt seien.[618] Das Gericht stellte fest, dass wegen der Tatbestandslosigkeit des Suizids auch dessen Teilnahme nicht strafbar sei, was jedoch eine Strafbarkeit nach BtMG nicht ausschließe.[619]

Auch nach § 5 Abs. 1 Nr. 6 BtMG ist die Erlaubnis nicht zu erteilen, wenn die Überlassung nicht mit dem Gesetzeszweck und notwendiger medizinischer Versorgung der Bevölkerung vereinbar ist.[620]

2005 reiste Frau K. in die Schweiz zum Sterbehilfeverein Dignitas und tötete sich mit der Unterstützung des Vereins dort selbst. Nach dem Tod der Frau K. führte Herr K. die Beschwerde weiter. 2006 hat das Verwaltungsgericht Köln[621] und danach das Oberverwaltungsgericht Münster[622] und im Jahr 2008 das Bundesverfassungsgericht[623] die Klage des Beschwerdeführers für unzulässig erklärt. Das Verwaltungsgericht entschied, die Weigerung des Bundesinstituts, seiner Ehefrau die Genehmigung zum Erwerb einer letalen Medikamentendosis zu erteilen, beeinträchtige weder das durch Art. 6 Abs. 1 GG garantierte Recht auf Schutz von Ehe und Familie noch Artikel 8 der Konvention. Das Verfassungsgericht hielt fest, dass der Beschwerdeführer nicht berechtigt war, eine Verfassungsbeschwerde als Rechtsnachfolger seiner verstorbenen Ehefrau einzureichen. Danach wurde die Beschwerde 2012 beim EGMR eingereicht. In dem sogenannten Koch-Urteil entschied der EGMR, dass die Weigerung der deutschen Behörden auch den Beschwerdeführer in seinen Rechten nach Art. 8 EMRK betraf und die Weigerung der deutschen Gerichte, die Beschwerde in der Sache zu prüfen, eine Verletzung von Artikel 8 EMRK (Recht auf Achtung des Privat- und Familienlebens) darstellt. Materiell prüfte der EGMR die Sache jedoch nicht und betonte, mangels eines Konsenses über das Thema Suizidbeihilfe zwischen europäischen Ländern sei es in erster Linie die Sache der deutschen Gerichte gewesen bzw. die Gerichte hätten feststellen müssen, ob der Staat nach deutschem Recht den Zugang zum tödlichen Betäubungsmittel rechtswidrig verhindert habe.

Auf der anderen Seite hat das Bundesverwaltungsgericht (BVerwG) im Jahr 2017 ein interessantes Urteil gefällt.[624] Zwar akzeptiert das BVerwG, dass der

618 NStZ 2001, 324 ff. (325); BGHSt 46, 279.
619 NStZ 2001, 324 ff. (325); BGHSt 46, 279.
620 Vgl. VG Köln, Urteil vom 13. Mai 2014, Az. 7 K 254/13 und OVG NRW, Urteil vom 19. August 2015, Az. 13 A 1299/14.
621 VG Köln - 21.02.2006 - AZ: 7 K 2040/05, VG Köln - 13.05.2014 - AZ: 7 K 254/13.
622 OVG NRW- 22.06.2007 - AZ: 13 A 1504/06; OVG NRW- 19.08.2015 – AZ. 13 A 1299/14.
623 BVerfG - 04.11.2008 - AZ: 1 BvR 1832/07.
624 BVerwG, 02.03.2017 - 3 C 19.15.

Erwerb eines Betäubungsmittels zum Zweck des Suizids grundsätzlich nicht erlaubnisfähig ist, hat aber für extreme Ausnahmefälle entschieden, dass das Bundesinstitut für Arzneimittel und Medizinprodukte (BfArM) den Erwerb eines Betäubungsmittels zum Zwecke des Suizids unter bestimmten Voraussetzungen nicht verwehren darf.[625]

In diesem Zusammenhang stellte das BVerwG fest, dass das in Art. 2 Abs. 1 i. V. m. Art. 1 Abs. 1 GG geschützte allgemeine Persönlichkeitsrecht auch das Recht eines schwer und unheilbar kranken Menschen auf die Entscheidung, wie und wann zu sterben, umfasst, solange dieser seinen Willen frei bilden und entsprechend handeln kann.[626] Das BVerwG vertritt die Auffassung, dass § 5 Abs. 1 Nr. 6 BtMG im Lichte des Grundgesetzes auszulegen ist, wenn sich der Suizidwillige wegen einer schweren und unheilbaren Erkrankung in einer extremen Notlage befindet. Nach dem BVerwG ist in solchen Fällen der Erwerb eines Betäubungsmittels mit dem Gesetzeszweck des § 5 Abs. 1 Nr. 6 BtMG ausnahmsweise vereinbar.[627]

Die vom BVerwG vorgesehenen Voraussetzungen für die Bestimmung einer extremen Notlage können wie folgt erläutert werden: Erstens muss sich ein Suizidwilliger wegen einer schweren und unheilbaren Erkrankung unter unerträglichem Leidensdruck befinden und dessen starkes Leiden nicht ausreichend gelindert werden können; zweitens muss der betroffene Patient entscheidungsfähig sein und sein Suizidwille muss frei und ernsthaft gebildet worden sein; drittens darf keine andere zumutbare Möglichkeit zur Verwirklichung des Sterbewunsches außer dem Erwerb des tödlichen Mittels bestehen.[628]

Die Entscheidung des BVerwG geht über die schweizerische Rechtsprechung sogar noch einen Schritt hinaus, obwohl die Beihilfe zum Suizid gemäß Art. 115 des schweizerischen StGB straflos ist und somit bereits weitverbreitet praktiziert wird, wenn sie ohne selbstsüchtige Beweggründe erfolgt. In einem Leitentscheid im Jahr 2006 hat das schweizerische Bundesgericht festgehalten, dass aus dem Recht auf persönliche Freiheit kein Anspruch auf Suizidbeihilfe vom Staat abgeleitet werden kann.[629] Es betont, der Staat sei nicht dazu verpflichtet zu gewähren, dass *„ein Sterbewilliger Zugang zu einem bestimmten für den Suizid gewählten gefährlichen Stoff oder zu einem entsprechenden Instrument erhält."*

625 BVerwG, 02.03.2017 - 3 C 19.15.
626 BVerwG, 02.03.2017 - 3 C 19.15.
627 BVerwG, 02.03.2017 - 3 C 19.15.
628 BVerwG, 02.03.2017 - 3 C 19.15.
629 BGE 133 I 58, E. 6.2.1.

[630] Diese Entscheidung des schweizerischen Bundesgerichts stimmt mit dem Wortlaut des schweizerischen Gesetzes überein.[631] Dadurch, dass es die Gestaltung der gesellschaftlichen Entwicklung der Politik überlässt, hält es sich an die Gewaltenteilung.[632] Die Stellungnahme des Gerichts steht auch im Einklang mit den Urteilen des EGMR.[633]

In Bezug auf Fragen der Sterbe- und Suizidhilfe lässt der EGMR einen großen Ermessensspielraum für Staaten, zu entscheiden, ob im jeweiligen Staat Sterbehilfe oder assistierter Suizid rechtlich zulässig sein soll. Der EGMR betont, dass Justiz die Aufgabe hat, festzustellen, ob der Erwerb tödlicher Substanzen zwecks Suizids vom Staat nach jeweiligem Recht rechtswidrig oder rechtskonform verweigert wird. Das BVerwG hatte dagegen entschieden, der Staat habe ausnahmsweise eine Pflicht, für den Zugang zu einem tödlichen Stoff zur Selbsttötung zu sorgen, und damit hatte er den gesetzgeberischen Willen außer Acht gelassen bzw. war seinem eigenen rechtspolitischen Willen gefolgt und hatte daher die Grenzen der verfassungsrechtlichen Auslegung überschritten.[634] Die Selbsttötung entspricht weder dem Gesetzeszweck noch notwendiger medizinischer Versorgung, daher ist eine verfassungskonforme Auslegung des § 5 Abs. 1 Nr. 6 BtMG nicht möglich. Denn eine solche Auslegung entspräche nicht dem Willen des Gesetzgebers.

Das BVerwG befindet, eine solche Erlaubnis zum Erwerb eines Betäubungsmittels in tödlicher Dosis für Todkranke werde nicht den *„Anschein einer Normalität“* erwecken.[635] Jedoch wurden im Zeitraum März 2017 bis Mai 2018 104 Anträge an das BfArM gestellt.[636] Die Zahl dieser Anträge liegt höher als die Zahl der deutschen Suizidenten, deren Suizid im Jahr 2017 von DIGNITAS assistiert wurde.[637]

Im Jahr 2019 hat das BVerwG seine vorherige Rechtsprechung in einem Urteil bestätigt, wobei es betont, dass kein Anspruch auf Zugang zu einem

630 BGE 133 I 58, E. 6.2.1.

631 *Gächter/Truong*, Praxis 2019, 193, 196.

632 *Gächter/Truong*, Praxis 2019, 193.

633 Vgl. EGMR, Haas. v. Schweiz, Urt. v. 20.1.2011 Az. 31322/07; EGMR, Pretty v. Vereinigtes Königreich, Urt. v. 29.04.2002 Az. 2346/02.

634 So auch *Hillgruber*, JZ 2017, 777, 782.

635 BVerwG, 02.03.2017 - 3 C 19.15.

636 Siehe „Bundesinstitut hat 104 Anträge auf Sterbehilfe erhalten “,17.05.2018, abrufbar unter: https://www.aerzteblatt.de/nachrichten/95310/Bundesinstitut-hat-104-Antraege-auf-Sterbehilfe-erhalten., letzter Zugriff am: 25.09.2021.

637 *Bundestag*, BT-Drucksache-19/2090, S. 2.

Betäubungsmittel zum Zweck der Selbsttötung bestehe, wenn keine krankheitsbedingte Notlage vorläge, und somit wies es die Revision der Kläger ab.[638] In besagtem Fall gaben die Kläger (geb. 1937 und 1944) in ihrer Antragsbegründung an, gemeinsam sterben zu wollen, bevor sie unter schweren Erkrankungen leiden und handlungsunfähig sein würden. Nach der Ablehnung ihres Antrags an das BfArM hatte ihre Klage auch in den Vorinstanzen keinen Erfolg gehabt. Letztendlich betonte das BVerwG noch einmal, dass § 5 Abs. 1 Nr. 6 BtMG die Erteilung einer Erwerbserlaubnis zum Zwecke der Selbsttötung grundsätzlich ausschließe und die Selbsttötung mit dem Ziel des Betäubungsmittelgesetzes, die menschliche Gesundheit und das Leben zu schützen, nicht vereinbar sei. Es befand diesen Gesetzeszweck als gerechtfertigt und betonte, dass auch verfassungsrechtlich der Zugang zu einem Betäubungsmittel zu verbieten sei. Das BVerwG hielt daher fest, eine Ausnahme von dem Verbot für schwer und unheilbar erkrankte Antragsteller, auch wenn sie sich in einer extremen Notlage befänden, läge in diesem Fall nicht vor.

Auch das Verwaltungsgericht Köln musste sich mit der möglichen Verpflichtung des BfArM zur Bereitstellung von tödlichen Substanzen auseinandersetzen. Mit Beschluss vom 19.11.2019 hatte das Gericht sechs Patientenfälle ausgesetzt und die Frage der Verfassungsmäßigkeit von § 5 Abs. 1 Nr. 6 BtMG an das Bundesverfassungsgericht weitergeleitet. Entgegen der Entscheidung des Bundesverwaltungsgerichts hielt das Verwaltungsgericht Köln eine verfassungskonforme Auslegung der Vorschrift für nicht möglich.[639] Es war der Meinung, dass die Justiz nicht so weit gehen sollte, den Willen des Gesetzgebers infrage zu stellen. Allerdings hält das Gericht § 5 Abs. 1 Nr. 6 BtMG für verfassungswidrig, da die Vorschrift das Selbstbestimmungsrecht des Einzelnen nicht berücksichtige.[640]

Das Bundesverfassungsgericht befand jedoch die Vorlagen des Verwaltungsgerichts Köln für unzulässig, weil die Klägerin des Ausgangsverfahrens mittlerweile verstorben war und eine Entscheidungserheblichkeit damit nicht mehr ersichtlich sei.[641] Schließlich hat das Oberverwaltungsgericht für das Land Nordrhein-Westfalen die Beschwerde zurückgewiesen.[642] Die Begründung dafür war, dass sich der Kläger nicht in extremer Notlage befinde, und ob und falls ja,

---

638 Bundesverwaltungsgericht, Pressemitteilung Nr. 42/2019 vom 28.05.2019.

639 Siehe VG Köln, Beschluss vom 19. November 2019 - 7 K 8461/18 -, juris, Rn. 174 ff.

640 Siehe VG Köln, Beschluss vom 19. November 2019 - 7 K 8461/18 -, juris, Rn. 174 ff.

641 BVerfG, Beschluss der 2. Kammer des Ersten Senats vom 20. Mai 2020 - 1 BvL 2/20 -, Rn. 1-17.

642 OVG NRW, Urteil vom 24.03.2021- 9 B 50/21.

unter welchen Voraussetzungen ein Zugangsrecht zu Suizidmitteln gegenüber dem Staat bestehe, könne laut OVG nicht in einem Eilverfahren geklärt werden.[643] Das Gericht stellte außerdem fest, dass sich die tatsächliche Situation der Suizidwilligen seit der Aufhebung des § 217 StGB verbessert habe, und stellte überdies fest, dass die direkte Beschaffung von Medikamenten durch den Staat nicht die einzige Möglichkeit sei, Suizid zu begehen.[644]

Nach der wegweisenden Entscheidung des Bundesverfassungsgerichts ist es Aufgabe des Staates, dafür zu sorgen, dass der Weg zum freiwilligen Suizid sowohl rechtlich als auch praktisch nicht versperrt wird.[645] Solange dieser Weg nicht versperrt ist, sollte der Staat nicht selbst zur Suizidhilfe verpflichtet sein. Sterbehilfeorganisationen haben bereits wieder damit begonnen, Suizidhilfe zu leisten. Daher bleiben aktuelle Entscheidungen des Bundesverwaltungsgerichts und des BfArM bis zum Erlass neuer Regelungen zurückhaltend.[646]

VI. Von der Bundesärztekammer aufgestellte ärztliche Musterberufsordnung[647]

Die Deutsche Bundesärztekammer (BÄK) hat im Jahr 2011 eine überarbeitete Fassung der erst im Jahre 1979 veröffentlichten „*Grundsätze zur ärztlichen Sterbebegleitung*“ beschlossen, wonach die aktive Sterbehilfe verboten ist und die Mitwirkung des Arztes bei der Selbsttötung als keine ärztliche Aufgabe betrachtet wird.

Im selben Jahr wurde auf dem 114. deutschen Ärztetag der § 16 der Muster-Berufsordnung (MBO) wie folgt geändert: „*Ärztinnen und Ärzte haben Sterbenden unter Wahrung ihrer Würde und unter Achtung ihres Willens beizustehen. Es ist ihnen verboten, Patientinnen und Patienten auf deren Verlangen zu töten. Sie dürfen keine Hilfe zur Selbsttötung leisten.*“[648] Dieses Verständnis betonte auch der Präsident aller Ärztekammern in Deutschland auf der Vorstandssitzung am 12.12.2014 in Berlin. Er sagte: „Die Ärzte sollen Hilfe beim Sterben leisten,

643 OVG NRW, Urteil vom 24.03.2021- 9 B 50/21.
644 OVG NRW, Urteil vom 24.03.2021- 9 B 50/21.
645 BVerfGE 153, 182.
646 So auch Wissenschaftliche Dienste, WD 9 - 3000 - 020/20, S. 14.
647 Bundesärztekammer „Grundsätze zur ärztlichen Sterbebegleitung“, abrufbar unter: https://www.bundesaerztekammer.de/fileadmin/user_upload/downloads/Sterbebegleitung_17022011.pdf, letzter Zugriff am 25.09.2021.
648 § 16 der alte Muster Berufsordnung.

aber nicht Hilfe zum Sterben."[649] Die MBO enthält Regelungen, die Leitlinien der Medizin für die Beratung regionaler Ärzteverbände enthalten und zielt auf einheitliche Regelungen zwischen den Bundesländern ab. Jedoch trägt sie Empfehlungscharakter und ist nicht bindend, bis sie in den Landesberufsordnungen übernommen wird. In diesem Zusammenhang hatte bis 2018 mehr als die Hälfte der Landesärztekammern entsprechende verbietende Klauseln in ihre Landesberufsordnungen übernommen.[650]

Entsprechend der Entscheidung des Bundesverfassungsgerichts[651] hat die Bundesärztekammer in der Fassung des Beschlusses des 124. Deutschen Ärztetages vom 5. Mai 2021 in Berlin die Verbotsnorm bezüglich des assistierten Suizids komplett abgeschafft.[652]

B. Gesetzentwürfe zur Reform der Suizidbeihilfe (de lege ferenda)

Nach dem Urteil des Bundesverfassungsgerichts wurden viele Entwürfe aus verschiedenen Perspektiven veröffentlicht. Ende Januar 2021 kam erst eine Skizze zum Gesetzentwurf der Grünen-Abgeordneten Renate Künast und Katja Keul zum Schutz des Rechts auf selbstbestimmtes Sterben[653] hinzu. Am 20. April 2021 wurde der Entwurf für einen interfraktionellen Antrag von den Bundestagsabgeordneten Katrin Helling-Plahr, Karl Lauterbach und Petra Sitte zur Regelung der Suizidhilfe[654] dem Bundestag vorgelegt. Auch beschäftigt sich das Bundesministerium für Gesundheit (BMG) seit Sommer 2020 mit einer möglichen gesetzlichen Regelung; hierzu veröffentlichte es erst kürzlich den Diskussionsentwurf

---

649 Bundesärztekammer, *„Ärzte leisten Hilfe beim Sterben, aber nicht zum Sterben"*, abrufbar unter: https://www.bundesaerztekammer.de/presse/pressemitteilungen/news-detail/aerzte-leisten-hilfe-beim-sterben-aber-nicht-zum-sterben/, letzter Zugriff am 25.09.2021.

650 Für detaillierte Informationen: Siehe Anhang 2.

651 BVerfGE 153, 182.

652 Bundesärztekammer, 124. Deutscher Ärztetag (Online) Beschlussprotokoll, 04-05.05.2021, abrufbar unter: https://www.bundesaerztekammer.de/fileadmin/user_upload/downloads/pdf-Ordner/124.DAET/Beschlussprotokoll_124_Daet_2021_Stand- 06.05.2021_mit_numerischen_Lesezeichen.pdf; letzter Zugriff am 25.09.2021.

653 *„Grünen-Entwurf"*; abrufbar unter: www.renate-kuenast.de/berlin-thema/entwurf-eines-gesetzes-zum-schutz-des-rechts-auf-selbstbestimmtes-sterben, letzter Zugriff am 25.09.2021.

654 BT-Drs. 19/28691.

für ein „*Gesetz zur Neufassung der Strafbarkeit der Hilfe zur Selbsttötung und zur Sicherstellung der freiverantwortlichen Selbsttötungsentscheidung*".[655]

In der 20. Legislaturperiode werden voraussichtlich die Entwürfe der 19. Legislaturperiode erneut diskutiert. Um den historischen Hintergrund zu sehen, werden die Vorschläge in diesem Abschnitt kurz erwähnt.

I. BT-Drs. 19/28691 –Entwurf eines Gesetzes zur Regelung der Suizidhilfe

Bei BT-Drs. 19/28691 handelte es sich um den interfraktionellen Gesetzentwurf der Abgeordneten Katrin Helling-Plahr, Dr. Karl Lauterbach, Dr. Petra Sitte und weiterer Abgeordneter über die Regelung zur Suizidhilfe. Seit der Aufhebung des § 217 StGB durch Beschluss des Bundesverfassungsgerichts[656] ist die Beihilfe zum Suizid zwar legal, doch gibt es faktisch Hemmnisse aufgrund fehlender einschlägiger Regelungen.[657] Mit dem interfraktionellen Entwurf wollten die Abgeordneten einen klaren rechtlichen Rahmen für den selbstbestimmten Suizid schaffen und eine Reihe von gesetzlichen, standesrechtlichen und administrativen Hindernissen überwinden.[658] Da dieser Gesetzentwurf dem Bundestag während der 20. Wahlperiode vorgelegt wird, wurde er in Kapitel 3, D, II, 2. ausführlich erörtert.

II. Diskussionsentwurf eines Gesetzes zum Schutz des Rechts auf selbstbestimmtes Sterben (Selbstbestimmtes-Sterben-Gesetz – SelbstG)[659]

Eine Gesetzentwurfsskizze zum Schutz des Rechts auf Selbstbestimmung wurde von den Abgeordneten Renate Künast und Katja Keul erarbeitet. Der Entwurf wurde dem Bundestag in der 19. Wahlperiode nicht vorgelegt, wurde aber von den Referenten beim Bundestags-Orientierungsgespräch[660] zur Suizidhilfe erwähnt und dessen Umfang kurz vorgestellt.

---

655 „*Diskussionsentwurf*"; abrufbar unter:https://www.bundesgesundheitsministerium.de/fileadmin/Dateien/3_Downloads/Gesetze_und_Verordnungen/GuV/S/Suizidhilfe_Gesetz_Diskussionsentwurf.pdf, letzter Zugriff am 25.09.2021.

656 Siehe BVerfG, Urteil vom 26.2.2020 – 2 BvR 2347/15–, Rn. 1–343.

657 BT-Drs. 19/28691, S. 2.

658 BT-Drs. 19/28691, S. 2.

659 „*Grüner Entwurf*"; abrufbar unter: www.renate-kuenast.de/ber-lin-thema/entwurf-eines-gesetzes-zum-schutz-des-rechts-auf-selbst bestimmtes-sterben, letzter Zugriff am 25.09.2021.

660 S. Plenarprotokoll 19/223, S. 28261 ff.

Die Abgeordneten wollten die faktischen Hürden der Suizidhilfe beseitigen, indem sie den rechtlichen Rahmen für den Zugang zu Betäubungsmitteln zum Suizid präzisierten.[661] Diese Entwurfsskizze wurde in Kapitel 3, D, II, 3. ausführlich diskutiert, denn sie wird dem Bundestag während der 20. Wahlperiode eingebracht.

III. Diskussionsentwurf des Bundesgesundheitsministeriums[662]

Der Entwurf führte im Wesentlichen ein strafrechtliches Verbot der Suizidhilfe ein. Die Beihilfe zur Selbsttötung würde jedoch ausnahmsweise straffrei bleiben, wenn die durch den Entwurf eingeführten Schutzmechanismen eingehalten würden.

Mit dem Diskussionsentwurf fokussierte sich das Bundesministerium für Gesundheit auf die Pflicht des Staates zum Schutz des Rechts auf Leben.[663] Dies enthielt auch die allgemeine Suizidprävention und die individuelle Selbsttötungshandlung, wenn der Sterbewunsch nicht auf freiem Willen beruht.[664]

Seit dem Urteil des Bundesverfassungsgerichts[665] war es wieder möglich, dass „geschäftsmäßige" Suizidhelfer ohne rechtliche Beschränkungen und ohne wirksame Kontrollmechanismen Suizidhilfe leisten. Weil dies zur Normalisierung des Suizids in der Gesellschaft führen konnte, war mit dem Diskussionsentwurf vorgesehen, dass dem Suizid nur unter bestimmten Voraussetzungen Hilfe geleistet werden dürfen.

Der Diskussionsentwurf bestand aus 5 Artikeln. Artikel 1 zielte darauf ab, durch Änderung des Strafgesetzbuches zwei neue Arten von Straftaten zu regeln. Der Entwurf sah vor, durch einen neuen § 217 StGB die Beihilfe zum Suizid als Straftat zu regeln.[666] Demnach drohte der Suizidförderung durch Verschaffung oder Gewährung einer Gelegenheit Freiheitstrafe bis zu drei Jahren oder Geldstrafe.[667] Anders sah es aus, wenn in § 217 StGB und §§ 2, 3, 4, 5 StHG bestimmte Voraussetzungen erfüllt sind.[668] Nach § 217 Abs. 3 StGB blieben Angehörige

661 Grünen-Entwurf, S. 1 f., 9.

662 Im Folgenden „*Diskussionsentwurf*", abrufbar unter: https://www.bundesgesundheitsministerium.de/fileadmin/Dateien/3_Downloads/Gesetze_und_Verordnungen/GuV/S/Suizidhilfe_Gesetz_Arbeitsentwurf.pdf, letzter Zugriff am 25.09.2021.

663 Diskussionsentwurf, S. 1 f.

664 Diskussionsentwurf, S. 4.

665 BVerfG, Urteil des Zweiten Senats vom 26. Februar 2020 – 2 BvR 2347/15-.

666 Diskussionsentwurf, S. 4.

667 Diskussionsentwurf, S. 4.

668 Diskussionsentwurf, S. 5 ff., 21 ff.

oder Nahestehende von Sterbewilligen bei Suizidhilfe straffrei, wenn sie der Handlung nur als Teilnehmer beiwohnen.[669]

Der Gesetzentwurf führte mit § 217a StGB eine neue Strafvorschrift ein, die das Verbot der Werbung zur Suizidhilfe regelt.[670] Während § 217a Abs. 1 StGB ein generelles Verbot der Werbung zur Suizidhilfe vorsah, regelte die Absätze 2 bis 4 Ausnahmen von diesem Verbot.[671]

Der Entwurf beinhaltete ein Selbsttötungshilfegesetz – StHG, das die Voraussetzungen und den Prozess einer straffreien Suizidhilfe regelt. Nach der Bestimmung des § 2 Abs. 1 StHG bezweckte die Vorschrift die Sicherstellung des selbstbestimmten Sterbens.[672]

Nach § 3 StHG sollte der Suizidwillige für eine straffreien Suizidhilfe seinen Willen frei und unbeeinflusst von einer akuten psychischen Störung getroffen haben und in der Lage sein, nach dieser Einsicht zu handeln.[673] Diese sollte nach allgemein anerkannten fachlichen Standards von mindestens zwei unabhängigen Ärztinnen bzw. Ärzten (davon mindestens ein Facharzt für Psychiatrie und Psychotherapie) schriftlich festgestellt werden.[674] Nach § 217 StGB sollte der Suizidwillige volljährig sein oder die Genehmigung des Familiengerichts zum Suizid haben.[675] Nach § 217 Abs. 2 Nr. 1 Buchst. d) StGB und im Sinne der §§ 4, 5 des StHG sollte sich der Sterbewillige über mögliche Lösungen psychosozialer Konflikte sowie über soziale und wirtschaftliche Hilfen beraten lassen.[676] Nach § 5 des StHG sollte die Beratung ergebnisoffen geführt werden und weder belehren noch bevormunden.[677] Seit der nach der Beratung ausgestellten schriftlichen Bescheinigung sollten mindestens sechs Monate vergangen sein.[678] Diese Wartefrist nach § 7 des StHG könnte im Einzelfall bei unzumutbarer Härte vom Betreuungsgericht verkürzt werden.[679]

§ 6 des StHG sah vor, dass die Beratung unentgeltlich ist und bei Bedarf und mit Zustimmung des Suizidwilligen ärztlich, fachärztlich, psychologisch,

669 Diskussionsentwurf, S. 5, 19
670 Diskussionsentwurf, S. 5, 19 f.
671 Diskussionsentwurf, S. 5, 20.
672 Diskussionsentwurf, S. 6, 21.
673 Diskussionsentwurf, S. 6, 21 f.
674 Diskussionsentwurf, S. 6 f., 22.
675 Diskussionsentwurf, S. 4., 19, 23 f.
676 Diskussionsentwurf, S. 7. 17 f.
677 Diskussionsentwurf, S. 7, 23.
678 Diskussionsentwurf, S. 5, 19.
679 Diskussionsentwurf, S. 8, 25.

sozialpädagogisch, sozialarbeiterisch oder juristisch ausgebildete Fachkräfte sowie Angehörige an der Beratung beteiligt werden sollten.[680]

Die §§ 9 bis 12 des StHG bestimmten die Regelungen für Beratungsstellen.[681]

§ 13 des StHG erlaubte die Tätigkeit von Organisationen, die Suizidhilfe leisten, wenn die Organisation als gemeinnützige Organisation im Sinne des § 52 der Abgabenordnung anerkannt ist.[682]

§ 14 des StHG regelte die Kosten für Suizidhilfe. Sie dürfen den Ersatz der entstandenen Kosten, eine angemessene Entschädigung oder nachgewiesene Kosten nicht übersteigen.[683]

Die §§ 15 bis 18 des StHG bestimmten die Regeln für die Bundesstatistik.[684]

C. Auffassungen zum Thema Suizidbeihilfe im Rahmen der Orientierungsdebatte im Bundestag am 21. April 2021

Am 21. April 2021 beschäftigte sich der Bundestag im Rahmen der Orientierungsdiskussion mit möglichen Neuregelungen zur Sterbehilfe.[685] Im Allgemeinen konzentrierten sich die Abgeordneten auf die Ideen in den drei Entwürfen. Abgesehen von diesen Entwürfen gab es auch diejenigen, die ihre allgemeine Meinung äußerten. Da die vorangegangene Diskussion für neue Gesetzesentwürfe inhaltlich nach wie vor wichtig ist, soll sie Gegenstand dieses Abschnitts sein.

Einer Ansicht nach sollte die geschäftsmäßige Beihilfe zum Suizid grundsätzlich bestraft werden.[686] Der Gesetzgeber solle nur eine Rechtfertigung zulassen, auf deren Grundlage die eigenverantwortliche Suizidentscheidung auch tatsächlich zuverlässig nachgewiesen werden kann.[687] Wegen der Ambivalenz des Suizidwunsches und der Irreversibilität des Suizids müsse der Gesetzgeber seiner

---

680 Diskussionsentwurf, S. 7 f., 24 f.

681 Diskussionsentwurf, S. 8 f., 26 ff.

682 Diskussionsentwurf, S. 10, 28.

683 Diskussionsentwurf, S. 11, 28 f.

684 Diskussionsentwurf, S. 29, 30.

685 S. Plenarprotokoll 19/223, S. 28/261 ff.

686 *Ansgar Heveling* (CDU/CSU), s. Plenarprotokoll 19/223, S. 28262; unterstütz von Dr. *Heribert Hirte* (CDU/CSU), s. Plenarprotokoll 19/223, S. 28288; Missbrauch von Dritten zu unterbinden, Benjamin *Strasser* (FDP), s. Plenarprotokoll 19/223, S. 28268; *Kerstin Griese* (SPD), s. Plenarprotokoll 19/223, S. 28278; Gegen organisierte Suizidbeihilfe, *Helge Lindh* (SPD), s. Plenarprotokoll 19/223, S. 28275; *Philipp Amthor* (CDU/CSU), s. Plenarprotokoll 19/223, S. 28289.

687 *Ansgar Heveling* (CDU/CSU), s. Plenarprotokoll 19/223, S. 28262.

Schutzpflicht dadurch nachkommen, dass er ernsthafte und umfassende Beratung, einschließlich der Todeswunschalternative, vorschreibt.[688]

Einer anderen Ansicht zufolge sei die Entscheidung zum Suizid kein Ausdruck autonomer Selbstbestimmung, sondern ein Akt der totalen Verzweiflung.[689] Diese Sichtweise umfasst die Linderung des Leidens unheilbar kranker Patienten durch eine palliative Behandlung, während sie argumentiert, dass Menschen in akuten Lebenskrisen Hilfe im Leben brauchen und nicht staatliche Dienste, um zu sterben.[690] Als Hilfe wurde vorgeschlagen, die Schuldnerberatung, die Suchtberatung, ärztliche und psychotherapeutische Unterstützung zur Verfügung zu stellen.[691] Diese Ansicht argumentiert auch, dass die Förderung des assistierten Suizids bedeuten würde, die Büchse der Pandora zu öffnen.[692]

Begründet wurden die vorstehenden Aussagen wie folgt:

1) Der Einfluss professioneller Hilfe und Beratung auf den Rückgang der Suizidraten in Deutschland in den 1980er- und 1990er-Jahren[693]
2) Die Tatsache, dass fast alle Überlebenden von Suizidversuchen das Überleben als Chance betrachten.[694]

688 *Ansgar Heveling* (CDU/CSU), s. Plenarprotokoll 19/223, S. 28262; Er betrachtet Suizid aller meistens als Hilferuf, *Kerstin Griese* (SPD), s. Plenarprotokoll 19/223, S. 28278; Suizidprävention muss in den Vordergrund, *Rudolf Henke* (CDU/CSU), s. Plenarprotokoll 19/223, S. 28285; ähnlich *Erich Irlstorfer* (CDU/CSU), s. Plenarprotokoll 19/223, S. 28287.

689 *Beatrix von Storch* (AfD), s. Plenarprotokoll 19/223, S. 28262.

690 *Beatrix von Storch* (AfD), s. Plenarprotokoll 19/223, S. 28262; ähnliche Gedanken für Menschen in akuter Lebenskrise, *Dr. Kirsten Kappert-Gonther* (BÜNDNIS 90/DIE GRÜNEN), s. Plenarprotokoll 19/223, S. 28273; auch ähnlich, *Kerstin Griese* (SPD), s. Plenarprotokoll 19/223, S. 28278; Straffreiheit von Suizidbeihilfe mit Ausbau sämtlicher Beratungsangebote und einen massiven Ausbau der Palliativmedizin, *Friedrich Straetmanns* (DIE LINKE), s. Plenarprotokoll 19/223, S. 28281.

691 Dr. *Kirsten Kappert-Gonther* (BÜNDNIS 90/DIE GRÜNEN), s. Plenarprotokoll 19/223, S. 28273.

692 *Beatrix von Storch* (AfD), s. Plenarprotokoll 19/223, S. 28262; ähnlich dazu und er betrachtet die mögliche Liberalisierung Suizidbeihilfe bei Minderjährigen oder Tötung auf Verlangen als Gefahr, *Volker Münz* (AfD), s. Plenarprotokoll 19/223, S. 28266; Urteil des Bundesverfassungsgerichts als Büchse der Pandora, *Michael Brand* (Fulda) (CDU/CSU), s. Plenarprotokoll 19/223, S. 28277.

693 *Beatrix von Storch* (AfD), s. Plenarprotokoll 19/223, S. 28262.

694 *Beatrix von Storch* (AfD), s. Plenarprotokoll 19/223, S. 28262; *Norbert Kleinwächter* (AfD), s. Plenarprotokoll 19/223, S. 28274. Er machte dieses Argument konkret, indem

3) Verdreifachung der Zahl der assistierten Suizide in der Schweiz zwischen 2010 und 2018[695]

Eine andere Meinung verteidigt, dass der freie Wille und die Entscheidung, sich freiwillig das Leben zu nehmen und in dieser Angelegenheit um Hilfe anderer zu bitten, respektiert werden sollte, aber dies solle kein Modell dafür sein, dass sich jemand in Deutschland überflüssig[696] fühle.[697] Nach dieser Auffassung sind sowohl die strafrechtliche Regelung, die den Schutz des Selbstbestimmungsrechts einschließlich des Schutzes gefährdeter Gruppen umfasst, als auch Regelungen zur Suizidprävention und eine gute Versorgung erforderlich.[698]

Eine andere Ansicht meint, dass ein umfassendes Suizidhilfegesetz erlassen werden sollte,[699] das den Zugang zu Medikamenten[700] und zum ärztlich assistierten Suizid einschließt.[701] Die autonome Entscheidung zum Suizid müsse

---

er die Gefühle der beiden Menschen zum Ausdruck brachte, die von der Golden Gate Bridge sprangen, nämlich Ken Baldwin und Kevin Hines.

695 *Beatrix von Storch* (AfD), s. Plenarprotokoll 19/223, S. 28263.

696 Ähnlich Dr. *Kirsten Kappert*-Gonther (BÜNDNIS 90/DIE GRÜNEN), s. Plenarprotokoll 19/223, S. 28273.

697 Dr. *Lars Castellucci* (SPD), s. Plenarprotokoll 19/223, S. 28263; unterstütz von *Kerstin Griese* (SPD), s. Plenarprotokoll 19/223, S. 28278; Unterstützt grundsätzliche Straffreiheit der Suizidbeihilfe jedoch gegen eine Normalisierung, *Friedrich Straetmanns* (DIE LINKE), s. Plenarprotokoll 19/223, S. 28281; ähnlich, unterstützt auch suizidpräventive Maßnahmen, *Christian Schmidt* (Fürth) (CDU/CSU), s. Plenarprotokoll 19/223, S. 28282 f. kritisch zum Modell Argument, *Renate Künast* (BÜNDNIS 90/DIE GRÜNEN) s. Plenarprotokoll 9/223, S. 28265.

698 Dr. *Lars Castellucci* (SPD), s. Plenarprotokoll 19/223, S. 28263; unterstützt von *Kerstin Griese* (SPD), s. Plenarprotokoll 19/223, S. 28278; ähnlich *Hermann Gröhe* (CDU/CSU), s. Plenarprotokoll 19/223, S. 28273 f.

699 Unterstütz BT-Drs. 19/28691, *Katrin Helling-Plahr* (FDP), s. Plenarprotokoll 19/223, S. 28264; Dr. *Petra Sitte* (DIE LINKE), s. Plenarprotokoll 19/223, S. 28264 f; Dr. *Gesine Lötzsch* (DIE LINKE), s. Plenarprotokoll 19/223, S. 28276; *Sylvia Kotting-Uhl* (BÜNDNIS 90/DIE GRÜNEN), s. Plenarprotokoll 19/223, S. 28281; *Swen Schulz* (Spandau) (SPD), s. Plenarprotokoll 19/223, S. 28286; unterstützt anderen Entwurf, *Renate Künast* (BÜNDNIS 90/DIE GRÜNEN), s. Plenarprotokoll 19/223, S. 28265; s. Plenarprotokoll 19/223, S. 28265; *Katja Keul* (BÜNDNIS 90/DIE GRÜNEN), s. Plenarprotokoll 19/223, S. 28277; unterstützt von *Dr. Edgar Franke* (SPD), s. Plenarprotokoll 19/223, S. 28277; auch von *Dr. Daniela De Ridder* (SPD), s. Plenarprotokoll 19/223, S. 28285.

700 *Katrin Helling-Plahr* (FDP), s. Plenarprotokoll 19/223, S. 28264; *Renate Künast* (BÜNDNIS 90/DIE GRÜNEN), s. Plenarprotokoll 19/223, S. 28265.

701 *Katrin Helling-Plahr* (FDP), s. Plenarprotokoll 19/223, S. 28264; für Liberalisierung ärztlich assistierter Suizid, Dr. *Wieland Schinnenburg* (FDP), s. Plenarprotokoll 19/

geschützt werden (und nicht nur auf dem Papier)[702], damit Suizidwillige nicht deswegen ins Ausland reisen müssten und nicht auf unsichere und schmerzhaftere Weise zum Suizid getrieben würden.[703]

Ein Teil der Verfechter dieser Ansicht argumentiert, dass die Beihilfe zum Suizid im Strafrecht nicht sanktioniert werden sollte,[704] im Einzelnen, dass

- es keine materiellen Kriterien wie Krankheit geben sollte,
- Bevormundung vermieden werden sollte und
- Entscheidungsmechanismen und Wartezeiten nicht so gestaltet sein sollten, dass das Recht auf Selbstbestimmung entleert werde.[705]

Andere schlagen neben der Liberalisierung der Beihilfe zum Suizid auch restriktive Regelungen vor, namentlich ein Schutzgesetz, einschließlich die Bindung der Zulassung von Sterbehilfevereinen an bestimmte Kriterien und die Sicherstellung des Vier-Augen-Prinzips zur Verhinderung von Missbrauch oder Betrug durch die Gestaltung des Verfahrens.[706] Außerdem wurde auch empfohlen, für Menschen, die aus anderen Gründen als Krankheit sterben wollten, zwei obligatorische Beratungsgespräche in einem zeitlichen Mindestabstand durch eine unabhängige Beratungsstelle durchzuführen.[707] Es wurde argumentiert, dass dies ermöglichen würde, die Dauerhaftigkeit des Suizidwunschs zu dokumentieren und zur Suizidprävention beizutragen.[708]

223, S. 28276; auch für Liberalisierung, *Thomas Seitz* (AfD), s. Plenarprotokoll 19/223, S. 28278; keine Kriminalisierung der Ärzte, Pflegekräfte oder begleitenden Angehörigen, *Dr. Daniela De Ridder* (SPD), s. Plenarprotokoll 19/223, S. 28285.

702 Ähnlich Dr. *Nina Scheer* (SPD), s. Plenarprotokoll 19/223, S. 28267.

703 *Katrin Helling-Plahr* (FDP), s. Plenarprotokoll 19/223, S. 28264.

704 *Katrin Helling-Plahr* (FDP), s. Plenarprotokoll 19/223, S. 28264; *Renate Künast* (BÜNDNIS 90/DIE GRÜNEN), s. Plenarprotokoll 19/223, S. 28265; Ultima-Ratio-Prinzip im Strafrecht, *Katja Keul* (BÜNDNIS 90/DIE GRÜNEN), s. Plenarprotokoll 19/223, S. 28277; *Sylvia Kotting-Uhl* (BÜNDNIS 90/DIE GRÜNEN), s. Plenarprotokoll 19/223, S. 28281.

705 *Katrin Helling-Plahr* (FDP), s. Plenarprotokoll 19/223, S. 28264.

706 *Katja Keul* (BÜNDNIS 90/DIE GRÜNEN), s. Plenarprotokoll 19/223, S. 28277; *Renate Künast* (BÜNDNIS 90/DIE GRÜNEN), s. Plenarprotokoll 19/223, S. 28265.

707 *Katja Keul* (BÜNDNIS 90/DIE GRÜNEN), s. Plenarprotokoll 19/223, S. 28277; Ein weiterer Vorschlag beinhaltet, dass ein Beratungsnetzwerk mit Begutachtungsverfahren aufgebaut werden müsse, danach Lösungen zu suchen und Menschen mit autonomem Lebenswillen zu erfassen, *Dr. Nina Scheer* (SPD), s. Plenarprotokoll 19/223, S. 28267.

708 *Katja Keul* (BÜNDNIS 90/DIE GRÜNEN), s. Plenarprotokoll 19/223, S. 28277.

Ein anderer Blickwinkel besagt, die Grundlage der Menschenwürde könne nur durch den Schutz des Lebens erhalten werden.[709] Der Einzelne lebe nicht für sich allein,[710] und mit der geistigen Trennung des Einzelnen vom Ganzen würde der gesellschaftliche Grundkonsens gebrochen.[711] Nach dieser Ansicht würde die Trennung von Lebensschutz und Menschenwürde dazu führen, dass sich eine „Kultur des Todes" in der Gesellschaft ausbreite; die den Suizid als legitime Alternative normalisiere.[712] In diesem Fall bestehe die reale Gefahr, dass Menschen aufgrund von Pflegebedürftigkeit oder Krankheit das Gefühl hätten, ihre Angehörigen durch ihren Suizid schonen zu müssen.[713] Stattdessen müssten in Deutschland das Hospiz- und das Palliativversorgungssystem noch weiter ausgebaut werden.[714]

Eine weitere Sichtweise betont, Suizidwillige benötigten psychologische Unterstützung, um Depressionen oder andere psychische Erkrankungen von einem langfristigen Sterbewunsch unterscheiden zu können, da die Suizidentscheidung nicht rückgängig gemacht werden könne.[715] Auch wurde die Entscheidung des Bundesverfassungsgerichts kritisiert und damit argumentiert, dass das Leben selbst die Voraussetzung für jede Selbstbestimmung sei.[716]

In einer anderen Stellungnahme wurde darauf hingewiesen, dass Grenzsituationen wie Drogen, Schulden, Depressionen und schwere körperliche Erkrankungen berücksichtigt werden sollten, da in diesen Situationen der Wunsch zu sterben aus Hoffnungslosigkeit entstehen könne.[717] Eine ähnliche Sichtweise

---

709 *Stephan Pilsinger* (CDU/CSU), s. Plenarprotokoll 19/223, S. 28266.

710 Siehe zum Unterschied zwischen Autonomie und Autarkie ähnlich Benjamin Strasser (FDP), s. Plenarprotokoll 19/223, S. 28268.

711 *Stephan Pilsinger* (CDU/CSU), s. Plenarprotokoll 19/223, S. 28266.

712 *Stephan Pilsinger* (CDU/CSU), s. Plenarprotokoll 19/223, S. 28266; ähnlich dazu *Volker Münz* (AfD), s. Plenarprotokoll 19/223, S. 28266 f.

713 *Stephan Pilsinger* (CDU/CSU), s. Plenarprotokoll 19/223, S. 28266.; ähnlich dazu *Volker Münz* (AfD) S. Plenarprotokoll 19/223, S. 28266f.; *Benjamin Strasser* (FDP), S. Plenarprotokoll 19/223, S. 28268.

714 *Stephan Pilsinger* (CDU/CSU), s. Plenarprotokoll 19/223, S. 28266.; *Norbert Kleinwächter* (AfD), s. Plenarprotokoll 19/223, S. 28274.

715 *Stephan Pilsinger* (CDU/CSU), s. Plenarprotokoll 19/223, S. 28266.

716 *Hermann Gröhe* (CDU/CSU), s. Plenarprotokoll 19/223, S. 28273.; Entscheidung des Bundesverfassungsgerichts begrüßt Dr. *Gesine Lötzsch* (DIE LINKE), s. Plenarprotokoll 19/223, S. 28276.; kritisiert BVerfGE mit anderen Gründen wie Mangels des Schutzes von Schwachen, *Michael Brand* (Fulda) (CDU/CSU), s. Plenarprotokoll 19/223, S. 28277f.

717 *Benjamin Strasser* (FDP), s. Plenarprotokoll 19/223, S. 28268.

argumentiert, dass Menschen angesichts von Depressionen, Krankheit, Einsamkeit, Verlust von Angehörigen, Angst vor Autonomieverlust und dem Gefühl, anderen zur Last zu fallen, oder sozialen Schwierigkeiten den Suizid als Ausweg sehen und daher vor Beeinflussung geschützt werden sollten.[718] Denn in diesem Fall seien Suizidgedanken meist instabil und kurzfristig, und Menschen seien in solchen Situationen besonders verletzlich.[719] Als Lösung wurde vorgeschlagen, § 217 StGB durch eine Ausnahmeregelung zu ergänzen,[720] sodass eine straffreie Beihilfe zum Suizid nur stattfinden könne, wenn die freiverantwortliche Entscheidung zum Todeswunsch trotz Beratung über mögliche Alternativen konstant geblieben sei.[721] Dagegen sollten Minderjährige[722] und Menschen, die keinen freien Willen bilden könnten, keinen Zugang zu tödlichen Medikamenten erhalten.[723]

Das Verbot wurde damit verteidigt, dass es falsch sei, den Todeswunsch der Menschen in ein zynisches Geschäftsmodell zu verwandeln.[724] Suizidstudien würden zeigen, dass schon das Vorhandensein solcher Angebote und Werbung dafür die Zahl der Suizide erhöhen könne.[725] Es wurde auch argumentiert, dass Suizide umso häufiger aufträten, je einfacher der Zugang zu Suizidmitteln sei.[726] Von anderer Seite wurden Beispiele aus Belgien und den Niederlanden angeführt, wonach Suizide dort 2 % aller Todesfälle ausmachten.[727]

---

718 *Kathrin Vogler* (DIE LINKE), s. Plenarprotokoll 19/223, S. 28268.; *Dr. Kirsten Kappert-Gonther* (BÜNDNIS 90/DIE GRÜNEN); s. Plenarprotokoll 19/223, S. 28273.; ähnlich *Norbert Kleinwächter* (AfD), s. Plenarprotokoll 19/223, S. 28274.; ähnlich *Kerstin Griese* (SPD), s. Plenarprotokoll 19/223, S. 28278.

719 *Kathrin Vogler* (DIE LINKE), S. Plenarprotokoll 19/223, S. 28268.; *Dr. Kirsten Kappert-Gonther* (BÜNDNIS 90/DIE GRÜNEN); s. Plenarprotokoll 19/223, S. 28273 betrachtet allermeisten Suizidgedanken als „volatil, also unbeständig.“.; ähnlich *Hermann Gröhe* (CDU/CSU), s. Plenarprotokoll 19/223, S. 28273f.

720 *Kathrin Vogler* (DIE LINKE), s. Plenarprotokoll 19/223, S. 28268.

721 *Kathrin Vogler* (DIE LINKE), s. Plenarprotokoll 19/223, S. 28269.; Gegen organisierte Sterbehilfe, und für die Beratung *Helge Lindh* (SPD), s. Plenarprotokoll 19/223, S. 28275.

722 ähnlich dazu *Volker Münz* (AfD) s. Plenarprotokoll 19/223, S. 28266.

723 *Kathrin Vogler* (DIE LINKE), s. Plenarprotokoll 19/223, S. 28269.

724 *Kathrin Vogler* (DIE LINKE), s. Plenarprotokoll 19/223, S. 28269.; ähnlich *Norbert Kleinwächter* (AfD), s. Plenarprotokoll 19/223, S. 28274.

725 *Kathrin Vogler* (DIE LINKE), s. Plenarprotokoll 19/223, S. 28269.

726 *Dr. Kirsten Kappert-Gonther* (BÜNDNIS 90/DIE GRÜNEN), s. Plenarprotokoll 19/223, S. 28273.; ähnlich *Norbert Kleinwächter* (AfD), s. Plenarprotokoll 19/223, S. 28274.

727 *Norbert Kleinwächter* (AfD), s. Plenarprotokoll 19/223, S. 28274.

Die Situation von Angehörigen der Suizidgegner wurde in einer anderen Meinung zum Ausdruck gebracht.[728] Diese Sichtweise behauptet, der Gesetzgeber sei gegenüber allen von dem Vorfall Betroffenen verantwortlich; daher solle er mit den Themen der Ernsthaftigkeit des Sterbewunsches, der Prävention von Missbrauch und auch der Beratung des Einzelnen vorsichtig umgehen.[729] Hiergegen wurde argumentiert, die bestehende Gesetzeslage sei durchaus ausreichend.[730]

Wieder andere plädierten dafür, die Hürden für die Beihilfe zum Suizid sehr hoch zu halten und Suizidbeihilfe neu als Straftat nach Artikel 217 StGB zu bestraften.[731] Aber in diesem Fall müsse es einen Rechtsrahmen mit klar definierten Ausnahmen geben, der Ärzte eindeutig vor strafrechtlicher Verfolgung schütze, wenn sie bei der Sterbehilfe unterstützen sollen.[732] Der rechtliche Rahmen bestand unter anderem aus einer ergebnisoffenen medizinischen Ausbildung, der Einbindung gemeinnütziger Beratungsorganisationen, den Abständen zwischen notwendiger Entscheidung und Umsetzung und dem Verbot der Werbung. [733] In der Stellungnahme hieß es, der Staat solle nicht entscheiden, ob jemand sterben soll und nach welchen Kriterien diese Medikamente beschafft werden.[734]

Viele Abgeordnete, ungeachtet ihrer Ansichten zur Suizidbeihilfe betonten die Bedeutung von Beratung, Suizidprävention und einem viel stärkeren Ausbau der Hospiz- und Palliativdienste.[735]

---

728 *Pascal Kober* (FDP), s. Plenarprotokoll 19/223, S. 28280.

729 *Pascal Kober* (FDP), s. Plenarprotokoll 19/223, S. 28280.

730 *Dr. Roboy Schlund* (AfD), s. Plenarprotokoll 19/223, S. 28282.

731 Der Diskussionsentwurf vom Bundesministerium für Gesundheit, *Jens Spahn* (CDU/CSU), s. Plenarprotokoll 19/223, S. 28284.

732 *Jens Spahn* (CDU/CSU), s. Plenarprotokoll 19/223, S. 28284.

733 *Jens Spahn* (CDU/CSU), s. Plenarprotokoll 19/223, S. 28284.

734 *Jens Spahn* (CDU/CSU), s. Plenarprotokoll 19/223, S. 28284.

735 *Stephan Pilsinger* (CDU/CSU), s. Plenarprotokoll 19/223, S. 28266.; *Volker Münz* (AfD), s. Plenarprotokoll 19/223, S. 28266; *Hermann Gröhe* (CDU/CSU), s. Plenarprotokoll 19/223, S. 28273f.; *Norbert Kleinwächter* (AfD), s. Plenarprotokoll 19/223, S. 28274.; *Dr. Daniela De Ridder*, s. Plenarprotokoll 19/223, S. 28275.; *Swen Schulz* (Spandau), s. Plenarprotokoll 19/223, S. 28276.; *Peter Weiß* (Emmendingen) (CDU/CSU), s. Plenarprotokoll 19/223, S. 28276.; *Claudia Moll* (SPD),), s. Plenarprotokoll 19/223, S. 28287.; *Erich Irlstorfer* (CDU/CSU), s. Plenarprotokoll 19/223, S. 28287; *Alexander Krauß* (CDU/CSU), s. Plenarprotokoll 19/223, S. 28288.

D. Vereinbarkeit der Entwürfe der 20. Wahlperiode mit der Entscheidung des Bundesverfassungsgerichts

Das Bundesverfassungsgericht betonte, dass Art. 1 Abs. 1 Satz 2 GG in Verbindung mit Art. 2 Satz 1 GG dem Staat die Verpflichtung auferlegt, die Autonomie des Einzelnen bei einem Entschluss zum Suizid zu prüfen und hierzu den Schutz des Lebens zu berücksichtigen.[736] In diesem Sinne stellte das Bundesverfassungsgericht fest, dass wegen der Unumkehrbarkeit der Vollstreckung der Suizidentscheidung die Bedeutung des Lebens als höchstem Wert in der verfassungsmäßigen Ordnung die Bekämpfung von Selbsttötungen erfordert, die nicht von freiem Willen und Eigenverantwortung getragen sind.[737] Nach der Rechtsprechung des Bundesverfassungsgerichts müsse der Staat sicherstellen, dass die Entscheidung zum Suizid tatsächlich auf freiem Willen beruhe; der Gesetzgeber verfolge daher einen legitimen Zweck, wenn er einer Gefahr begegnen wolle, die der freien Willensbildung entgegenstehe.[738]

Dem Urteil zufolge hat der Staat nicht nur das Recht, konkreten Gefährdungen der persönlichen Autonomie Dritter entgegenzusteuern, sondern auch der Gefahr entgegenzuwirken, die Sterbehilfe als normale Form der Lebensbeendigung der Gesellschaft aufzuzwingen.[739] Jedoch sollten die ergriffenen Maßnahmen nicht nur darauf abzielen, die Zahl der Suizide zu verringern.[740] Obwohl die Vorschriften die Zahl der Suizide in der Gesellschaft erhöhen könnten, sollten Selbsttötungen aus freiem Willen nicht verhindert werden.

Bundesverfassungsgericht stellte fest, dass das Verbot der Suizidbeihilfe allein deshalb, weil Suizid und Beihilfe zur Selbsttötung der mehrheitsgesellschaftlichen Auffassung, insbesondere im Alter und bei Krankheit, widersprechen, kein legitimes Ziel des Gesetzgebers sei. Denn die Aufrechterhaltung eines tatsächlich bestehenden oder vermuteten Konsenses über Werte oder Wertvorstellungen könne nicht unmittelbares Ziel der Strafgesetzgebung sein.[741] Das Bundesverfassungsgericht betonte jedoch, dass der Gesetzgeber Maßnahmen ergreifen könne, um möglichen gesellschaftlichen Druck einzudämmen.[742] Dementsprechend sollte die Person, die Suizid begehen will, davor geschützt werden,

736 BVerfGE 153, 182, Rn. 232.
737 BVerfGE 153, 182, Rn. 232.
738 BVerfGE 153, 182, Rn. 232.
739 BVerfGE 153, 182, Rn. 233.
740 BVerfGE 153, 182, Rn. 234.
741 BVerfGE 153, 182, Rn. 234.
742 BVerfGE 153, 182, Rn. 235.

eine Suizidentscheidung aufgrund sozialer Erwartungen zu treffen. Darüber hinaus könne der Gesetzgeber Maßnahmen ergreifen, um sicherzustellen, dass Menschen in schwierigen Lebenslagen sich nicht mit Suizidhilfe-Angeboten Dritter auseinandersetzen oder ausdrücklich darauf reagieren müssen.[743]

Die Annahme des Gesetzgebers, dass durch die rechtlich unbeschränkte geschäftsmäßige Suizidhilfe die Autonomie und das Leben gefährdet seien und sich als normale Form der Lebensbeendigung insbesondere für alte und kranke Menschen etablieren könnte, beruhe nach Ansicht des BVerfG auf einer hinreichend gesicherten Grundlage.[744] Laut BVerfG ginge der Gesetzgeber bei § 217 StGB (a. F.) von einer angemessenen und vertretbaren Einschätzung der ihm vorliegenden Informationen und Erkenntnisse aus, und da das Thema assistierter Suizid noch wenig erforscht sei, sei dies ausreichend.[745]

I. BVerfG 4. Leitsatz und Gründe dazu

Das Bundesverfassungsgericht hat entschieden, dass aufgrund des hohen Stellenwerts, den das Grundgesetz der Autonomie und dem Leben beimisst, die Anwendung des Strafrechts zu deren wirksamem präventiven Schutz grundsätzlich gerechtfertigt ist.[746] Dies ist beispielsweise der Fall, wenn es um die Sorge um den Schutz Dritter geht, wie etwa die Vermeidung von Nachahmungseffekten zum Suizid oder die Beschränkung der Attraktivität geschäftsmäßiger Angebote der Suizidhilfe gegenüber Personen mit fragilem Selbstbestimmungsrecht, die damit schutzbedürftig sind.[747] Allerdings müsse im Fall eines solchen Verbots sichergestellt werden, dass der Zugang zu freiwilliger Suizidhilfe im Einzelfall offen bleibt. [748]

Das Bundesverfassungsgericht hielt daher die alte Fassung des § 217 StGB für unangemessen, weil die verbleibenden Möglichkeiten der Ausübung des Selbstbestimmungsrechts tatsächlich ungeeignet seien.[749] Auch der Schutz Dritter sei nicht geeignet, die Einschränkung der individuellen Selbstbestimmung zu rechtfertigen.[750]

---

743 BVerfGE 153, 182, Rn. 235.
744 BVerfGE 153, 182, Rn. 237, 248.
745 BVerfGE 153, 182, Rn. 238.
746 Vgl. BVerfGE 153, 182, Rn. 272.
747 BVerfGE 153, 182, Rn. 301.
748 Vgl. BVerfGE 153, 182, Rn. 284.
749 BVerfGE 153, 182, Rn. 280.
750 BVerfGE 153, 182, Rn. 301.

Erstens verhinderten das damals weit verbreitete und handlungsleitende Berufsverbot der ärztlichen Suizidhilfe einerseits und die Zurückhaltung der Ärzte bei der Suizidhilfe andererseits nach Ansicht des Bundesverfassungsgerichts den tatsächlichen Zugang zur Suizidbeihilfe im Einzelfall maßgeblich.[751]

Zweitens sei die Verbesserung der palliativmedizinischen Patientenversorgung laut BVerfG nicht geeignet, die unverhältnismäßige Einschränkung der individuellen Selbstbestimmung durch die Einführung des Verbots der geschäftsmäßigen Suizidhilfe zu kompensieren.[752]

Drittens seien die Suizidhilfeangebote im Ausland keine adäquate Alternative. Denn nach Art. 1 Abs. 3 GG sei der notwendige Grundrechtsschutz in der eigenen Rechtsordnung zu wahren.[753]

Nach Angaben des Bundesverfassungsgerichts erfordert die verfassungsrechtliche Anerkennung des Selbstbestimmungsrechts des Einzelnen eine strikte Begrenzung staatlicher Eingriffe; diese kann jedoch durch medizinische und pharmakologische Qualitätskontrolle und Schutz vor Missbrauch unterstützt werden.[754]

Das Bundesverfassungsgericht hat deutlich darauf hingewiesen, dass der Gesetzgeber zum Schutz des Rechts auf individuelle Selbstbestimmung im Falle der organisierten Sterbehilfe weitreichende Regelungen treffen kann. Dies steht auch im Einklang mit der ehemaligen Rechtsprechung des Bundesverfassungsgerichts, wonach die Schutzpflicht des Staates einer Ausgestaltung und Konkretisierung bedarf.[755] Mögliche Anpassungen des Gesetzgebers könnten von der positiven Regelung von Verfahrenssicherungsmechanismen wie Aufklärungs- und Wartepflichten über Erlaubnisvorbehalte zur Verlässlichkeit von Suizidhilfeangeboten bis hin zum Verbot besonders gefährlicher Formen der Suizidhilfe im Rahmen des § 217 StGB variieren.[756]

Das Bundesverfassungsgericht forderte, dass die der Entscheidung zur Selbsttötung zugrunde liegenden Beweggründe nach dem Kriterium der objektiven Vernünftigkeit zu beurteilen seien, untersagte aber deren Zulässigkeit nach materiellen Kriterien, etwa der Bindung an eine unheilbare Krankheit.[757] Das

751 BVerfGE 153, 182, Rn. 289ff., 292ff., 295ff.
752 BVerfGE 153, 182, Rn. 281, 298f.
753 BVerfGE 153, 182, Rn. 300.
754 BVerfGE 153, 182, Rn. 338.
755 Siehe BVerfGE 88, 203 Rn. 254.
756 BVerfGE 153, 182, Rn. 339.
757 BVerfGE 153, 182, Rn. 340.

Bundesverfassungsgericht hat es dem Gesetzgeber überlassen, je nach Lebenslage unterschiedliche Voraussetzungen für den Nachweis der Ernsthaftigkeit und Dauerhaftigkeit der Selbsttötungsentscheidung vorzugeben.[758]

Schließlich wies das Bundesverfassungsgericht darauf hin, dass Änderungen des Betäubungsmittelgesetzes sowie des Berufsrechts der Ärzte und Apotheker erforderlich sein könnten.[759]

II. Vereinbarkeit der Entwürfe damit

1. BT-Drs 20/904 Entwurf eines Gesetzes zur Strafbarkeit der geschäftsmäßigen Hilfe zur Selbsttötung und zur Sicherstellung der Freiverantwortlichkeit der Entscheidung zur Selbsttötung

Der Gesetzentwurf (20/904) wurde am 10. März 2022 von 85 Abgeordneten aller Fraktionen, außer der AfD, im Bundestag vorgelegt. Während der Entwurf die geschäftsmäßige Hilfe zur Selbsttötung grundsätzlich verbietet, enthält er Regelungen zur Sicherstellung von freiwilliger Selbsttötung und Hilfe.

Der Entwurf besteht aus 3 Artikeln, Artikel 1 enthält 2 Paragraphen.

Artikel 1 des Entwurfs sieht Änderungen des Strafgesetzbuchs vor. Dementsprechend soll nach § 216 StGB die Paragrafen § 217 „Geschäftsmäßige Förderung der Selbsttötung“ und § 217a „Werbung für die Hilfe zur Selbsttötung“ in das Strafgesetzbuch eingefügt werden. Gemäß § 217 Absatz 1 des Entwurfs wird mit Freiheitsstrafe bis zu drei Jahren oder mit Geldstrafe bestraft, wer geschäftsmäßig in der Absicht, die Selbsttötung zu fördern, eine Gelegenheit gewährt, verschafft oder vermittelt.[760]

Absatz 2 stellt die Kriterien für die Bestimmung der Freiwilligkeit eines Suizids fest. Dementsprechend sind in der Absatz 1 bestimmte Handlungen unter den folgenden Bedingungen nicht rechtswidrig;[761]

> wer sich das Leben nehmen will, muss volljährig und einsichtsfähig sein,
> der Wille zum Sterben muss frei, ernsthaft und ausdauernd sein,
> es muss keine psychische Erkrankung vorliegen, die autonome Entscheidungsfindung beeinträchtigt,
> dies muss es durch Untersuchung von einem Facharzt für Psychiatrie und Psychotherapie festgestellt werden,

758 BVerfGE 153, 182, Rn. 340.
759 BVerfGE 153, 182, Rn. 341.
760 BT-Drs. 20/904, S. 5.
761 BT-Drs. 20/904, S. 5f.

die Arzttermine müssen in der Regel mindestens 2-mal mit dem Abstand von drei Monaten sein, (ausnahmsweise kann die Feststellung in begründeten Fällen nach einer Untersuchung erfolgen.)

mindestens ein personalisiertes, umfassendes und ergebnisoffenes Beratungsgespräch mit einem anderen Arzt, Psychotherapeuten, einer psychosozialen Beratungsstelle, einer Suchtberatungsstelle oder einer Schuldnerberatungsstelle muss multiprofessionell und interdisziplinär durchgeführt werden.

Das Beratungsgespräch sollte mindestens Folgendes beinhalten;[762]

es sollte die mentalen und physischen und Zustand des Sterbewilligen aufklären,

es sollte Informationen über medizinische Behandlung und Alternativen zur Selbsttötung, die möglichen psychischen und physischen Auswirkungen eines gescheiterten Suizidversuchs und die sozialen Folgen eines vollendeten Suizids enthalten.

Nach Absatz 3 soll der Betroffene als Teilnehmer von der Strafandrohung ausgenommen werden, wenn er keine geschäftsmäßige Tätigkeit ausübt und ein Angehöriger oder nahestehenden des Suizidwilligen ist.[763]

Paragraph § 217a des Gesetzentwurfs schlägt ein Werbeverbot für die Hilfe zur Selbsttötung vor. Das Verbot der Werbung für Hilfe zur Selbsttötung wird nach Absatz 1 mit Freiheitsstrafe bis zu zwei Jahren oder mit Geldstrafe bedroht. Auch in dieser Fassung des § 217a StGB-Entwurfs wird die Verbotsnorm auf der Grundlage des aufgehobenen § 219a StGB-Formats aufgestellt, die Werbung für Schwangerschaftsabbruch verbietet. Die Absätze 2, 3 und 4 regeln Ausnahmen vom Werbeverbot.[764]

Artikel 2 sieht vor, einen neuen Satz in § 13 Absatz 1 des Betäubungsmittelgesetzes in der Fassung einzufügen. Dementsprechend soll die Anwendung begründet sein, wenn die Voraussetzungen des § 217 Absatz 2 des Strafgesetzbuches vorliegen und Überlassung oder Verabreichung von einem Arzt erfolgt.[765]

Durch das Verbot geschäftsmäßiger Suizidförderung werden unterschiedliche Grundrechte eingeschränkt. Auf der Seite des Suizidwilligen ist das Recht auf selbstbestimmtes Sterben aus Art. 2 I GG in Verbindung mit Art. 1 I GG insbesondere bei Minderjährigen und Menschen mit einer in ihrer Entscheidungsfindung

762 BT-Drs. 20/904, S. 5.
763 BT-Drs. 20/904, S. 5f.
764 BT-Drs. 20/904, S. 6.
765 BT-Drs. 20/904, S. 6.

beeinträchtigenden Krankheit betroffen, denn das Verbot hindert sie daran, bei ihrem Tod durch (geschäftsmäßige) Hilfe unterstützt zu werden.

Die Sterbehelfer, deren Angebot auf das Führen eines Geschäftsbetriebs ausgelegt ist, können sich auf die Garantien des Art. 12 Abs. 1 GG berufen. Außerdem sind sowohl Sterbehilfevereine als auch andere Sterbehelfer durch das strafbewehrte Verbot der geschäftsmäßigen Förderung der Selbsttötung in ihrem Recht auf allgemeine Handlungsfreiheit aus Art. 2 Abs. 1 GG betroffen, weil es die Handlungsalternativen einschränkt. Zudem kommt unter bestimmten Umständen auch eine Verletzung der Gewissensfreiheit nach Art. 4 Abs. 1 GG in Betracht, wenn zwischen dem Suizidwilligen und dem Suizidassistenten eine enge Beziehung besteht, die für eine Umsetzung der Beihilfe zum Suizid bei dem Suizidassistenten zu einer Gewissensnot führt.

Auch die Grundrechte sowohl des Suizidwilligen als auch des Suizidassistenten sind durch das Verbot der Werbung für Suizidhilfe betroffen.

Art. 5 Abs. 1 GG beinhaltet das Recht auf freie Meinungsäußerung und -verbreitung sowie auf ungehinderte Informationsbeschaffung aus allgemein zugänglichen Quellen. Eine kommerzielle Werbung liegt grundsätzlich nicht im Schutzbereich dieses Grundrechts.[766] Anders ist es, wenn es um kommerzielle Meinungsäußerungen geht oder die Werbung einen wertenden, meinungsbildenden Inhalt hat.[767] Unter diesem Umstand schränkt das Verbot die Meinungsfreiheit desjenigen ein, der solche Inhalte im Hinblick auf ihre Eignung für suizidtaugliche „Mittel, Gegenstände oder Verfahren anbietet, ankündigt, anpreist oder bekannt gibt". Nach Art. 5 Abs. 2 GG darf eine solche Einschränkung nur aufgrund eines formellen Gesetzes erfolgen.[768] Ein Verstoß gegen die Handlungsfreiheit im Sinne des Art. 2 Abs. 1 GG kommt subsidiär in Betracht, wenn die Werbung nicht auf Meinungen beruht und lediglich der Tatsachendarstellung dient.[769]

Sterbehilfeorganisationen, deren Angebot nicht auf den Betrieb eines Unternehmens ausgerichtet ist, können die Gewährleistung des Art. 12 Abs. 1 GG nicht in Anspruch nehmen, während andere Suizidhelfer, wie Ärzte und sonstige

---

766 BVerfGE 40, 371, 382; 60, 215, 229.

767 BVerfGE 71, 162, 175; 102, 347, 359; *Hofmann*, in: Schmidt-Bleibtreu/Hofmann/Henneke, Aufl. 15., Art 12, Rn. 8.; *Schemmer*, in: BeckOK GG, Art. 5 Rn. 4; 144; *Wissenschaftliche Dienste,* WD 3 - 3000 - 055/20, S. 9.

768 Vgl. *Wissenschaftliche Dienste,* WD 3 - 3000 - 043/19, S. 4.

769 *Wissenschaftliche Dienste,* WD 3 - 3000 - 055/20, S. 10.; Vgl. auch *Wissenschaftliche Dienste,* WD 3 - 3000 - 043/19, S. 4 f.

Berufstätige, die mit ihren Leistungen zur Suizidförderung werben wollen, von ihrem Recht auf Ausübung der Berufsfreiheit Gebrauch machen können. Denn dieses Grundrecht umfasst alle Arten von berufsbezogenen und berufsdienlichen Tätigkeiten, einschließlich Werbung für die Erbringung von Dienstleistungen des Grundrechtsträgers.[770] Ein solcher Eingriff des Staates in die freie Berufsausübung stellt jedoch einen Eingriff auf der untersten Stufe dar, und kann nach der der Drei-Stufen-Theorie des Bundesverfassungsgerichts gerechtfertigt sein, solange vernünftige Gemeinwohlerwägungen dies für angemessen halten.[771] Es ist zu prüfen, ob die Grundrechtseingriffe ein legitimes Ziel verfolgen und ob sie geeignet, erforderlich und angemessen sind, um dieses Ziel zu erreichen.

a) Legitimer Schutzzweck

Der Entwurf geht auf die Vor- und Nachwirkungen geschäftsmäßiger Suizidhilfe ein und weist auf die erheblichen Missbrauchsgefahren und Gefährdungen der autonomen Selbstbestimmung Dritter hin.[772]

Die Wahrung des Lebens und der Autonomie des Suizids kann als legitimes Ziel des Entwurfs angesehen werden. Mit einem grundsätzlichen Verbot der geschäftsmäßigen Suizidhilfe des § 217 Absatz 1 des Strafgesetzbuches können Suizidhilfeangebote reguliert werden, um Suiziden vorzubeugen, die nicht auf freier Entscheidung und Eigenverantwortung basieren.[773] Durch § 217a StGB soll die Autonomie gestützt und einer Normalisierung von gefährdenden gesellschaftlichen Pressionen vorgebeugt werden.[774]

aa) Stellungnahme

In der Schweiz, den Niederlanden und Belgien haben assistierte Suizide aufgrund der liberalen Einstellung zur Suizidhilfe zugenommen.[775] In diesen Ländern wird Sterbehilfe überwiegend von älteren Menschen in Anspruch genommen.[776] Betrachtet man die Situation in Deutschland, so zeigt sich eine ähnliche

770 *Hofmann*, in: Schmidt-Bleibtreu/Hofmann/Henneke, Aufl. 15., Art 12 Rn. 15.
771 BVerfGE 7, 377, 405; *Hofmann*, in: Schmidt-Bleibtreu/Hofmann/Henneke, Aufl. 15., Art 12 Rn. 15; *Scholz*, in: Maunz/Dürig GG Art. 12 Rn. 335.
772 BT-Drs. 20/904, S. 2.; Vgl. BVerfGE 153, 182, Rn. 222.
773 BT-Drs. 20/904, S. 2., 9ff.
774 BT-Drs. 20/904, S. 2., 10f., 14, 17.
775 Vgl. BVerfGE 153, 182, Rn. 252ff.
776 Vgl. BVerfGE 153, 182, Rn. 252ff.

Situation. Laut einer vom Meinungsforschungsinstitut Yougov durchgeführten Umfragestudie befürworteten im Jahr 2019 69 Prozent der Deutschen den medizinisch assistierten Suizid; im Jahr 2021 stieg diese Rate auf 75 Prozent.[777]

Seit seiner Gründung im Jahr 2010 hat der Verein „Sterbehilfe Deutschland" insgesamt 470 Mitgliedern beim Suizid geholfen.[778] 2014 hat der Verein 92 Suizidfälle begleitet.[779] Im Jahr 2015, mit dem Inkrafttreten von § 217 des Strafgesetzbuchs a. F., wurden ihre Aktivitäten zur Suizidbeihilfe bis 2018 eingestellt. Ab 2018 bis zur Aufhebung des Gesetzes wurden Aktivitäten nur noch in geringem Umfang fortgeführt.[780] Nachdem das Gesetz vom Bundesverfassungsgericht gekippt wurde, half der Verein 2020 bei 75 Suiziden und 2021 bei 129.[781] Mit dieser Zahl an Suizidhilfen im Jahr 2021 erreichte der Verein seinen höchsten Stand. Zwischen 2010 und 2021 waren 55 Prozent der Menschen, denen der Verein beim Suizid geholfen hat, 75 Jahre oder älter, 68 Prozent waren 70 Jahre oder älter.[782]

Die Statistik zur Zahl der Vereinsmitglieder zeichnet grafisch ein ähnliches Bild. Im Jahr 2014 hatte der Verein 613 Mitglieder, und danach ging mit dem strafbewehrten Verbot der geschäftsmäßigen Suizidbeihilfe die Mitgliederzahl auf 543 zurück.[783] Nach Aufhebung des Gesetzes stieg sie im Jahr 2020 auf 664.[784] Im Jahr 2021 verdoppelte sie sich fast und erreichte 1201 Mitglieder.[785] 45 Prozent der Vereinsmitglieder sind 75 Jahre und älter, 59 Prozent sind 70 Jahre und älter.[786]

Die Normalisierung des assistierten Suizids als Lebensbeendigung kann einen die Autonomie gefährdenden sozialen Druck auf ältere und kranke Menschen

---

777 „Legalisierung aktiver Sterbehilfe? Zustimmung unter Deutschen wächst." 05.05.2021, abrufbar unter: https://yougov.de/news/2021/05/05/legalisierung-aktiver-sterbehilfe-zustimmung-unter, letzter Zugriff: 24.04.2022.

778 *Jaros,* der Ausklang, S. 23; 225.

779 *Jaros,* der Ausklang, S. 229.

780 *Jaros,* der Ausklang, S. 229.

781 Siehe „Statistik des Vereins »Sterbehilfe Deutschland«" 21.02.2022, abrufbar unter: https://www.spiegel.de/panorama/gesellschaft/statistik-des-vereins-sterbehilfe-deutschland-toedliche-hilfe-in-129-faellen-a-bfcbe843-d2fc-4459-a783-ec26530ce64d, letzter Zugriff: 12.04.2022.

782 Vgl. *Jaros,* der Ausklang, S. 231.

783 *Jaros,* der Ausklang, S. 226.

784 *Jaros,* der Ausklang, S. 227.

785 *Jaros,* der Ausklang, S. 225.

786 *Jaros,* der Ausklang, S. 229.

ausüben.[787] Wenn man bedenkt, dass ältere Menschen im Vergleich zu allen anderen Altersgruppen das höchste Suizidrisiko [788] haben, ist klar, dass dies den freien Willen solch gebrechlicher Menschen beeinträchtigen kann. Die ungeregelte Form der geschäftsmäßigen Suizidhilfe kann insbesondere angesichts des steigenden Kostendrucks in den Pflege- und Gesundheitssystemen zu gesellschaftlichen Zwängen und Erwartungshaltungen führen, die die Freiwilligkeit des Suizidentschlusses gefährden.[789]

Darüber hinaus ist im Alter die Inzidenz psychischer Störungen im Zusammenhang mit vollendetem Suizid um bis zu 90 Prozent höher als in jüngeren Jahren.[790] Suizidgefährdete ältere Menschen sollten bei Bedarf mit Psychotherapie, Beratung und Psychopharmaka-Therapie behandelt und soziale Ressourcen für sie mobilisiert werden.[791] Auch wenn der das tödliche Medikament verschreibende Arzt prüft, ob der Betroffene die Einsichts- oder Urteilsfähigkeit hat, kann dies jedoch ohne eine fachärztliche Untersuchung, Beratung und Aufklärung oder Kenntnis vorliegender körperlicher oder psychischer Erkrankungen möglicherweise nicht ausreichen, um die Freiwilligkeit zum Suizid festzustellen.[792]

Hinzu kommt, dass sich geschäftsmäßig handelnde Suizidhelfer auf ihre Dienstleistungen zur Durchführung des Suizids konzentrieren, weshalb das freiwillige Engagement des Suizidwilligen, insbesondere bei Vorliegen einer unbekannten körperlichen oder psychischen Erkrankung, nicht ausreichend gesichert ist.[793] Es ist zwar davon auszugehen, dass Suizidhilfeorganisationen gewisse Standards bereits vollumfänglich erfüllen, wenn aber die Tätigkeit nicht gesetzlich geregelt ist, gibt es keinen Kontrollmechanismus, um sicherzustellen, dass diese Standards in jedem Fall ordnungsgemäß umgesetzt werden.[794]

Zwar ist die Zunahme von Suizidhilfetätigkeiten an sich noch kein Beweis für einen die Autonomie gefährdenden sozialen Druck, aber es gibt hinreichend viele Hinweise darauf, dass das Recht auf Selbstbestimmung durch ein ungeregeltes Angebot an organsierter Suizidhilfe kompromittiert wurde.[795]

---

787 BT-Drs. 20/904, S. 13.; BVerfGE 153, 182, Rn. 235.
788 *Lindner, Drinkmann et al.*, Z Gerontol Geriat 2022, 157, 158.
789 BT-Drs. 20/904, S. 13f.; BVerfGE 153, 182, Rn. 250; 257.
790 *Lindner, Drinkmann et al.*, Z Gerontol Geriat 2022, 157, 158.
791 *Lindner, Drinkmann et al.*, Z Gerontol Geriat 2022, 157, 160.
792 Vgl. BVerfGE 153, 182, Rn. 249.
793 Vgl. BVerfGE 153, 182, Rn. 249.
794 Anders *Rudlof*, Strafbarkeit, S. 280.
795 Vgl. BVerfGE 153, 182, Rn. 248 ff.

Daher hat die Entscheidung des Bundesverfassungsgerichts klargestellt, dass es hinreichende Anhaltspunkte für die Annahme gibt, dass die unbeschränkte Suizidhilfe das Recht auf Selbstbestimmung und den Schutz des Lebens gefährden kann. Der Gesetzgeber verfolgt also einen legitimen Zweck, wenn er dem entgegenwirken möchte.[796]

Aus diesen Gründen scheint auch das Werbeverbot ein legitimes Ziel zu haben. Denn die Vorschrift zielt darauf ab, die Autonomie des Einzelnen, über sein Leben zu bestimmen, zu wahren und Druck und Rechtfertigungszwängen entgegenzuwirken, die sich aus der Etablierung der assistierten Sterbehilfe als normale Dienstleistung ergeben können.[797]

b) Geeignetheit

Die strafrechtliche Verbotsnorm des Entwurfs des § 217 StGB und § 217a StGB kann den angestrebten Rechtsgutschutz und damit den intendierten Regelungszweck gegen autonomiegefährdendes Verhalten zumindest fördern.[798] Daher ist es ein geeignetes Instrument zur Wahrung des Rechtsgüterschutzes.[799]

c) Erforderlichkeit

Lässt sich das Ziel der staatlichen Maßnahme nicht durch ein anderes, gleich wirksames Mittel erreichen, das das betroffene Grundrecht nicht oder nur in geringerem Maße einschränkt, ist das gewählte Instrument erforderlich. Die entsprechende Regelung des Entwurfs des § 217 StGB kann aus verfassungsrechtlicher Sicht erforderlich sein, da nicht gewährleistet werden kann, dass jeder Anbieter geschäftsmäßiger Suizidhilfe in allen Fällen angemessene Standards bei der Bestimmung der Freiwilligkeit einhält und alternative Maßnahmen die endgültige Lösung darstellen.

Als mildere Form eines strafbaren Verbots wird in der Literatur die Regelung von Werbeverboten als Ordnungswidrigkeiten oder Verbote nur für bestimmte Werbeformen wie aggressive Formen aufgezeigt.[800] Inwieweit diese Maßnahmen gegen werbebedingte Gefahren wirksam sind, lässt sich jedoch nicht

796 Vgl. BVerfGE 153, 182, Rn. 248 ff.

797 *Wissenschaftliche Dienste,* WD 3 - 3000 - 055/20, S. 10.

798 Vgl. BVerfGE 153, 182, Rn. 260. siehe zur allgemeinen Kriterien für die Beurteilung der Geeignetheit BVerfGE 30, 292, 316; 33, 171,187.

799 Vgl. BVerfGE 153, 182, Rn. 260ff.; Vgl. *Rudlof,* Strafbarkeit, S. 283.

800 *Wissenschaftliche Dienste,* WD 3 - 3000 - 055/20, S. 10.; *Neumann,* NJOZ 2021, 385, 389.

abschließend beurteilen [801] und sollte daher dem Ermessen des Gesetzgebers überlassen bleiben.

d) *Angemessenheit*

Zu prüfen ist, ob der Entwurf des § 217 StGB, der die geschäftsmäßige Förderung der Selbsttötung verbietet, die Beihilfe zur Selbsttötung derart einengt, dass der Einzelne praktisch keinen Spielraum hat, das grundrechtlich geschützte selbstbestimmte Sterben im Sinne von Art. 2 Abs. 1 i. V. m. Art. 1 Abs. 1 GG wahrzunehmen.

Drei Einwände gegen die Angemessenheit dieses Entwurfs stehen zur Diskussion. Das Bundesverfassungsgericht hat klargestellt, dass der Gesetzgeber keine materiellen Kriterien für die Zulässigkeit der Suizidbeihilfe festlegen kann. Zu diskutieren wäre, ob die Altersgrenze ein materielles Kriterium für Suizidwillige ist, das der Gesetzentwurf für geschäftsmäßige Hilfe zur Selbsttötung als notwendig erachtet. Die Anforderung an die Altersgrenze wurde in einige in der Literatur vorgeschlagenen Entwürfe aufgenommen.[802] Daher gelten die hier gemachten Erläuterungen auch für die zugehörigen Entwürfe.

Ein weiterer zu prüfender Aspekt ist, ob der Ausschlussmaßstab aller die autonome Entscheidungsfindung beeinträchtigenden Krankheiten vor der Inanspruchnahme geschäftsmäßiger Suizidhilfe über den in der BVerfG-Entscheidung formulierten Ausschlussmaßstab „akute psychische Störung“ hinausgeht.[803] Letztendlich kann überprüft werden, ob das Werbeverbot des § 217a StGB dem Entwurf angemessen ist.

aa) *Meinungsstand und Rechtsprechung*

Zur Altersfrage wurde in der Literatur zum Teil die Ansicht vertreten, dass Minderjährigen die Einsichts- und Urteilsfähigkeit fehle, die notwendig seien, um den Wert des Lebens und die Unumkehrbarkeit der Entscheidung zum Sterben zu verstehen.[804] Demnach sollten auch Stimmungsschwankungen im Zusammenhang mit der Pubertät nicht ignoriert werden.[805]

---

801 *Wissenschaftliche Dienste,* WD 3 - 3000 - 055/20, S. 10.; anders *Neumann,* NJOZ 2021, 385, 389.

802 Siehe Entwurf in: *Borasio et al.*, Selbstbestimmung im Sterben, 2.Aufl.

803 *Gaede,* ZRP 2022, 73, 74.; BVerfGE 153, 182, Rn. 245.

804 *Odenwald*, Die Einwilligungsfähigkeit, S. 83.; *Gavela*, Ärztlich assistierter Suizid, S. 143; *Baumann et al.*, Alternativentwurf eines Gesetzes über Sterbehilfe, S. 12, 28; *Borasio et al.*, Selbstbestimmung
im Sterben S. 22, 78, 80; *Kusch,* NJW 2006, 261, 263; *Schöch/Verrel*, GA 2005, 553, 558.

805 *Gavela*, Ärztlich assistierter Suizid, S. 143.

Eine andere Ansicht geht davon aus, dass die erforderliche Einsichtsfähigkeit in jedem Einzelfall konkret vorliegen und nicht an eine strenge Altersgrenze gebunden sein sollte.[806] Nach einer Auffassung reicht die Zustimmung der Sorgeberechtigten gegebenenfalls unter Einbeziehung des Familiengerichts aus.[807] Eine weitere Sichtweise besagt, dass je nach Lebenssituation unterschiedliche Kriterien eingeführt werden könnten, um die Ernsthaftigkeit und Dauerhaftigkeit des Todeswillens nachzuweisen.[808] Die nächste Auffassung befürwortet, eine Anlehnung an eine Grundidee aus den Forschungs- und Transplantationsgesetzen zu übernehmen und zusätzliche Voraussetzungen für die Beihilfe zur Selbsttötung bei Minderjährigen zu schaffen.[809] Dementsprechend sollte die Einberufung der Ethikkommission als Genehmigungsbehörde, wie sie im Arzneimittelgesetz und im Medizinproduktegesetz vorgegeben ist, und/oder des Familiengerichts als Genehmigungsbehörde vor Antragstellung oder einer Kontrollbehörde während der Durchführung, wie im Transplantationsgesetz und im § 1631b BGB, vorgesehen werden.[810]

Das Bundesverfassungsgericht hat sich in seiner Entscheidung nicht klar und ausführlich mit der Altersfrage auseinandergesetzt. Als Leitlinie wurde jedoch proklamiert, dass das Recht auf selbstbestimmtes Sterben in der Garantie der Menschenwürde des Art. 1 Abs. 1 GG wurzelt und in jeder Phase des menschlichen Daseins besteht.[811] In Anbetracht der bisherigen Rechtsprechung von anderen Gerichten kann ebenfalls der Schluss gezogen werden, dass Suizide – auch von Minderjährigen – eigenverantwortlich begangen werden dürfen.[812]

Bei psychischen Störungen sieht die Entscheidung des Bundesverfassungsgerichts vor, dass der Suizidentschluss nicht von einer akuten psychischen Erkrankung beeinflusst sein dürfe.[813] Das BVerfG bezeichnet psychische Erkrankungen

806 *Kampmann*, Normierung ärztlicher Suizidassistenz, S. 181; *Bauer*, ZfL 2016, 38, 43; *Saliger*, Selbstbestimmung, S. 199; *Neumann*, NJOZ 2021, 385, 388f.; *Pfeifer*, KriPoZ 2021, 172, 178.

807 *Kampmann*, Normierung ärztlicher Suizidassistenz, S. 181; Sterbehilfegesetz Augsburg-Münchner-Hallescher-Entwurf.

808 *Neumann*, NJOZ 2021, 385, 388f.

809 *Pauly*, Sterbehilfe bei Minderjährigen, S. 87.

810 *Pauly*, Sterbehilfe bei Minderjährigen, S. 87.

811 Vgl. BVerfGE 153, 182, Rn. 210.

812 Zur Tötung einer 16-Jährigen auf ihr Verlangen BGHSt 19, 135 = NJW 1965, 699; Zum Vorliegen einer freiverantwortlichen Selbstgefährdung einer 15-Jährigen Bundesgerichtshof Urt. v. 07.08.1984, Az.: 1 StR 200/84, Rn 11.; Vgl. Herzberg, Täterschaft und Teilnahme S. 84; Roxin, FS Dreher, S. 331, 349; *Bottke*, GA 1983, 22, 32, 36.

813 BVerfGE 153, 182, Rn. 245.

nach sachverständiger dritter Einschätzung als ein erhebliches Risiko für eine freie Entscheidung zur Selbsttötung.[814] Etwa 90 Prozent aller Suizide stehen im Zusammenhang mit psychischen Erkrankungen. Zu dieser Schlussfolgerung gelangten auch andere Studien, nach denen mehr als 90 Prozent der Suizidwilligen zum Zeitpunkt des Sterbens eine psychiatrische Diagnose hatten.[815] In seiner Entscheidung stellt das Gericht weiter fest, dass in etwa 40 bis 60 Prozent der Fälle eine Depression auftrat, die bei etwa 20 bis 25 Prozent der Suizidgefährdeten die Fähigkeit zur Einwilligung beeinträchtigte.[816]

In der Literatur wird der Standard des Entwurfs kritisiert, dass jede psychische Erkrankung, die die autonome Entscheidungsfindung beeinträchtigt, ausgeschlossen werden sollte, wenn nach professioneller Suizidhilfe gesucht wird. Es wurde argumentiert, dass möglicherweise mehr als zwei Termine erforderlich seien, bevor der untersuchende Arzt jede beunruhigende psychische Erkrankung ausschließen könne.[817] Nach dieser Auffassung kann die Untersuchungspflicht mangels einschränkender gesetzlicher Regelungen in der Praxis einen Therapieversuch für jede Depression bedeuten, auch wenn sie beispielsweise einer freien Entscheidung nicht entgegensteht.[818] Zudem könnte sich nach dieser Einschätzung die Wartezeit auf eine Suizidassistenz aufgrund der enormen Wartezeiten in der fachärztlichen Versorgung deutlich verlängern.[819]

Teilweise wendet sich aber die Literatur auch gegen das Werbeverbot. Einer Ansicht zufolge schließt das Recht auf Sterben ein, von suizidfördernden Angeboten erfahren zu können.[820] Demnach sei in Anbetracht der bisherigen Erfahrungen die Behauptung der Gefahr der Verbreitung aggressiver Werbung für assistierten Suizid durch Sterbehilfevereine unfundiert.[821] Eine andere Ansicht besagt, dass zwischen sachlicher Information und Werbung unterschieden werden sollte und dass man Suizidwilligen die Möglichkeit geben sollte, zu wissen, an wen sie sich für Beihilfe zum Suizid wenden können.[822] Betrachtet man die

---

814 BVerfGE 153, 182, Rn. 245.

815 *Bertolote/Fleischmann,* World Psychiatry 2002, 181, *Bertolote et al.,* Crisis 2004, 147; *Wolfersdorf,* Nervenheilkunde 2015, 451, 455.

816 BVerfGE 153, 182, Rn. 245.

817 *Gaede,* ZRP 2022, 73, 74.

818 *Gaede,* ZRP 2022, 73, 74.

819 *Gaede,* ZRP 2022, 73, 74.

820 *Neumann,* NJOZ 2021, 385, 387; *Wissenschaftliche Dienste,* WD 3 - 3000 - 055/20, S. 10.

821 *Neumann,* NJOZ 2021, 385, 387

822 *Wissenschaftliche Dienste,* WD 3 - 3000 - 055/20, S. 11.

Diskussionen zu § 219a StGB (a. F), so kann man daraus den Schluss ziehen, dass eine solche Werbeverbotsgestaltung nach der in der Literatur vorherrschenden Auffassung verfassungskonform sein könnte.[823] Ein Werbeverbot auf Grundlage des § 219a StGB a. F. wird auch in einigen Gesetzentwürfen zu § 217a StGB beachtet.[824]

bb) Stellungnahme

Minderjährige können bis zur Volljährigkeit in zwei Kategorien eingeteilt werden.[825] Erstens gibt es diejenigen, die noch zu jung sind, um die Bedeutung und Tragweite der Situation, in der sie sich befinden, zu verstehen und die Risiken und Konsequenzen ihrer Entscheidungen vollständig zu erkennen.[826] Auf der anderen Seite gibt es Jugendliche, die die Komplexität, Bedeutung und Folgen ihres Entschlusses zum Suizid vollständig verstehen und entsprechend handeln können.[827] Es sollte im Lichte der Entscheidung des Bundesverfassungsgerichts klar sein, dass Kinder beziehungsweise Jugendliche der ersten Kategorie, die noch einsichts-/urteils-/selbststeuerungsunfähig sind, sich nicht freiwillig das Leben nehmen dürfen sollten.[828] Andererseits könnte es möglicherweise eine unangemessene Verletzung des Rechts auf selbstbestimmtes Sterben darstellen, einem mündigen Minderjährigen gesetzlich vollständig zu verbieten, organisierte Suizidhilfe in Anspruch zu nehmen.

Im Sinne von Grundsätzen der Sterbebegleitung der Bundesärztekammer und der ständigen Rechtsprechung des BGH können schwerstkranke und sterbende Minderjährige nach Maßgabe ihrer Einsichtsfähigkeit im Rahmen des Rechts auf medizinische Selbstbestimmung ihre Grundrechte eigenständig wahrnehmen

823 Zur Verfassungsmäßigkeit des § 219a StGB (a.F) *Hillenkamp*, Hessisches Ärzteblatt 2018, 92, 93; *Kubiciel*, ZRP 2018, 13, 14 f.; *Schweiger*, ZRP 2018, 98, 99 f.; *Wissenschaftliche Dienste*, WD 3- 3000- 043/19, S. 6.

824 Entwurf, in: *Borasio et al.*, Selbstbestimmung im Sterben, 2.Aufl.; Diskussionsentwurf des BMG.

825 *Pauly*, Sterbehilfe bei Minderjährigen, S. 128 zur Terminalen Sedierung.

826 Nach *Kampmann*, Normierung ärztlicher Suizidassistenz, S. 181 gilt dies in der Regel für Jugendliche unter 14 Jahren. Denn diese Altersgruppe sei nach § 19 StGB nicht in der Lage, Unrecht eines strafbaren Verhaltens zu erkennen, und es sei daher in der Regel davon auszugehen, dass sie nicht die für eine Selbsttötung erforderliche geistige Reife besitzen werden.

827 So auch *Pauly*, Sterbehilfe bei Minderjährigen, S. 128 zur Terminalen Sedierung.

828 Zu den Voraussetzungen des Einsichtsfähigkeits Lenckner/Sternberg-Lieben, in: Schönke/Schröder-StGB, Vorbem. §§ 32 ff. Rn. 40.

oder medizinischen Maßnahmen rechtswirksam zustimmen.[829] Von solcher Mündigkeit ist laut der Richtlinie der Bundesärztekammer in der Regel ab dem 16. Lebensjahr auszugehen.[830] Wenn der Minderjährige einsichtsfähig ist, habe er sogar trotz Einwilligung des Sorgeberechtigten das Veto-Recht, den medizinischen Maßnahmen zu widersprechen.[831] Bei riskanten Maßnahmen bedürfe es jedoch neben der Zustimmung des Minderjährigen auch die Einwilligung des gesetzlichen Vertreters.[832] Darüber hinaus sei es durchaus erforderlich, das Familiengericht für eine (Eil-)Entscheidung anzurufen, wenn das Verhalten des gesetzlichen Vertreters das Kindeswohl gefährdet oder Meinungsverschiedenheiten zwischen den gesetzlichen Vertretern oder dem Minderjährigen mit dem gesetzlichen Vertreter bestehen.[833]

Es ist klar, dass die Bitte um Hilfe für einen Suizid mehr ist als die Einwilligung zu einem medizinischen Eingriff, da er irreversibel ist und die Erfüllung anderer Bedingungen wie Standhaftigkeit und psychische Festigkeit erfordert.[834] Auch ist anzuerkennen, dass die Richtlinie der Bundesärztekammer dies so bestimmt, weil erwiesen ist, dass schwerkranke Minderjährige aufgrund ihrer bisherigen Behandlungserfahrungen oft „einen frühen Reifungsprozess" durchlaufen und eine hohe Entscheidungskompetenz erworben haben.[835]

Andererseits kann es Fälle geben, in denen die Suizidentscheidung von nicht schwerkranken Minderjährigen aufgrund ihrer begrenzten Lebenserfahrung und ihres hochdynamischen „neurobiologischen und entwicklungspsychologischen" Stadiums möglicherweise nicht sorgfältig und reiflich getroffen würde.[836] Zudem zeichnet sich diese Altersgruppe durch spontane Entscheidungsfindung

829 Vgl. *Pauly*, Sterbehilfe bei Minderjährigen, S. 76f.; 85. *Bundesärztekammer*, DÄ 2011, 346, A348.; Vgl. BGH Urteil v. 05.12.1958 – VI ZR 266/57, NJW 1959, 811.

830 *Bundesärztekammer*, DÄ 2011, 346, A348.

831 *Bundesärztekammer*, DÄ 2011, 346, A348.

832 *Pauly*, Sterbehilfe bei Minderjährigen, S. 77.

833 *Bundesärztekammer*, DÄ 2011, 346, A348.

834 „Eine gespenstische Scheindebatte", 07.03.2021, abrufbar unter: https://www.faz.net/aktuell/politik/assistierter- suizid- auch- ein- recht- fuer- kinder- und- jugendliche-17231054.html,letzter Zugriff: 08.05.2022.

835 *Bundesärztekammer*, DÄ 2011, 346, A348.

836 „Eine gespenstische Scheindebatte", 07.03.2021, abrufbar unter: https://www.faz.net/aktuell/politik/assistierter- suizid- auch- ein- recht- fuer- kinder- und- jugendliche-17231054.html,letzter Zugriff: 08.05.2022.

aus.[837] Allerdings hat das Bundesverfassungsgericht das Recht auf Sterben nicht an ein materielles Kriterium wie eine schwere Krankheit gebunden. Die Schlussfolgerung wird daher für alle Minderjährigen gelten, unabhängig davon, ob sie schwer krank sind oder nicht.

Es sollte auch berücksichtigt werden, dass der Staat einen breiteren Schutz Minderjähriger bei nicht leicht rückgängig zu machenden Maßnahmen anstrebt. Beispielsweise kann nach § 1631c BGB weder das Kind selbst noch der Sorgeberechtigte in eine Sterilisation des Kindes einwilligen. Denn der Eingriff der Sterilisation ist beim Mann nur in 50 bis 60 Prozent der Fälle reversibel.[838] Ebenso ist nach § 2 Abs. 1 Nr. 3 des Kastrationsgesetzes die Fähigkeit zur Einwilligung in die Kastration das vollendete 25. Lebensjahr Voraussetzung. Denn sie ist aufgrund ihrer Irreversibilität ein weitaus schwerwiegenderer Eingriff als die Sterilisation. Obwohl Sterilisation und Kastration eine Parallelität zum Suizid aufweisen, nämlich die Irreversibilität, wäre es nicht richtig, diese Vorgänge zu vergleichen, da es an einer Regelung mangelt und der Auslegungskanon eine Ausweitung auf den Anwendungsbereich der Sterbehilfe nicht erlaubt.[839] Das Hauptargument besteht darin, dass bei Sterilisation und Kastration die betreffende Person einem Eingriff zustimmt, ihn also erlaubt, dass sie beim Suizid aber die Tat selbst begeht. Dies macht den Unterschied aus zwischen der Zustimmung zu einer medizinischen Maßnahme und dem Tatbestand des Suizids.

Weil der Entschluss zum Suizid ein höchstpersönlicher ist, sollte gleichermaßen berücksichtigt werden, dass auch Jugendliche über ihren eigenen Körper (mit)bestimmen dürfen, sofern sie in der Lage sind, diese Entscheidung zu treffen, indem sie Bedeutung, Tragweite, mögliche Risiken und Nachteile der Entscheidung abwägen können.[840] Der Entwurf legte die Altersgrenze als „das Alter der Volljährigkeit“ fest und entzog hierdurch möglicherweise Jugendlichen das Recht auf selbstbestimmtes Sterben vollständig. Statt eines vollständigen Verbots hätte der Entwurf neben den vom Bundesverfassungsgericht vorgeschlagenen Vorgaben zur Absicherung der Missbrauchsgefahr auch eine Zustimmung des/der Sorgeberechtigten und gegebenenfalls die Beteiligung des Familiengerichts vorsehen können.

837 „Eine gespenstische Scheindebatte“, 07.03.2021, abrufbar unter: https://www.faz.net/aktuell/politik/assistierter- suizid- auch- ein- recht- fuer- kinder- und- jugendliche-17231054.html,letzter Zugriff: 08.05.2022.

838 BT-Drs. 11/4258, 73.

839 *Pauly*, Sterbehilfe bei Minderjährigen, S. 86.

840 So auch *Kampmann*, Normierung ärztlicher Suizidassistenz, S. 181

Zu berücksichtigen wäre auch gewesen, ob sich die Umstände und Voraussetzungen bezüglich des Zeitpunkts der Entscheidung unterscheiden. Ärzte stehen heute vor weniger rechtlichen Hürden, und Suizidwillige können sich bei ihrem Sterbewunsch von einem Arzt helfen lassen.[841] In dieser Hinsicht bestätigen Gerichte, dass durch die Entscheidung des BVerfGE die Wahrscheinlichkeit der Verwirklichung eines selbstbestimmten Todes deutlich gestiegen ist.[842]

Der 124. Deutsche Ärztetag beschloss am 5. Mai 2022, ein berufsrechtliches Verbot der ärztlichen Suizidbeihilfe in § 16 Satz 3 der Musterberufsordnung der Bundesärztekammer zu streichen. Danach haben die meisten Landesärztekammern das Verbot zur ärztlichen Suizidbeihilfe entsprechend der Entscheidung des Bundesverfassungsgerichts und der geänderten Musterberufsordnung abgeschafft. Aktuell haben 14 der 17 Landesärztekammern in ihren Berufsordnungen kein berufsrechtliches Verbot der Suizidbeihilfe mehr in ihren Berufsordnungen.[843] Zwar hat das Bundesverfassungsgericht nicht klargestellt, dass das berufsrechtliche Verbot der ärztlich assistierten Selbsttötung formell verfassungswidrig sein kann, da es nicht durch ein förmliches Gesetz geregelt ist.[844] Es erklärte jedoch, dass die Regelungen der Ärzteschaft einheitlich geregelt werden sollten, damit dem verfassungsrechtlich geschützten selbstbestimmten Sterben und der Hilfe hierzu auch *„faktisch hinreichenden Raum zur Entfaltung und Umsetzung“* bleibe.[845]

Das einschlägige Berufsrecht ist zwar noch nicht ausnahmslos bundesweit einheitlich ausgestaltet, jedoch ist es auch nach der jüngsten Rechtsprechung für Suizidwillige zumutbar, die Hilfesuche über den eigenen Wohnort hinaus bzw. innerhalb der Bundesländer auszudehnen.[846] Ein Problem liegt jedoch noch immer darin, dass mit Inkrafttreten des Gesetzes Ärzte, die Minderjährigen bei der Selbsttötung geschäftsmäßig helfen, strafrechtlich verfolgt werden. Darüber hinaus zeigt eine Umfrage unter 745 Medizinern der Deutschen Gesellschaft für Hämatologie und Medizinische Onkologie (DGHO) im Mai 2022, dass die Frage, ob Ärzte Beihilfe zum Suizid leisten, unter Ärzten umstritten bleibt. Etwa die Hälfte der befragten Onkologen und Onkologinnen (n = 350; 47,0 Prozent)

841 OVG Nordrhein-Westfalen, Urteil vom 02.02.2022 - 9 A 146/21.

842 OVG Nordrhein-Westfalen, Urteil vom 02.02.2022 - 9 A 146/21.

843 In den Berufsordnungen der Landesärztekammern Mecklenburg-Vorpommern, Niedersachsen und Saarland gibt es noch ein Verbot.

844 Vgl. BVerfGE 153, 182, Rn. 290; 295f.

845 Vgl. BVerfGE 153, 182, Rn. 341.

846 OVG Nordrhein-Westfalen, Urteil vom 02.02.2022 - 9 A 146/21.

lehnte die Beihilfe zum Suizid kategorisch ab, während etwa ein Drittel (n = 226; 30,3 Prozent) eine Unterstützung unter bestimmten Bedingungen akzeptieren könnte und 15,6 Prozent (n = 116) ihre generelle Unterstützung für eine Beihilfe zum Suizid angaben.[847] Es besteht die Vermutung, dass möglicherweise noch weniger Ärzte bereit sind, beim Suizid von Minderjährigen zu helfen. Die Verletzung des Selbstbestimmungsrechts des Jugendlichen deckt sich daher nicht mit der Entscheidung des Bundesverfassungsgerichts, da diese dem Recht auf Suche zur Suizidbeihilfe kaum Tür und Tor lässt.

Diskutiert wird auch, ob eine angeblich zu weit gefasste Norm hinsichtlich psychischer Erkrankungen der Entscheidung des Bundesverfassungsgerichts zuwiderläuft. Nach dem Entwurf hat ein Suizidwilliger keinen Anspruch auf geschäftsmäßige Suizidhilfe, wenn er an einer die Entscheidungsfindung beeinträchtigenden Krankheit leidet. Der Zweck der entsprechenden Bedingung besteht darin, sicherzustellen, dass die Entscheidung zum Suizid freiwillig getroffen wird und nicht als Folge einer die Autonomie beeinträchtigenden Krankheit.

Wie in den vorangegangenen Abschnitten ausführlich untersucht, lässt sich sagen, dass Suizid und psychische Störungen in einem engen kausalen Zusammenhang stehen. Die im Gesundheitsbereich möglicherweise auftretenden praktischen Probleme sollten den Gesetzgeber daher nicht daran hindern, Vorkehrungen treffen zu wollen, um festzustellen, ob ein Suizid auf freiem Willen beruht oder nicht. Diese Schlussfolgerung lässt sich sowohl aus der staatlichen Pflicht zum Schutz des Lebens als auch aus den ethischen Grundsätzen im Umgang mit medizinethischen Konflikten ziehen. Der Respekt vor der Autonomie im medizinischen Bereich ist auch eine Reflexion des sogenannten Selbstbestimmungsrechts, das durch Art. 2 Abs. 1 i. V. m. Art. 1 Abs. 1 Grundgesetz geschützt ist. Der Respekt vor der Autonomie im Sinne von Medizinethik steht als *prima facie* und sieht eine negative und eine positive Verpflichtung vor. Es schützt den Menschen nicht nur vor äußeren Zwängen und Einflussnahme[848], sondern unterstützt auch eine autonome Entscheidungsfindung durch respektvollen Umgang und die Offenlegung von Informationen und Handlungen.[849]

Respektvolles Handeln setzt informierte Zustimmung voraus. Die fünf analytischen Elemente zur Charakterisierung der Entscheidungskompetenz

847 Schildmann, Junghanss, et al., ESMO open 2021, S. 3.

848 *Beauchamp,* The Four Principles, S. 4.

849 *Beauchamp,* The Four Principles, S.4; *Beauchamp/Childress,* Principles of Biomedical Ethics, S. 125.

sind: Aufklärung, Verstehen, Freiwilligkeit, Kompetenz und Einwilligung.[850] Hier dienen die Maßnahmen des Gesetzgebers zur Bestimmung der Kompetenz, der Freiwilligkeit und Einwilligung. Auch das Schadensvermeidungsprinzip steht im Einklang mit dieser Schlussfolgerung. Der professionelle Sterbehelfer soll sichergehen können, dass der Suizidwillige genügend Entscheidungskompetenz besitzt, bevor er dessen Autonomie respektiert.

Der Grundsatz *Benefizienz* umfasst Regeln wie Maximierung des möglichen Nutzens, Minimierung möglicher Schäden und die Abwägung der Vorteile gegenüber den Risiken.[851] Es scheint in dieser Hinsicht angemessen, die (professionelle) Hilfe bei einem freiwilligen Suizid zunächst aufschiebend zurückzustellen, um die Festigkeit des Willens prüfen zu können, statt einem möglicherweise unfreiwilligen Suizid vorschnell professionelle Hilfe zu leisten. In Anbetracht der Unumkehrbarkeit des Suizids und der Tatsache, dass das Wesen der Autonomie von der Fähigkeit abhängt, diese Entscheidung gereift und vernünftig treffen zu können, erscheint der Wunsch des Gesetzgebers, die die Entscheidungsfindung beeinträchtigenden psychischen Störungen zuvor zu beseitigen, angemessen und verhältnismäßig.

Ob das Werbeverbot angemessen ist, hängt grundsätzlich davon ab, ob es dem Suizidwilligen keinen wirklichen Weg lässt, herauszufinden, wie er Unterstützung erhalten kann.[852] Hierbei zu berücksichtigen sind ebenfalls die von dem Suizidhelfer und dem Suizidwilligen jeweils betroffenen Grundrechte und die Pflichten des Staates, einerseits die individuelle Lebensautonomie vor Zwängen und andererseits das letztlich höchste Rechtsgut, das Leben, zu schützen.

Im Falle einer nicht spontanen, aber reifen Entscheidung zur Selbsttötung wäre die erwartete Reaktion der suizidgefährdeten Person, Informationen über Suizid und assistierten Suizid einzuholen. Aber es ist klar, dass Suizid und assistierter Suizid heikle Themen sind, die leicht Auswirkungen auf die ganze Gesellschaft haben können. Daher hat die Weltgesundheitsorganisation einen Leitfaden für Media Professionals zur Suizidprävention bzw. die Meldung von Suiziden herausgegeben mit Richtlinien, die bestimmen, wie Nachrichten über Suizide wiedergegeben werden sollten. Dies auch deshalb, weil auch eine einseitige und subjektive Informationsweitergabe die Autonomie beeinträchtigen

---

850 *Faden/Beauchamp,* Theory of Informed Consent, S. 261 ff.; 274 f.; *Bobbert/Werner,* Autonomie/ Selbstbestimmung, S. 111.

851 *Beauchamp,* The Four Principles, S. 5.

852 *Wissenschaftliche Dienste,* WD 3 - 3000 - 055/20, S. 10.

und eine Person dazu veranlassen kann, Entscheidungen zu treffen, die sie nicht getroffen hätte, wenn sie vollständig und objektiv informiert gewesen wäre.

Es wäre unvernünftig zu glauben, dass Werbung keine Wirkung auf suizidale Gedanken hätte; ein jeder unkontrollierte beziehungsweise unüberlegter Informationsfluss kann zu unerwünschten Ergebnissen führen. Wenn also zum Recht auf selbstbestimmtes Sterben eine sehr umfassende Beratung zu Suizid und Suizidhilfe gehört, gehört Werbung für Suizidhilfe jedenfalls nicht dazu. Weil Werbung für assistierten Suizid die Aufmerksamkeit der suizidgefährdeten Person auf den Suizid lenkt und nicht darauf, wie deren vermeintlich untragbare Situation, die zum Suizidwunsch geführt hat, zu lösen ist. Das Gleiche gilt, wenn Ärzte mit dem Angebot der Suizidhilfe werben, da Menschen erfahrungsgemäß anfälliger für Anleitungen und Vorschläge von Ärzten sind, weil sie auf deren Autorität vertrauen. Das Kriterium „*Anbieten*" des Gesetzesentwurfs umfasst auch Werbeinformationen von Ärztinnen und Ärzten, die Suizidhilfe geleistet haben.[853] In dieser Hinsicht ist es erforderlich, zwischen Werbung und Sachinformationen zu unterscheiden.[854]

Zusätzlich zu all dem erscheint das Werbeverbot angemessen und verhältnismäßig angesichts der Möglichkeit, die positive Wahrnehmung des Suizids zu steigern, der Möglichkeit, Prominente zu Werbezwecken zu nutzen, wie Schweizer Sterbehilfeorganisationen, des Einflusses von Prominenten auf die Gesellschaft, Nachahmungseffekt wie der Werther Effekt. Zu beachten ist auch, dass der Gesetzgeber in diesem Bereich einen weiten Ermessensspielraum hat, ein Verbot zu erlassen.

e) Fazit

Das Kriterium der Altersgrenze Volljährigkeit in der geschäftsmäßigen Suizidhilfe steht nicht im Einklang mit der Entscheidung des Bundesverfassungsgerichts, dass der Suizid ein Recht in allen Phasen des menschlichen Daseins ist. Das Werbeverbot und die Bedingung, dass keine die Entscheidungsfindung beeinträchtigende psychische Störung vorliegen sollte, erscheint hierbei verhältnismäßig und angemessen.

853 Vgl. *Wissenschaftliche Dienste,* WD 3 - 3000 - 043/19, S. 3.

854 *Wissenschaftliche Dienste,* WD 3 - 3000 - 055/20, S. 11.

2. Entwurf von Helling-Plahr et al.

In der 20. Wahlperiode brachten die Bundestagsabgeordneten Katrin Helling-Plahr (FDP), Helge Lindh (SPD, in dieser Legislaturperiode anstelle von Karl Lauterbach), Petra Sitte (Die Linke), Otto Fricke (FDP) und andere Mitglieder einen gemeinsamen Gesetzentwurf zur Debatte um die Sterbehilfe erneut ein. Der Entwurf wurde in der 19. Wahlperiode als BT-drs 19/28691 dem Bundestag vorgelegt, wurde aber obsolet.

Der Entwurf besteht aus 4 Artikeln. Artikel 1 befasst sich mit dem Gesetz zur Wahrung und Durchsetzung des Selbstbestimmungsrechts am Lebensende – Suizidhilfegesetz – und besteht aus 7 Paragrafen.

In § 1 (Recht auf Hilfe zur Selbsttötung) und § 2 (Recht zur Hilfeleistung) des Entwurfs erkennen sie das Recht an, bei autonom gestalteten, auf freiem Willen beruhenden Suiziden Hilfe zu suchen und anderen zu helfen. § 2 des Entwurfs schützt davor, die Beihilfe zum Suizid zur Pflicht zu machen. § 2 des Entwurfs erkennt auch an, dass das Recht auf Suizidhilfeleistung eines anderen oder die Verweigerung der Suizidhilfe für keinen Beruf verboten werden kann.[855] Diese Vorschrift ist auch deshalb sinnvoll, weil sie sowohl diejenigen schützt, die Suizidhilfe leisten wollen, als auch diejenigen, die dies nicht tun möchten.

Umfang und Voraussetzungen des autonom gebildeten, freien Willens sind in § 3 (Autonom gebildeter, freier Wille) des Entwurfs geregelt.[856] Dementsprechend setzt ein autonom gebildeter, freier Wille die Fähigkeit des Menschen voraus, seinen Willen frei zu formen, ohne von einer akuten psychischen Störung betroffen zu sein, und nach diesem Wissen zu handeln. Darüber hinaus ist es erforderlich, dass Suizidwillige alle relevanten Faktoren und Informationen bzw. Handlungsalternativen zur Selbsttötung, die helfen, die Vor- und Nachteile der Suizidentscheidung realistisch abzuwägen, kennen müssen.[857] Letztlich müsse der Suizidwunsch gewisse Dauerhaftigkeit aufweisen und auf innerer Festigkeit beruhen.[858]

Diesen Voraussetzungen des Entwurfs zur Feststellung der Freiwilligkeit des Suizids folgt auch die in der Lehre weitgehend akzeptierte Einwilligungstheorie, die der Entscheidung des Bundesverfassungsgerichts entspricht.[859]

---

855 BT-Drs. 19/28691, S. 4.
856 BT-Drs. 19/28691, S. 4.
857 BT-Drs. 19/28691, S. 4.
858 BT-Drs. 19/28691, S. 4.
859 BVerfGE 153, 182, Rn. 1-343,240-244.; Vgl. BGH, Urteil vom 3. Juli 2019 - 5 StR 132/18 -, NJW 2019, S. 3092 (3093 f.) m.w.N.

In § 4 des Entwurfs wird der Umfang und die Modalitäten für Suizidberatung geregelt. Der Paragraf sieht vor, dass die Beratung ergebnisoffen bleiben und nicht bevormunden soll.[860] Suizidwillige sollen unentgeltlich und unverzüglich beraten werden und, wenn erforderlich, auf deren Wunsch auch medizinische, fachärztliche, psychologische, sozialpädagogische oder juristische Fachkräfte sowie nahe Angehörige in den Beratungsprozess einbezogen werden.[861]

Nach § 5 (Beratungsstellen) des Entwurfs ist es Aufgabe der Länder, ein ausreichendes Angebot der erforderlichen Beratungsstellen sicherzustellen.[862] Im Sinne des § 5 Absatz 2 Nummer 4 sollte die Beratung nicht von der Person durchgeführt werden, die später in den assistierten Suizid beteiligt wird.

In § 6 (Verschreibung eines Arzneimittels zum Zwecke der Selbsttötung) des Entwurfs werden die Bedingungen für die ärztliche Verschreibung eines tödlichen Arzneimittels zum Zwecke des Suizids und der erforderliche Umfang ärztlicher Aufklärungspflicht und Dokumentationspflicht im Zusammenhang mit der Suizidhilfe geregelt.[863] Darüber hinaus heißt es in § 6 des Entwurfs, dass der Arzt durch Vorlage einer Bescheinigung nachweisen muss, dass der oder die Suizidwillige in einem zurückliegenden Zeitraum von höchstens 8 Wochen Hilfe bei einer Beratungsstelle in Anspruch genommen hat.[864] Bei der Feststellung, ob eine gewisse Dauerhaftigkeit und innere Festigkeit des Todeswunsches vorliegt, ist es in der Regel ausreichend, wenn seit der Beratung zehn Tage vergangen sind.[865]

Nach § 7 (Berichtswesen, Evaluation) des Entwurfs ist es Aufgabe der Bundesregierung, jährlich einen Bericht über die vorgenommenen Beratungen und Verschreibungen nach § 4 sowie § 6 des Entwurfs zu erstellen. Der Bericht soll auch die Entwicklungen in der Suizidhilfe sowie potenzielle, rein gewinnorientierte Suizidhilfe-Angebote beinhalten.[866]

Artikel 2 des Entwurfs sieht eine Änderung des Betäubungsmittelgesetzes – (BtMG) vor, dass nämlich, die Anwendung oder Verschreibung tödlicher Substanzen zur Suizidhilfe begründet ist, wenn die erforderlichen Voraussetzungen erfüllt sind.[867] Mit dieser Bestimmung soll die Regelung im bestehenden BtMG

860 BT-Drs. 19/28691, S. 4.
861 BT-Drs. 19/28691, S. 5.
862 BT-Drs. 19/28691, S. 5 f.
863 BT-Drs. 19/28691, S. 6.
864 BT-Drs. 19/28691, S. 6.
865 BT-Drs. 19/28691, S. 6.
866 BT-Drs. 19/28691, S. 6.
867 BT-Drs. 19/28691, S. 7.

geändert werden, die Ärzte daran hindert, tödliche Betäubungsmittel zum Zwecke des Suizids zu verschreiben. Diese Regelung ist notwendig, da es nach derzeitigem BtMG Ärzten nicht erlaubt, das am häufigsten verwendete Suizidmittel (Natrium-Pentobarbital) zu verschreiben.

Der Entwurf sieht mit Artikel 3 die Änderung nach § 203 Abs. 1 Nr. 5 StGB (Verletzung von Privatgeheimnissen) vor. Demnach soll die Offenlegung von zum persönlichen Lebensbereich gehörenden Geheimnissen, die während des Beratungsprozesses erlangt wurden, geahndet werden.[868] Angesichts der Sensibilität des Themas erscheint diese Vorschrift, um einerseits das Privatleben des Menschen zu schützen und andererseits den Nachahmungseffekt bei Suizid zu verhindern.

Der Entwurf schränkt Sterbehilfeorganisationen und andere Personen ein, indem festgelegt wird, dass diejenigen, die im Beratungsprozess mitwirken, danach nicht an der Durchführung des Suizids mitwirken dürfen. Es sollte geprüft werden, ob die durch den Entwurf auferlegten Verpflichtungen die verfassungsgemäßen Grundrechte von Sterbehilfevereinen, deren Mitarbeitern und Mitgliedern einschränken.

Wegen dieses Eingriffs in ihre Grundrechte könnten Sterbehilfevereine als Anbieter von Suizidbeihilfe nach Art. 19 Abs. 3 GG den Schutz der allgemeinen Handlungsfreiheit im Sinne von Art. 2 Abs. 1 GG verlangen. Wer im Rahmen seiner beruflichen Tätigkeit Suizidbeihilfe leisten möchte und die deutsche Staatsangehörigkeit besitzt, könnte durch die einschränkende Vorschrift des Entwurfs in seinem Grundrecht auf Berufsfreiheit (Art. 12 Abs. 1 GG) und im Übrigen in seiner allgemeinen Handlungsfreiheit (Art. 2 Abs. 1 GG) verletzt werden. Allerdings könnten die Sterbehilfevereine selbst den Schutz des Art. 12 Abs. 1 GG nicht beanspruchen, weil sie weder *„unternehmerisch tätig"* sind noch das mit *„einer solchen Tätigkeit verbundene Risiko typischerweise"* tragen.[869]

Schließlich könnten auch Mitglieder der Sterbehilfeorganisationen von der Regelung betroffen sein, weil Bereiche, in denen sie ihr Recht, Suizidbeihilfe zu suchen, geltend machen können, eingeschränkt und insofern in ihr Recht auf Sterben eingegriffen wurde.

a) Legitimes Ziel, Geeignetheit und Erforderlichkeit

Die verfassungsrechtliche Legitimität des Hauptzwecks dieses Suizidbeihilfegesetzes, nämlich die Wahrung der Autonomie des Einzelnen durch die

---

868 BT-Drs. 19/28691, S. 7.

869 BVerfGE 153, 182, Rn. 321.

Gewährleistung eines selbstbestimmten Sterbens, ist eindeutig. Ebenso kann die positive Regulierung prozeduraler Sicherungsmechanismen aufgrund der erheblichen generalpräventiven Wirkung geeignet sein, den angestrebten Rechtsgutsschutz und damit dieses Ziel zu fördern. Schließlich scheint der Entwurf auch das relativ mildeste Mittel zu wählen, weil er keine Strafnormen auferlegt.

b) Angemessenheit

aa) Meinungsstand

Obwohl der Entwurf unter anderen der liberalste ist, argumentiert eine Ansicht in der Literatur, dass er die Sterbehilfevereine zu sehr einschränke, da er nicht zuließe, dass die Sterbehilfevereine gleichzeitig beraten und unterstützen.[870] Sie besagt auch, wenn die Regelung ein ärztliches Verschreibungsmonopol zubilligt, könnte das Recht auf Selbstbestimmung bei der Umsetzung der Vorschrift ernsthaft untergraben werden, denn Ärzte hätten das Recht, assistierten Suizid nicht unterstützen zu wollen.[871]

Auch die Regelung in § 4 VII 2 des Entwurfs von Helling-Plahr et al. wurde kritisiert. Bestehen demnach Zweifel an der Autonomie des Suizidwilligen, sollte der Berater diese Zweifel in der Beratungsbescheinigung nach § 4 VII 2 des Entwurfs von Helling-Plahr et al. vermerken, was laut dieser Kritik in der Praxis dazu führen kann, dass der Arzt dem Suizidwilligen kein tödliches Medikament verschreiben will.[872] Eine andere Ansicht besagt, dass in einer Situation, in der der Berater im Beratungsformular Zweifel an der Autonomie des Patienten äußert, es dem Arzt nicht gestattet sein sollte, das Medikament zu verschreiben.[873]

bb) Rechtsprechung und Stellungnahme

Das Bundesverfassungsgericht hatte in seiner Entscheidung dem Gesetzgeber in Bezug auf das Phänomen der organisierten Suizidbeihilfe eine positive Regelung von Verfahrenssicherungsmechanismen, wie gesetzliche Aufklärungs- und Wartepflichten, ausdrücklich eingeräumt.[874] Außerdem erlaubte es Erlaubnisvorbehalte, die die Zuverlässigkeit von Suizidhilfeangeboten sichern, um das Recht auf selbstbestimmtes Sterben zu wahren.[875] Es stellte jedoch keinen „Numerus

---

870 *Neumann* NJOZ 2021, 385, 387.
871 *Neumann* NJOZ 2021, 385, 387; ähnlich *Lindner* ZRP 2020, 66, 67.
872 *Neumann* NJOZ 2021, 385, 388.
873 *Pfeifer* KriPoZ 2021, 172, 177.
874 BVerfGE 153, 182, Rn. 339.
875 BVerfGE 153, 182, Rn. 339.

clausus" von zulässigen Maßnahmen auf. Daher wären auch unterschiedliche Sicherungsmechanismen, die der Suizidhilfe den Weg nicht vollständig versperren und das Recht auf Selbstbestimmung über das eigene Leben nicht praktisch leerlaufen lassen, aufgrund der Bedeutung des geschützten Rechtswerts mit der Entscheidung des Bundesverfassungsgerichts vereinbar. Zu diesen Sicherungsmechanismen könnte auch gezählt werden, dass die Beratungsstelle keiner Einrichtung, die Suizidhilfe leistet, organisatorisch oder wirtschaftlich in einer Weise angegliedert sein kann, die ein finanzielles Interesse an der Durchführung der Suizidhilfe hat. Das beabsichtigte Ergebnis dieser Einschränkung könnte darin bestehen, Interessenkonflikte zu vermeiden, suizidgefährdete Menschen auf verschiedene Weise zu informieren und Suizid nicht auf eine Weise zu fördern, die deren Autonomie gefährdet.

Andererseits erscheint die Kritik am ärztlichen Verschreibungsmonopol des Arzneimittels zum Zwecke der Selbsttötung auf den ersten Blick nicht unberechtigt, da die Bereitschaft der Ärzte zur Suizidbeihilfe nach wie vor nicht weit verbreitet ist. Da jedoch in vielen Staaten das handlungsleitende Berufsverbot der ärztlichen Suizidhilfe abgeschafft ist und es für einen Arzt keine Beschränkung auf die Beihilfe zur geschäftsmäßigen Selbsttötung mehr gibt, kann nicht behauptet werden, dass das Recht auf Beihilfe zur Selbsttötung behindert wird. Darüber hinaus verbessert die Bestimmung die aktuelle Situation auch dadurch, dass das umstrittene derzeitige Verbot der ärztlichen Verschreibung des betreffenden Medikaments aufgehoben wird.

Auch die Tatsache, dass der Berater auf der Beratungsbescheinigung einen begründeten Vermerk darüber anbringen kann, ob die Entscheidung der suizidgefährdeten Person den Bedingungen der freiwilligen Selbsttötung entspricht, scheint dem Kontrollkonzept in der Entscheidung des Bundesverfassungsgerichts nicht zu widersprechen.

c) Fazit

Unter Abwägung der Intensität der Handlungsbeschränkungen des Entwurfs und der Bedeutung des Schutzes der Autonomie der suizidgefährdeten Person erscheinen die Regelungen, auch solche, die die Tätigkeit von Sterbehilfeorganisationen einschränken (aber nicht kriminalisieren), mit dem BVerfGE vereinbar und angemessen, da sie dem Schutz der Zuverlässigkeit von Sterbehilfeorganisationen und damit der Autonomie der Suizidgefährdeten dienen.

3. *Entwurf von Künast et al.*

Eine fraktionsübergreifende Gruppe um die Grünen-Abgeordneten Renate Künast und Katja Keul brachte den von ihnen in der 19. Wahlperiode angekündigten Gesetzentwurf zur Sterbehilfe in der 20. Wahlperiode erneut zur Diskussion.

Der Entwurf besteht aus 3 Artikeln und Artikel 1 besteht aus 12 Paragrafen.

§ 1 SelbstGE besagt, dass der Zweck des Gesetzes darin besteht, das Recht auf selbstbestimmtes und auf freiem Willen beruhendes Sterben durch kontrollierten Zugang zu notwendigen Medikamenten zu schützen.[876] Damit wird ein unwürdiger, unzumutbarer und nicht auf freiem Willen beruhender Sterbewunsch verhindert und ein autonomer und vollinformierter Sterbewunsch gewährleistet.[877] § 1 SelbstGE garantiert auch, dass niemand Verpflichtet ist, Beihilfe zum Suizid zu leisten oder Zugang zu Betäubungsmitteln zum Zwecke des Suizids zu ermöglichen.[878] Diese Regelung, die sich mit dem Schutz der Gewissensfreiheit derer befasst, die nicht zum Suizid beitragen wollen, ist eigentlich durch die Entscheidung des Bundesverfassungsgerichts entstanden. Dennoch ist ihre Aufnahme in das Gesetz wichtig, um zu zeigen, dass Freiheit zweifach ist.

In § 2 SelbstGE wird die Terminologie und das Verhältnis zu anderen Gesetzen geregelt.[879] Demnach ist ein Sterbewilliger im Sinne dieses Entwurfs eine Person, die grundsätzlich volljährig ist und die die nach freiem Willen gefasste feste Entscheidung getroffen hat, Suizid zu begehen.[880] Nach § 2 SelbstGE erfordert ein freier Wille, die Einsichtsfähigkeit, die Bedeutung der getroffenen Entscheidung zu verstehen, sowie die Fähigkeit, die gewonnenen Einsichten umzusetzen.[881] Diese Vorschrift entspricht grundsätzlich den einschlägigen Vorgaben des Bundesverfassungsgerichts und bezieht die in der Literatur vorherrschende Lehre mit ein.[882]

---

876 Grünen-Entwurf, S. 3, 11.
877 Grünen-Entwurf, S. 3, 11.
878 Grünen-Entwurf, S. 3, 11.
879 Grünen-Entwurf, S. 3, 11.
880 Grünen-Entwurf, S. 3, 11.
881 Grünen-Entwurf, S. 3, 11.
882 So ähnlich, BT-Drs. 19/28691 – Gesetzentwurf: Entwurf eines Gesetzes zur Regelung der Suizidhilfe, Vgl. Erstes Kapitel A. II, BVerfG, Urteil des Zweiten Senats vom 26. Februar 2020 – 2 BvR 2347/15 –, Rn. 1-343,240–244; Vgl. BGH, Urteil vom 3. Juli 2019 – 5 StR 132/18–, NJW 2019, S. 3092, 3093 f. m. w. N.

§ 2 SelbstGE besagt ferner, dass Tötung auf Verlangen nach § 216 StGB und die Rechtslage zur straffreien Sterbehilfe, namentlich die passive Sterbehilfe und der Behandlungsabbruch im Einklang mit dem tatsächlichen oder mutmaßlichen Patientenwillen nicht in den Anwendungsbereich dieses Gesetzes fallen werden.[883] Diese Bestimmung erscheint unnötigerweise kasuistisch, da der rechtliche Rahmen der oben genannten Fragen bereits geklärt ist.

In § 3 SelbstGE wird das Verfahren für den Zugang zu Betäubungsmitteln zum Zwecke des Suizids in medizinischer Notlage geregelt.[884] Demnach müssen sich Sterbewillige in einer extremen Notlage befinden, ihre Schmerzen nur geringfügig mildern könnten und ihren Todeswunsch einem Arzt schriftlich mitteilen.[885] Die Sterbewilligen sollen vom Arzt über die Wirkungsweise und mögliche Nebenwirkungen des verschriebenen Arzneimittels aufgeklärt werden. Ob die oben genannten Voraussetzungen erfüllt sind, muss zur ärztlichen Überzeugung von zwei Ärzten festgestellt und dokumentiert werden.[886] Die Vorgaben des BVerwGE zum Anspruch auf Erhalt tödlicher Mittel zum Zweck der Selbsttötung wurden in diese Vorschrift grundsätzlich aufgenommen.

Wenn die Sterbewilligen sich nicht in medizinischer Notlage befinden, dann müssen unterschiedliche Voraussetzungen nach § 4 SelbstGE erfüllt werden. Demnach sollten die Sterbewilligen mittels schriftlicher Erklärung bekunden, dass sie von Druck, Zwang und ähnlichem Einfluss frei zu sterben wünschen, welche Grundlage und Dauerhaftigkeit ihr Wunsch hat und die Frage beantworten, warum Hilfsangebote nicht helfen können, um weiterzuleben.[887] Weiter wird vorausgesetzt, dass sich die Sterbewilligen mindestens zweimal über einen Zeitraum von mindestens einem Jahr bei einer zugelassenen Beratungsstelle beraten lassen müssen.[888]

Da das Bundesverfassungsgericht anerkannt hat, dass jeder das Recht auf Beihilfe zum Suizid hat, unabhängig davon, ob er krank ist oder nicht, scheint es angebracht, diesen Artikel durch detaillierte Bedingungen zu regeln. Für Nichtpatienten scheint die Wartezeit ausreichend, um festzustellen, ob es sich beim Suizidwunsch um einen Bilanzsuizid handelt.

---

883 Grünen-Entwurf, S. 3, 12.
884 Grünen-Entwurf, S. 4, 12.
885 Grünen-Entwurf, S. 4, 12.
886 Grünen-Entwurf, S. 4, 12.
887 Grünen-Entwurf, S. 4 f., 13.
888 Grünen-Entwurf, S. 5, 13.

Nach § 5 SelbstGE kann Sterbehelfer jede natürliche oder juristische Person sein. Wenn ein Hilfeanbieter kein Arzt ist, jedoch geschäftsmäßig handelt, dann muss er von der nach Landesrecht zuständigen Stelle eine Zulassung für Suizidhilfe haben.[889]

Nach § 6 SelbstGE gilt der Sterbewunsch als aufgegeben, wenn innerhalb eines Jahres nach der Verabreichung des Arzneimittels keine verschreibungspflichtigen Betäubungsmittel mehr eingenommen werden.[890] Infolgedessen müssen die Medikamente innerhalb von vier Wochen zurückgegeben werden.[891]

Wie aus Oregon bekannt ist, nehmen manche Patienten die verschriebenen tödlichen Medikamente nicht ein. Diese Regelung wurde als Vorsichtsmaßnahme getroffen, um sicherzustellen, dass diese Medikamente nicht in die falschen Hände geraten.

In § 7 SelbstGE werden die Modalitäten und Voraussetzungen des Suizids bei Minderjährigen geregelt. Demnach ist die Bestätigung durch ein kinderpsychologisches oder kinderpsychiatrisches Gutachten erforderlich, dass die Voraussetzungen des § 2 Abs. 1 erfüllt sind.[892] Im Weiteren wird die Genehmigung durch Erklärung der Personensorgeberechtigten vorausgesetzt.[893]

Nach § 8 SelbstGE gilt die Angabe falscher Informationen zur Erlangung einer Bescheinigung nach § 4 Absatz 4 Satz 2 als Straftat und ist mit Freiheitsstrafe bis zu 5 Jahren bedroht.[894]

Die Anpreisung oder Werbung in einer Versammlung oder durch das Verbreiten von Inhalten (§ 11 Absatz 3 StGB) führt nach § 8 SelbstGE zu einer Ordnungswidrigkeit und kann mit einer Geldbuße von bis zu hunderttausend Euro geahndet werden.[895]

Angesichts der im ersten Teil dieser Studie diskutierten Lerntheorien kann der Werbeeffekt eine Normalisierung bewirken. Es wäre daher angebrachter, das Werbeverbot eher mit einem Artikel im Strafgesetzbuch als mit einer Geldbuße zu verknüpfen.

Nach § 9 SelbstGE muss die Bundesregierung dem Bundestag einen umfassenden schriftlichen Evaluationsbericht über die Auswirkungen des Gesetzes im

889 Grünen-Entwurf, S. 5 f., 13.
890 Grünen-Entwurf, S. 6, 14.
891 Grünen-Entwurf, S. 6, 14.
892 Grünen-Entwurf, S. 6, 14.
893 Grünen-Entwurf, S. 6, 14.
894 Grünen-Entwurf, S. 6, 15.
895 Grünen-Entwurf, S. 7, 15.

Abstand von vier Jahren erstatten.[896] In § 10 SelbstGE werden die Gebühren für die ärztliche Leistung und die Kosten für die Erteilung einer Bescheinigung geregelt, demnach dürfen sie jeweils 250 Euro nicht übersteigen.[897]

Abgesehen davon, dass Profit aus der Beendigung des menschlichen Lebens ein ernstes ethisches Problem darstellt, kann es auch zu ernsthaften Problemen führen, falls Missbrauch vorliegt. Emotionale und schwache Menschen können manipuliert werden, um (mehr) Gewinn zu erzielen. Daher ist es sinnvoll, eine Kostenobergrenze festzulegen.

Nach § 11 SelbstGE wird die Bundesregierung ermächtigt, die Einzelheiten des Vollzugs durch Rechtsverordnung zu bestimmen.[898]

Gemäß § 12 SelbstGE sind Personen oder Stellen berechtigt, die zuständigen Stellen über nicht auf freiem Willen beruhende Todeswünsche und akute Suizidgefahr zu unterrichten.[899]

Die Verfassungsmäßigkeit der im Entwurf enthaltenen Regelungen und die Einschränkung des Rechts auf selbstbestimmtes Sterben und Hilfe hierzu sind zu prüfen.

Obwohl der Gesetzentwurf Sterbehilfevereine nicht kriminalisiert, schränkt er den Handlungsspielraum von Sterbehilfevereinen ein, indem er ihre Aktivitäten einschränkt, die darauf abzielen, assistierten Suizid anzubieten oder zu vermitteln, und greift damit in die Grundrechte von Sterbehilfevereinen, ihren Mitarbeitern und ihren Mitgliedern ein.

Für Fachpersonal, wie Ärzte und Rechtsanwälte der Sterbehilfevereine, solange sie deutsche Staatsangehörige sind, ergibt sich der verfassungsrechtliche Grundrechtsschutz gegenüber im Entwurf enthaltenen Regelungen, die die Einschränkung des Rechts auf selbstbestimmtes Sterben und Hilfe dazu bestimmen, aus Art. 12 Abs. 1 GG. Die Sterbehilfevereine selbst können sich jedoch auf den Schutz des Art. 12 Abs. 1 GG nicht berufen, weil sie nicht „unternehmerisch" handeln.[900]

Ebenso können sich Sterbehilfevereine nicht auf Art. 9 Abs. 1 GG berufen, weil die im Entwurf enthaltenen Beschränkungen aufgrund ihres allgemeinen Charakters dem Schutzzweck des Art. 9 Abs. 1 GG entsprechen.[901]

896 Grünen-Entwurf, S. 7, 15.
897 Grünen-Entwurf, S. 7, 15.
898 Grünen-Entwurf, S. 7, 15.
899 Grünen-Entwurf, S. 7 f., 15.
900 BVerfGE 153, 182, Rn. 321.
901 BVerfGE 153, 182, Rn. 327f.

Jedenfalls steht der Schutz der allgemeinen Handlungsfreiheit für Sterbehilfevereine sowie Vertreter und Mitarbeiter deutscher Sterbehilfevereine auf dem Spiel. Ob der Eingriff in diese Grundrechte verfassungsrechtlich gerechtfertigt ist, sollte geprüft werden.[902]

a) Legitimes Ziel, Geeignetheit und Erforderlichkeit

Das legitime Ziel dieses Sterbehilfegesetzes ist die Wahrung der Autonomie des Einzelnen auf selbstbestimmtes und auf freiem Willen beruhendes Sterben und wird verfassungsrechtlich nicht mehr bestritten. Ebenso bietet die positive Regelung der durch den Gesetzentwurf eingeführten Sicherungsmechanismen den gewünschten Rechtsschutz und ist daher geeignet, den Entwurfszweck zu fördern. Schließlich scheint der Entwurf von Künast et al. möglicherweise das relativ mildeste Mittel darzustellen, da er keine Freiheitsstrafe vorsieht.

b) Angemessenheit

aa) Meinungsstand

Die im Entwurf von Künast et al. eingeführten Regelungen wurden sowohl in der Literatur als auch von den Sterbehilfevereinen dafür kritisiert, dass die einzuhaltenden Anforderungen danach differenziert werden, ob der Suizidwillige aufgrund einer schweren Krankheit oder aus anderen Gründen sterben möchte. Der erste dieser Kritikpunkte ist, dass Suizidwillige, die sich nicht in einer medizinischen Notlage befinden, ein tödliches Betäubungsmittel ohne obligatorische Hinzuziehung eines Arztes und nur auf der Grundlage von zwei Beratungsgesprächen bei einer zugelassenen privaten unabhängigen Beratungsstelle durch eine staatliche Stelle erhalten können, während bei anderen Suizidwilligen das Vorliegen der entsprechenden Voraussetzungen von zwei Ärzten bestätigt werden muss.[903]

Dem Entwurf zufolge dürfen Ärzte für die Beratung und Begutachtung von Suizidwilligen, die sich in einer medizinischen Notlage befinden, maximal 250 Euro und staatliche Behörden maximal 250 Euro für die Erteilung einer Bescheinigung eines tödlichen Betäubungsmittels verlangen.[904] Der Verein Sterbehilfe Deutschland behauptet, für diesen geringen Betrag werde es in Deutschland keinen Arzt geben, der sich mit der Feststellung der Freiverantwortlichkeit des

902 BVerfGE 153, 182, Rn. 321.
903 *Neumann* NJOZ 2021, 385, 387f.
904 Grünen-Entwurf, S. 7.

Suizids befasst, und argumentiert, dass die Gebührenbegrenzung verfassungswidrig jegliche ärztliche Suizidhilfe verbiete.[905]

Das ärztliche Honorar gilt nicht für zugelassene private unabhängige Beratungsstellen. Ein weiterer Kritikpunkt ist daher, dass diese privaten, nichtstaatlichen Beratungsstellen ohne finanzielle Unterstützung durch den Staat möglicherweise nicht in der Lage sein würden, ausreichende professionelle Dienstleistungen zu erbringen.[906] Die Aufforderung zur selbstlosen Unterstützung von Sterbehilfeorganisationen wirkt nach dieser Auffassung wie ein Verbot von Sterbehilfevereinen durch die Hintertür und sollte keine verfassungsrechtliche Geltung haben.[907]

Schließlich argumentierte der Verein Sterbehilfe Deutschland, dass der durch den Entwurf eingeführte Beratungszwang das Recht auf Selbstbestimmung am Lebensende verfassungswidrig einschränke.[908] Als Beispiel wurde angeführt, dass ein an Krebs im Endstadium leidender Arzt über das gesamte Fachwissen zu diesem Thema verfüge und keinen Rat benötige.[909]

bb) Rechtsprechung und Stellungnahme

Nach Ansicht des BVerfG kann der Gesetzgeber aufgrund der verfassungsrechtlichen Anerkennung des Rechts auf Selbsttötung die Zulässigkeit der Beihilfe zur Selbsttötung nicht an materielle Kriterien knüpfen, etwa an das Vorliegen einer unheilbaren Krankheit.[910] Dies steht jedoch nach Ansicht der Karlsruher Richter nicht im Widerspruch zur Auferlegung unterschiedlicher Anforderungen je nach Lebenssituation, um die Ernsthaftigkeit und Dauerhaftigkeit des Suizidwillens nachzuweisen.[911] In dieser Hinsicht entschied das Bundesverfassungsgericht, dass es dem Gesetzgeber freistehe, ein Sicherungskonzept zu entwickeln.[912]

905 „keiner der 3 Gesetzentwürfe verfassungskonform", 17.02.2022, abrufbar unter: https://www.sterbehilfe.de/3-gesetzentwuerfe-zur- regulierung-der-sterbehilfe-keiner-verfassungskonform/, letzter Zugriff: 08.05.2022.

906 *Neumann* NJOZ 2021, 385, 387.

907 *Neumann* NJOZ 2021, 385, 387f.

908 „keiner der 3 Gesetzentwürfe verfassungskonform", 17.02.2022, abrufbar unter: https://www.sterbehilfe.de/3- gesetzentwuerfe- zur- regulierung- der- sterbehilfe- keiner-verfassungskonform/, letzter Zugriff: 08.05.2022.

909 „keiner der 3 Gesetzentwürfe verfassungskonform", 17.02.2022, abrufbar unter: https://www.sterbehilfe.de/3- gesetzentwuerfe- zur- regulierung- der- sterbehilfe- keiner-verfassungskonform/, letzter Zugriff: 08.05.2022.

910 BVerfGE 153, 182, Rn. 340f.

911 BVerfGE 153, 182, Rn. 340f.

912 BVerfGE 153, 182, Rn. 340f.

Demnach ermöglicht der Gesetzentwurf Schwerkranken, insbesondere bei einem mit starken Schmerzen verbundenen medizinischen Notfall, die sterben möchten, sich die für die Selbsttötung notwendigen tödlichen Betäubungsmittel von ihrem Arzt verschreiben zu lassen, wenn ein zweiter Arzt das Vorliegen der notwendigen Voraussetzungen zum freiwilligen Suizidentschluss bestätigt. Zweck dieser Regelung des Entwurfs ist, den Feststellungsprozess der Freiwilligkeit der Entscheidung zur Selbsttötung aufgrund des unerträglichen Zustands des Patienten zu erleichtern. Aufgrund der Arzt-Patient-Beziehung erscheint es vernünftig anzunehmen, dass der Arzt detailliertere Informationen über den Patienten und dessen Zustand haben wird und der Arzt daher in der Lage sein wird, festzustellen, ob die Suizidentscheidung des Patienten auf freiem Willen beruht oder nicht. Der Punkt, der hier zu beachten ist, ist, dass der Patient die Entscheidung, Suizid zu begehen, nicht wegen unerträglicher Schmerzen trifft, die den freien Willen beeinträchtigen können.

Diesem Problem wurde im Entwurf Rechnung getragen, und es wurden zwei Lösungsmöglichkeiten vorgestellt. Die erste ist die Anforderung, dass Sterbewillige vom Arzt über alle möglichen Mittel aufgeklärt werden, die die Schmerzen, welche zum Notfall geführt haben, zumindest lindern können. Die zweite ist die ärztliche Feststellung, dass es sich nach ärztlicher Überzeugung um einen absehbar sich nicht verändernden Sterbewunsch handelt.

Die Feststellung der Freiwilligkeit des Suizidwillens nicht schwer Erkrankter hingegen ist an strengere Anforderungen geknüpft, da der Gesundheitszustand und damit die Entscheidungsfähigkeit der suizidgefährdeten Person derzeit nicht durch Experten überwacht wird. Dem Entwurf zufolge sollen daher die zugelassenen privaten unabhängigen Beratungsstellen den Sterbewilligen mindestens zwei Mal beraten. Das letzte Wort liegt jedoch nicht bei der Beratungsstelle, die Entscheidung über den Antrag trifft die nach Landesrecht zuständige Behörde. Weil der Suizidentschluss oft aus komplexen und vielfältigen Gründen getroffen wird, erscheint die Idee sinnvoll, Experten aus unterschiedlichen Fachgebieten in den Beratungsprozess einzubeziehen. Es ist daher kein verfassungswidriger Verstoß gegen das Recht auf Sterben, dass Suizidwilligen durch Beratungsgespräche die Möglichkeit gegeben wird, sich und ihre Situation von außen zu betrachten und dadurch mögliche Alternativen zum Suizid besser zu ermitteln. Aus dieser Sicht ist die Beratungspflicht nicht als zu ertragende Belastung, sondern als Teil der Aufklärungspflicht zu sehen.[913] Dies gilt auch für einen suizidwilligen Arzt, der auf seinem Fachgebiet Experte ist.

---

913 Anders *Neumann* NJOZ 2021, 385, 388.

In diesem Fall erscheint es angebracht, dass je nach Situation des Suizidwilligen Sachverständige verschiedener Fachrichtungen beraten oder von einer Stelle entschieden werden könnte, ob die Entscheidung zur Selbsttötung im jeweils bestimmten Fall auf freiem Willen beruht oder nicht. Dies widerspricht auch nicht der Auffassung des BVerfG, dass das selbstbestimmte und eigenverantwortliche Sterben keiner Rechtfertigung und Begründung bedarf. Denn das BVerfGE hat gesetzlich festgeschriebene Aufklärungspflichten sowie Erlaubnisvorbehalte als Sicherungsmechanismen zugelassen.[914] Die Ansicht erscheint jedoch nicht abwegig, dass der Entwurf vorsehen sollte, dass zur Feststellung der Einsichts-Urteils-Steuerungsfähigkeit der suizidgefährdeten Person eine fachärztliche Begutachtung erforderlich wäre.

Um Menschenleben nicht zur Handelsware werden zu lassen, sieht der Entwurf vor, dass Beratungsstellen Suizidwillige „selbstlos" unterstützen.[915] Dies geschieht laut § 55 der Abgabenordnung, „wenn damit nicht in erster Linie der eigene wirtschaftliche Zweck– beispielsweise gewerbliche oder sonstige Erwerbszwecke – verfolgt wird". Mit dieser Regelung wollten die Abgeordneten verhindern, dass Suizidbeihilfe gewinnorientiert ist. Das BVerfG ist auch der Ansicht, dass der Gesetzgeber gefahrträchtigen Erscheinungsformen der Suizidhilfe, einschließlich Regelungsgedanken des § 217 StGB, entgegenwirken kann.[916] Diese Bestimmung steht daher nicht im Widerspruch zur Entscheidung.

c) *Fazit*

In der Praxis entstand nach der Entscheidung des Bundesverfassungsgerichts eine Situation, in der Sterbehilfevereine beraten und Ärzte Hilfe beim Suizid leisten. Der Entwurf strebt daher eine Regelung an, die Schutzmechanismen, Beratungspflichten, Zuverlässigkeitsprüfungen von Beratungsstellen beinhaltet und auf Transparenz und kontrollierten Zugang zu den tödlichen Medikamenten abzielt. Es lässt sich festhalten, dass die hierfür auferlegten Beschränkungen angemessen sind und der Entscheidung des BVerfGE nicht widersprechen.

---

914 BVerfGE 153, 182, Rn. 339.
915 Grünen-Entwurf, S. 5.
916 BVerfGE 153, 182, Rn. 339.

E. Kommentar zum Entwurf § 217 StGB in BT-DRS 20/904

I. Grundsätzliches

Die Delikte im 16. Abschnitt des StGB bieten den Schutz des höchstrangigen Rechtsguts *„menschliches Leben“* vor der Geburt bis zum Tod. §§ 211 bis 216 StGB umfassen die Strafbarkeit der vorsätzlichen Tötungsdelikte, § 216 StGB die Tötung auf Verlangen. § 218 ff. StGB beschäftigt sich mit dem Zeitraum ab dem Zeitpunkt der Nidation bis zur Geburt und reguliert die Strafbarkeit der Schwangerschaftsabbrüche. Die Abgeordnete wollen einen neuen § 217 im Strafgesetzbuch einführen, der die Hilfe zur (unzulässigen) Selbsttötung unter Strafe stellt. Die geschützten Rechtsgüter in § 217 StGB sind vielfaltig. Die Regel beinhaltet, ohne darauf beschränkt zu sein, das Recht des Individuums auf menschliches Leben und Selbstbestimmung. Der Diskussionsentwurf scheint den Anforderungen des BVerfGE zu entsprechen.

II. Objektive Elemente der Tatbestandsmäßigkeit von Abs. 1

1. Selbsttötung

Selbsttötung ist e

in eigenhändiger Akt, in dem sich der Suizident mindestens mit bedingtem Vorsatz das eigene Leben nimmt.[917] Der Tatbestand setzt nicht voraus, dass eine erfolgreiche suizidale Handlung wirklich vorgenommen wird oder deren Versuch zustande gekommen ist.[918] Vielmehr ist im Sinne des Absatz 1 des § 217 StGB genügend, die Förderung in den Handlungsmodalitäten des Gewährens, Verschaffens oder der Vermittlung einer Gelegenheit zur Selbsttötung vorzunehmen. Suizid kann auch durch Unterlassen begangen werden. Dies ist der Fall, wenn der Betroffene auf Nahrung und Flüssigkeit verzichtet.[919]

2. Gewähren oder Verschaffen einer Gelegenheit zur Selbsttötung

Um „Gelegenheit“ zu definieren, werden die Kommentierungen zu § 180 Abs. 1 StGB vom Gesetzgeber als einziger Anknüpfungspunkt angenommen. Dementsprechend liegt die Tathandlung durch Gewähren oder Verschaffen einer

---

917 *Brunhöber* in: MüKo StGB, § 217 Rn. 39.

918 *Momsen* in: SSW-StGB, § 217 Rn 6; *Weigend/Hoven*, ZIS 2016, 681, 682; *Brunhöber* in: MüKo StGB, § 217 Rn. 38.

919 *Brunhöber* in: MüKo StGB, § 217 Rn. 42.

Gelegenheit in der Schaffung äußerer Bedingungen, die dem Suizid eines anderen unmittelbar förderlich sind, im Sinne einer wesentlichen Erleichterung oder Ermöglichung.[920]

Das Kriterium der Unmittelbarkeit kann auch durch Verhinderung des Eintritts von ungünstigen Umständen gestaltet werden.[921] Die Grenze liegt jedoch darin, dass die tatsächlichen Gegebenheiten abbilden sollten, dass die Selbsttötung durch den Täter ermöglicht wurde, darunter fallen nach der Wortauswahl nicht „psychische Einwirkungen“ und „bloße Informationen“.[922] Für das Verschaffen einer Gelegenheit kann man auch von einer „faktischen Hürde“ sprechen, die vom Förderer für den Suizidwilligen beseitigt werden muss.[923] Wenn die äußeren Bedingungen praktisch ausgelegt worden sind bzw. für die Selbsttötung günstigere Umstände herbeigeführt worden sind, wird das jeweilige Tatbestandsmerkmal verwirklicht. Beim Gewähren einer Gelegenheit händigt der Täter dem Suizidwilligen eine bereits ihm zur Verfügung stehende bzw. bei ihm vorhandene Gelegenheit aus.[924] Dies kann zum einen durch das Überlassen einer Räumlichkeit für die Selbsttötung oder von einem tödlichen Mittel, zum anderen durch das Teilen einer detaillierten, nicht allgemein verfügbaren Anleitung zur Selbsttötung sein.[925]

Im Falle des Verschaffens, anders als beim Gewähren, verfügt der Täter noch nicht darüber, aber er stellt sicher, dass die notwendigen äußeren Umstände für den Suizid gegeben sind, er besorgt nämlich eine solche Räumlichkeit oder solche Mittel.[926] Dies kann durch Kauf der letalen Medikamente bzw. des tödlichen Mittels oder mit dem Erwerb oder der Anmietung der Räumlichkeiten erfolgen. Das bedeutet aber nicht, dass der Täter für die Gelegenheit eine Gebühr entrichten musste. Diese wird auf Verlangen des Täters vom Dritten auch unentgeltlich angeboten.[927] Der Transport einer suizidwilligen Person zu einer Sterbehilfeorganisation oder einem bekannten Drogenumschlagspunkt, in dem

---

920 BayObLG NStZ 1991, 496; MDR 1983,75.; BT-Drs. 18/5373, S. 18; Vgl. *Fischer* StGB, § 180 Rn. 5; *Eisele* in: StGB § 180 Rn 9; *Hörnle* in: LK-StGB, § 180.

921 Vgl. *Hörnle* in: LK-StGB, § 180.

922 Vgl. *Eisele* in: StGB § 180 Rn. 7; *Oğlakçıoğlu* in: BeckOK StGB, § 217 Rn. 21.

923 *Weigend/Hoven*, ZIS 2016, 681 (683); *Oğlakçıoğlu* in: BeckOK StGB, § 217 Rn. 22; *Brunhöber* in: MüKo StGB, § 217 Rn. 47.

924 *Saliger* in: NK-StGB, § 217 Rn. 15.

925 Vgl. *Weigend/Hoven*, ZIS 2016, 681, 683; kritisch dazu: *Duttge*, MedR 2014, 621 (624); *Saliger* in: NK-StGB, § 217 Rn. 15.

926 BT-Drs. 18/5373, S. 18; *Saliger* in: NK-StGB, § 217 Rn. 16.

927 *Saliger* in: NK-StGB, § 217 Rn. 16; *Brunhöber* in: MüKo StGB, § 217 Rn. 60.

der Sterbewillige tödliche Medikamente kaufen kann, lassen sich hierfür als weitere Beispiele anführen.[928]

3. *Vermitteln*

Förderung durch Vermittlung setzt eine konkrete Kontaktvermittlung voraus, wonach die Herstellung des Kontakts zwischen dem Suizidwilligen und einem Dritten, welcher die Gelegenheit zur Selbsttötung gewährt oder verschafft, ermöglicht.[929]

Anders als bei § 180 StGB ist es beim Vermitteln für die Vollendung der Tat nicht nötig, dass diese beiden Personen, nämlich der Suizidwillige und der Anbieter von Selbsttötung, selbst miteinander in Kontakt getreten sind. Denn hier ist vom Gesetzgeber nur die Vermittlung einer Gelegenheit geboten. Das Vermitteln setzt jedoch voraus, dass der Täter beide Beteiligten kontaktiert und mindestens deren grundsätzliche Bereitschaft für eine solche Kooperation klargestellt hat.[930]

Die bloße Benennung von allgemein bekannten oder die bloße Nachfrage nach einem Suizidanbieter kann nicht als Ursache für günstigere Umstände akzeptiert werden, es sei denn, das Verhalten der konkreten Parteien wird vom Täter kontrolliert.[931] Die bloße Aufforderung, sich selbst ein tödliches Medikament oder einen Revolver zu besorgen, sollte ebenso nicht als Vermittlung einer Gelegenheit betrachtet werden. Subjektiv muss der Täter in Bezug auf die Tathandlungen mindestens bedingt vorsätzlich und darüber hinaus in der Absicht handeln, die Selbsttötung eines anderen zu fördern.

III. Subjektiver Tatbestand des § 217 StGB

Der subjektive Tatbestand muss sich auf alle Merkmale des objektiven Tatbestandes beziehen, wobei mindestens Eventualvorsatz (Dolus eventualis) als erforderlich erachtet wird.[932] Damit ist gemeint, dass der Täter mindestens billigend in Kauf nimmt, dass er einem anderen eine Gelegenheit zur Selbsttötung verschafft, gewährt oder vermittelt.

---

928 *Eberth/Müller,* Verteidigung in Betäubungsmittelsachen, 50 Rn. 150.

929 Vgl. *Gössel,* Das neue Sexualstrafrecht, 183 Rn. 172; *Brunhöber* in: MüKo StGB, § 217.

930 BT-Drs. 18/5373, S. 18; *Saliger* in: NK-StGB, § 217 Rn. 17.

931 Vgl. *Gössel,* Das neue Sexualstrafrecht, 183 Rn. 172; *Renzikowski* in: MüKo-StGB, § 180 Rn. 27.

932 *Fische* StGB, § 217 Rn. 8; BT-Drs. 18/5373, S. 19; *Weigend/Hoven,* ZIS 2016, 681, 690.

Neben grundsätzlich ausreichendem bedingten Vorsatz hinsichtlich aller Merkmale des objektiven Tatbestandes wird auch Absicht bezüglich der Suizidförderung im eigentlichen Sinne verlangt, wonach der Täter auf eine Hilfestellung zu einer fremden Selbsttötung abgezielt hat.[933] Die Vollendung des subjektiven Tatbestands des § 217 StGB wird nicht davon behindert, dass die Durchführung dieses Suizids vom Sterbehelfer letztlich *„nicht gewollt oder gar missbilligt"* ist.[934] Denn die Absicht muss nicht die tatsächliche Durchführung umfassen, sondern es reicht aus, wenn die Absicht mit der Suizidförderung zusammenhängt.[935]

Auf der anderen Seite erfordert das Merkmal, dass sich die Absicht unbedingt auf einen konkreten Einzelfall der Suizidhilfe bezieht, weil hier eine abstrakte Suizidförderung nach dem Willen des Gesetzgebers nicht genügt. Deswegen verlangt er in Bezug auf die Durchführung der Selbsttötung mindestens Eventualvorsatz des Suizidgehilfen.[936]

Der Gesetzgeber hat sich zur Einfügung des Merkmals „Absicht zur Suizidförderung" entschieden, um damit zu vermeiden, die strafrechtlich unerwünschte Suizidbeihilfe mit dem *„zulässigen Behandlungsabbruch und der zulässigen indirekten Sterbehilfe"* gleichzusetzen.[937] Das heißt, händigt ein Arzt einem Patienten ein Medikament zur Schmerzlinderung aus, bleibt er wegen fehlender Absicht zur Suizidförderung straflos, obwohl das Medikament zum Tod des einwilligenden Patienten führen kann. Denn der subjektive Tatbestand erfordert zunächst Vorsatz, und aufgrund mangelnder Absicht zur Suizidbeihilfe ist § 217 Abs. 1 StGB hier nicht erfüllt.[938]

IV. Tatbestandsausschluss

Die Abs. 2 sieht die Tatbestandsausschluss vor. Bei den Kriterien des Abs. 2 des § 217 StGB-Entwurfs handelt es sich grundsätzlich um freiwillige Suizidkriterien des Bundesverfassungsgerichts. Allerdings ist die Bestimmung der Altersgrenze nicht mit dem BVerfGE vereinbar. Aufgrund des sozialschädlichen Charakters von Spontansuiziden möchte der Gesetzgeber diejenigen bestrafen, die bei

933 BT-Drs. 18/5373, S. 18; *Oğlakçıoğlu* in: BeckOK StGB, § 217 Rn. 29; *Weigend/Hoven*, ZIS 2016, 681, 690.

934 BT-Drs. 18/5373, S. 18; *Brunhöber* in: MüKo StGB, § 217 Rn. 70; *Gaede*, JuS 2016, 385, 391; *Oğlakçıoğlu* in: BeckOK StGB, § 217 Rn. 29.

935 *Oğlakçıoğlu* in: BeckOK StGB, § 217 Rn. 29.

936 *Oğlakçıoğlu* in: BeckOK StGB, § 217 Rn. 29.

937 *Momsen* in: SSW-StGB, § 217 S. 13.

938 Vgl. *Weigend/Hoven*, ZIS 2016, 681, 690.

sogenannten Spontansuiziden Hilfe leisten und gleichzeitig die Entscheidung zum freiwilligen Suizid schützen.

V. Abs. 3 als Strafausschließungsgrund

Der Gesetzgeber geht in § 217 Abs. 3 davon aus, dass eine Bestrafung der Angehörigen des Suizidwilligen und dessen nahestehenden Personen nicht für erforderlich gehalten wird.[939] Wenn eine Person beispielsweise den Tod ihres nicht umfassend aufgeklärten suizidwilligen Partners begleiten möchte, indem sie ihn zum Suizidhelfer transportiert, beteiligt sie sich an der Haupttat durch Förderung einer konkreten Selbsttötung als Gehilfe.[940] Der persönliche Strafausschließungsgrund in Abs. 3 bemüht sich daher, die Gefahr der Bestrafung für Menschen in dieser Position zu verhindern. Weil § 217 Abs. 3 StGB nur für die Teilnahme gilt, macht sich aber eine angehörige oder nahestehende Person auch strafbar, wenn sie Förderung zu einem unzulässigen Suizid geleistet hat.[941]

Die Frage stellt sich, wer als *„Angehöriger"* und insbesondere als *„nahestehende Person"* bezeichnet wird.[942] Der Begriff des Angehörigen ist nicht umstritten und wird in § 11 Absatz 1 Nummer 1 StGB deutlich definiert. Dafür, wie der Begriff *„der (anderen) nahestehenden Person"* auszulegen ist, finden sich im StGB jedoch keine klaren Ausführungen. Allerdings werden beide Begriffe in § 35 Absatz 1, § 238 Abs. 1 Nummer 4, Abs. 2 und 3 sowie in § 241 Abs. 1 StGB zusammen verwendet und der Gesetzgeber ist der Auffassung, dass der Umfang des Begriffs *„der (anderen) nahestehenden Person"* in Übereinstimmung mit der bei Durchführung der in oben genannten Artikeln entwickelten Interpretation festgelegt werden soll.[943] Die hier vorgesehenen Bedingungen sind wie folgt: Zwischen dem Suizidwilligen und dem Suizidförderer bedarf es *„eines auf gewisse Dauer angelegten zwischenmenschlichen Verhältnis[ses) […), das vergleichbare Solidaritätsgefühle hervorruft"*.[944]

---

939 BT-Drs. 18/5373, S. 19.

940 *Brunhöber* in: MüKo StGB, § 217 Rn. 78.

941 *Brunhöber* in: MüKo StGB, § 217 Rn. 78.

942 BT-Drs. 18/5373, S. 19.

943 BT-Drs. 18/5373, S. 20; *Duttge*, NJW 2016, 120, 122; *Momsen* in: SSW-StGB, § 217 Rn. 15.

944 *Momsen/Savić* in: BeckOK StGB, § 35 Rn 32; *Perron* in: Schönke/Schröder StGB, § 35 Rn. 15; *Kühl*, StR AT, § 12 Rn. 34 ff.; *Oğlakçıoğlu* in: BeckOK StGB, § 217 Rn. 31; *Saliger* in: NK-StGB, § 217 Rn 35.

Die Gefühle der Solidarität sollen mit denselben Parametern wie für Angehörige bemessen werden und daher muss auch *„eine vergleichbare psychische Zwangslage"* existieren.[945] Unter die auf eine gewisse Dauer angelegten zwischenmenschlichen Verhältnisse fallen unter anderem: Liebesverhältnis, enge Freundschaften und langjährige Wohngemeinschaften.[946] Andererseits gehören *„der bloße sympathiegetragene gesellschaftliche Umgang mit Sports- und Parteifreunden oder Berufskollegen und Nachbarn"* nicht zu dieser Kategorie.[947] Wenn ein Angehöriger oder eine nahestehende Person (wie ein enger Freund) eines Suizidwilligen den ärztlichen Beruf ausübt, hindert ihn dies nicht daran, sich auf den Strafausschließungsgrund in Abs. 2 zu berufen.

VI. Täterschaft und Teilnahme

1. Grundlagen

Bei § 217 StGB handelt es sich weder um ein eigenhändiges Delikt noch um ein Sonderdelikt, sondern der Grundtatbestand hier ist als Allgemeindelikt einzustufen, somit kann er von „Jedermann" (außer vom Suizidwilligen selbst) verwirklicht werden.[948] Sowohl Täterschaft als auch Teilnahme richten sich nach den allgemeinen Regeln, nämlich gemäß den § 25 und §§ 26, 27 StGB.[949]

Wie bereits erwähnt, ist mangels einer rechtswidrigen Haupttat die Teilnahme an der Selbsttötung grundsätzlich nicht strafbar. Hier ist es anders, da bei § 217 StGB das Gewähren, Verschaffen oder Vermitteln einer Gelegenheit zur Selbsttötung eine rechtswidrige Haupttat darstellt. Daher ist es wichtig, die straflose Teilnahme an der Selbsttötung von der strafbaren Teilnahme in Form einer Anstiftung oder Beihilfe in § 217 StGB abzugrenzen.[950]

2. Mittäterschaft

Eine Mittäterschaft nach § 25 Abs. 2 StGB liegt vor, wenn mehrere Personen anhand eines „gemeinsamen Tatplan[s)" (Animus coauctoris) eine Straftat durch „bewusste[s) und gewollte[s) Zusammenwirken" begehen.[951] Darüber

945 BT-Drs. 18/5373, S. 20; Schönke/Schröder/Perron StGB § 35 Rn. 15; BeckOK StGB/ Momsen/ Savić StGB § 35 Rn. 32.
946 BT-Drs. 18/5373, S. 20; *Saliger* in: NK-StGB, § 217 Rn. 36.
947 BT-Drs. 18/5373, S. 20; *Saliger* in: NK-StGB, § 217 Rn. 35.
948 *Saliger* in: NK-StGB, § 217 Rn. 33, 39.
949 BT-Drs. 18/5373, S. 19.
950 *Saliger* in: NK-StGB, § 217 Rn. 33.
951 *Gropp*, StR AT, § 10 Rn. 170.

hinaus müssen bei der Mittäterschaft anders als bei der Teilnahme, alle Mittäter über täterschaftsbegründende Absicht (hier Suizidförderung) und die täterschaftsbegründenden Merkmale (hier Geschäftmäßigkeit) verfügen.[952]

Die Strafbarkeit nach § 217 StGB wegen Mittäterschaft i. S. v. § 25 Abs. 2 StGB kommt somit zustande, wenn die Bildung eines Willens zur Verwirklichung der Elemente des Gewährens, Verschaffens oder Vermittelns einer Gelegenheit zu der geplanten Suizidförderung und *„die gemeinschaftliche Tatbegehung"* vorhanden sind.[953]

3. *Anstiftung*

Nach dem Wortlaut des § 26 StGB ist ein Anstifter, *„wer vorsätzlich einen anderen zu dessen vorsätzlich begangener rechtswidriger Tat bestimmt hat"*. Unter Anstiftung ist daher die vorsätzliche Herbeiführung des Tatentschlusses einer anderen Person zu verstehen.[954]

Wie bereits erwähnt, ist die Teilnahme in Form der Anstiftung nach den allgemeinen Regeln grundsätzlich möglich, da die Herbeiführung des Tatentschlusses bei Suizidgehilfen nicht immer die Tatmodalitäten des § 217 StGB umfasst.[955]

Als notwendige Beteiligte kann sich die geschützte Suizidwillige weder als Täter noch als Teilnehmer laut § 217 StGB strafbar machen. [956] Eine Anstiftung zur Verwirklichung des § 217 StGB kann beispielweise dann in Betracht kommen, wenn eine Person außer dem Suizidwilligen einen Dritten kontaktiert und ihn von der Suizidförderung durch Gewähren, Verschaffen oder Vermitteln einer Gelegenheit überzeugt.

4. *Beihilfe*

Beihilfe gemäß § 27 StGB kommt in Betracht, wenn *„vorsätzliche Hilfeleistung einem anderen zu dessen vorsätzlich begangener rechtswidriger Tat vorhanden ist"*. Wenn aber eine Strafvorschrift das Hilfeleisten oder dazu ähnliche Handlungen ausdrücklich als Tatbestand der Straftat vorsieht, führt dies zwar nicht zur Beihilfe i. S. v. § 27, aber zur *„täterschaftlichen Ausführung einer Straftat"*.[957]

---

952 *Gropp*, StR AT, § 10 Rn. 170.

953 BT-Drs.; BT-Drs. 18/5373, S. 19.

954 *Jakobs*, StR AT, Rn. 18; *Wessels/Beulke/Satzger*, StR AT, Rn. 814 f.

955 *Oğlakçıoğlu* in: BeckOK StGB, § 217 Rn. 35; BT-Drs. 18/5373, S. 19.

956 Vgl. *Gössel*, Das neue Sexualstrafrecht, S. 187 Rn. 83; *Saliger* in: NK-StGB, § 217 Rn. 39.

957 *Gropp*, StR AT, § 10 Rn. 316.

Hinsichtlich dieser umfasst auch § 217 StGB die Tatbestandsmodalitäten, die vom strafrechtlichen Schrifttum und der Rechtsprechung als sog. „verselb[st]ständigte Beihilfehandlungen" bezeichnet werden.[958] Darunter fallen Tatbestandsmodalitäten wie „Unterstützen" oder „Fördern". Hier stellt sich die Frage, ob die in der Vorschrift des § 217 StGB beinhaltete verselbstständigte Beihilfehandlung „Förderung" die Anwendbarkeit des § 27 StGB ausschließt, weil die speziellere Norm die allgemeinere Regelung verdrängt. (Lex specialis derogat legi generali). Die deutsche Rechtsprechung und Literatur haben dies zwar für andere Gesetzesartikel, aber in Bezug auf dieses Thema in unterschiedlichen Urteilen und Werken verneint, da die Beihilfe i. S. v § 27 StGB und die tateinheitliche Beihilfe i. S. anderer Regelungen sich auf unterschiedliche Erscheinungsformen beziehen können.

Auch der Gesetzgeber richtet sich wie zuvor noch immer nach dieser Ansicht, indem es den Unterschied zwischen Beihilfe im Sinne von Teilnahme und tatherrschaftlicher Beihilfe nachweist: Obwohl der Deliktscharakter des § 217 StGB als das Unternehmen von Beihilfe angesehen werden kann, wollte der Gesetzgeber dies jedoch von der Beihilfe i. S. v. § 27 StGB abgrenzen. Nach der Gesetzesbegründung ist die Beihilfe i. S. der Teilnahme möglich in der Form einer konkreten Erleichterung oder Ermöglichung der Begehung der Haupttat durch die Werbung für einen Suizidhelfer.[959]

Die Beihilfe verlangt ein vorsätzliches Hilfeleisten zur Haupttat. Dies kann in zwei Formen, als Rat (psychische Beihilfe) oder Tat (physische Beihilfe), stattfinden.[960] Wegen der Akzessorietät der Teilnahme hängt die Beihilfe wie auch die Anstiftung von der Haupttat ab. Daher muss die Haupttat vorsätzlich und rechtswidrig begangen worden sein.[961] Darüber hinaus reicht eine versuchte Haupttat nicht aus, weil der Versuch nach § 217 StGB (siehe unten) nicht mit Strafe bedroht ist.[962] Beihilfe setzt jedoch nicht voraus, die ursächliche Kausalität zur Haupttat festzustellen, die Förderung in irgendwelcher Art genügt.[963] Eine Person kann als Gehilfe bestraft werden, solange sie die unzulässige Suizidbeihilfe unterstützt (zum Beispiel kann ein Arzt sich nach §§ 217, 27 strafbar machen, wenn er im

958 *Sommer*, JR 1981, 490.

959 BT-Drs. 18/5373, S. 19.

960 *Kindhäuser*, StR AT, § 42 Rn. 3ff; *Brunhöber* in: MüKo StGB, § 217 Rn. 74.

961 *Kindhäuser*, StR AT, § 42 Rn. 3ff.

962 *Brunhöber* in: MüKo StGB, § 217 Rn. 19.

963 BGHSt 2, 129, 130 f.; 14, 280, 281; 14, 280; 20, 89, 90; 54, 140, 142 f.; BGH NStZ 1985, 318; NStZ 1995, 27, 28; BGH-StV 1995, 524; BGH NStZ 2004, 499, 500; BGH NStZ 2007, 230, 232; BGH NJW 2008, 1458, 1459, *Wessels/Beulke/Satzger*, StR AT, Rn. 582.

Einzelfall unzulässig einen Sterbewilligen auf einen Sterbehelfer hingewiesen hat und der Suizidwillige mit diesem in Kontakt getreten ist.[964] In dieser Hinsicht ist jedoch die Strafausschließung nach Absatz 3 zu beachten.

Wie bereits erwähnt, erfordert die Beihilfestrafbarkeit i. S. v. § 217 Abs. 1. und § 27 StGB einen konkreten Bezug zur Gewährung, Verschaffung oder Vermittlung einer konkreten Gelegenheit zur Selbsttötung. Daher genügt wegen fehlenden konkreten Bezugs für die Teilnahmestrafbarkeit Folgendes nicht: Aufklärung, der Austausch von nicht technischen und detaillierten Informationen oder allgemeinen Hinweise über Suizid.[965] Dagegen können die Vorbereitung eines letalen Medikamentenmix oder der Räumlichkeiten für die Selbsttötung als die klassischen Beispiele von psychischer Beihilfe genannt werden.[966] Darüber hinaus werden sowohl der Transport zur suizidwilligen Person oder zum Suizidhelfer als auch das *„gute Zureden"* als weitere Beispielhandlungen gesehen.[967]

VII. Versuch

Die Strafbarkeit eines Versuches hängt davon ab, ob es sich bei der rechtswidrigen Straftat um ein Verbrechen oder um ein Vergehen handelt. Der Unterschied ist in § 12 StGB geregelt, wonach die Einordnung nach *„der Höhe des Mindestmaßes der angedrohten Strafe"* zu bestimmen ist. [968] Das Delikt in § 217 StGB soll dementsprechend als ein Vergehen eingeordnet werden, weil dessen angedrohte Freiheitstrafe bis zu drei Jahre bzw. die jeweilige Mindestfreiheitsstrafe weniger als ein Jahr beträgt. Daher bleibt der Versuch des § 217 mangels ausdrücklicher Regelung straffrei, denn nach § 23 StGB Abs. 1 ist der Versuch eines Vergehens nur strafbar, wenn dies ausdrücklich in der Strafvorschrift vermerkt ist. Einer gesonderten Versuchsstrafbarkeit bedürfe es nicht, denn durch die drei Tatmodalitäten, nämlich das Gewähren, Verschaffen oder Vermitteln einer Gelegenheit, sei die Strafbarkeit bereits vorverlagert.[969] Dementsprechend tritt die Vollendung der rechtswidrigen Tat im Sinne von § 217 Abs. 1 StGB in dem Moment ein, in dem der Täter die im Gesetz genannte Förderung verwirklicht

964 *Saliger* in: NK-StGB, § 217 Rn. 40; *Weigend/Hoven*, ZIS 2016, 681, 690.
965 *Saliger* in: NK-StGB, § 217 Rn. 40.
966 *Saliger* in: NK-StGB, § 217 Rn. 40; *Oğlakçıoğlu* in: BeckOK StGB, § 217 Rn. 37.
967 *Taupitz*, in: Assistierter Suizid, S. 115, 131.
968 *Satzger* in: SSW-StGB, § 12 Rn. 4.
969 Vgl. BT-Drs. 18/5373, S. 19.

hat, unabhängig davon, ob es sich dabei um eine erfolgreiche oder nur versuchte Selbsttötung handelt.[970]

Aber es gibt doch Fälle, in denen ein Versuch der Suizidförderung möglich ist. Beispielsweise wenn ein Apotheker das tödliche Medikament an einen unzulässigen Suizidwilligen schickt und dieses unterwegs verloren geht, bleibt der Apotheker mangels einer gesetzlichen Anordnung der Versuchsstrafbarkeit unbestraft.[971]

VIII. Rechtsfolgen und Konkurrenzen

Der Strafrahmen beträgt bei Suizidförderung bis zu drei Jahre Freiheitsstrafe oder Geldstrafe. Der Gesetzgeber sieht einen milderen Strafrahmen im Vergleich zu § 216 vor, da es in höherem Maße der Tatsache Rechnung trägt, dass in § 217 StGB der Täter lediglich in einer Unterstützerstellung steht, während bei § 216 StGB der Täter die Tötung eines anderen verwirklicht.[972]

F. Kommentar zum Entwurf § 217a StGB in BT-DRS 20/904

I. Grundsätzliches

Regulierung als abstraktes Gefährdungsdelikt schützt einerseits Menschenleben und andererseits das Selbstbestimmungsrecht der suizidgefährdeten Person. Die Vorschrift zielt auch darauf ab, die Prävalenz von Suizid zu verhindern, indem es in der Gesellschaft als normal angesehen wird.[973] Die Werbeverbotsnorm für Suizidhilfe im Entwurf des § 217a basiert auf der Form des § 219a StGB (a.F.) - Werbeverbots für Schwangerschaftsabbrüche.

II. Objektive Elemente der Tatbestandsmäßigkeit

Die objektive Tatsache erfordert, dass die Suizidhilfe in einer bestimmten Weise beworben wird.[974]

970 BT-Drs. 18/5373, S. 19.

971 *Weigend/Hoven*, ZIS 2016, 681, 684.

972 BT-Drs. 18/5373, S. 19.

973 Vgl. *Fischer* StGB, § 219a Rn. 1; *Rogall* in: SK-StGB, § 219a Rn. 1; *Eser/Weißer* in: Schönke/Schröder StGB, § 219a Rn. 1; *Merkel* in: SSW-StGB, § 219a. Rn. 1.

974 *Rogall* in: SK-StGB, § 219a Rn. 3.; *Merkel* in: SSW-StGB, § 219a. Rn. 2.

1. Gegenstand der Werbung

Gegenstand der Werbung sind Dienstleistungen, die dazu bestimmt sind, einen Suizid zu begehen oder zu ermutigen, oder Werkzeuge oder Gegenstände, die geeignet sind, um einen Suizid zu unterstützen.[975]

Dienstleistungen i. S. d. Abs. 1 Nr. 1 sind sowohl solche zur Durchführung als auch solche zur Förderung der Suizidhilfe, die eigene oder fremde Leistungen sein können.[976]

Die Beihilfe zum Suizid, der sie dienen, muss nicht illegal sein. Die Merkmale *„Mittel, Gegenstände oder Verfahren"* in Absatz 1 Nr. 2 umfassen alle technischen Möglichkeiten, die zur assistierten Suizidhilfe führen können.[977] Es bedarf keiner besonderen Zweckbestimmung der Mittel zum Suizid, es genügt jedoch, dass sie auch objektiv für andere Zwecke geeignet sind und als *„Nebenwirkung"* zum Suizid führen."[978] In jedem Fall muss der Täter angeben, dass das Mittel, der Zweck oder die Methode suizidal ist; diese Konformitätsreferenz muss nicht explizit sein, sie kann auch *„versteckt"* gemacht werden.[979] Ausgenommen hiervon ist beispielsweise das Anbieten von Arzneimitteln, deren unerwünschte Nebenwirkungen Suizidalität und Tod sein können, wenn entsprechende Warnungen in der Packungsbeilage enthalten sind.[980]

2. Tathandlung

a) Anbieten, Ankündigen, Anpreisen, Bekanntgabe von Erklärungen

Das Anbieten, Ankündigen, die Werbung von Diensten, Mitteln, Gegenständen oder Verfahren zur Suizidhilfe oder die Abgabe von Äußerungen mit entsprechendem Inhalt stellen die Straftat dar.[981] Das sachliche Aufklären über Mittel

---

975 *Merkel* in: SSW-StGB, § 219a Rn. 3; *Rogall* in: SK-StGB, § 219a Rn. 4.

976 *Merkel* in: SSW-StGB, § 219a Rn. 4; *Rogall* in: SK-StGB, § 219a Rn. 5; *Fischer* StGB, § 219a Rn. 3.

977 *Rogall* in: SK-StGB, § 219a Rn. 6; *Merkel* in: SSW-StGB, § 219a. Rn. 5.

978 *Rogall* in: SK-StGB, § 219a Rn. 6; *Fischer* StGB, § 219a Rn. 4; *Merkel* in: SSW-StGB, § 219a. Rn. 5.

979 Fischer StGB, § 219a Rn. 4; *Merkel* in: SSW-StGB, § 219a. Rn. 6.

980 Fischer StGB, § 219a Rn. 4; *Jähnke*, in: LK-StGB, 10. Aufl., § 219a Rn. 4; *Eser/Weißer* in: Schönke/Schröder StGB, § 219a Rn. 6.

981 *Merkel* in: SSW-StGB, § 219a. Rn. 8.

und Verfahren, die zur Suizidhilfe angewandt werden können, stellt jedoch keine Tathandlung im Sinne von Abs. 1 Nr. 2 dar.[982]

b) *Öffentlich, in einer Versammlung oder durch Verbreiten von Schriften*

Angebot, Ankündigung, Werbung usw. muss öffentlich, in einer Versammlung oder durch Verbreitung von Schriften erfolgen.

c) *In grob anstößiger Weise*

In grob anstößiger Weise bedeutet, in gewisser Weise Unbehagen zu verursachen.[983] Sensationelle Werbung, die die Beihilfe zum Suizid „verherrlicht", fällt in den Bereich eines solchen Verhaltens.[984]

3. *Tatbestandsausschluss durch Abs. 2–4*

§ 217a Absatz 2–4 des vorliegenden Entwurfs sieht drei Fälle des Tatbestandsausschlusses vor.[985] Nach Abs. 2 ist der Tatbestand nicht erfüllt, wenn Ärzte oder Beratungsstellen darüber informiert werden, wo Suizidhilfe geleistet werden kann, wenn die Voraussetzungen der Absätze 1 bis 3 des § 217 des vorliegenden Entwurfs vorliegen.[986]

Nach Abs. 4 des § 217a des Entwurfs liegt der Tatbestand auch dann nicht vor, wenn Ärzte, Krankenhäuser oder Einrichtungen darauf hinweisen, dass sie Suizidhilfe nach den Voraussetzungen des § 217a Abs. 1 bis 3 leisten.[987]

III. Subjektiver Tatbestand

Für die Erfüllung des subjektiven Tatbestandes des § 217a des vorliegenden Entwurfs ist ein Vorsatz i. S. d. §§ 15, 16 StGB erforderlich.[988] Ausreichend ist dabei der bedingte Vorsatz (dolus eventualis).[989] Ist die Werbung bereits nicht in

---

982 *Merkel* in: SSW-StGB, § 219a. Rn. 8; *Fischer* § 219a Rn. 4; *Rogall* in: SK-StGB, § 219a Rn. 8.

983 *Rogall* in: SK-StGB,§ 219a Rn. 12; *Merkel* in: SSW-StGB, § 219a. Rn. 10.

984 *Rogall* in: SK-StGB, § 219a Rn. 12; *Merkel* in: SSW-StGB, § 219a. Rn. 10f

985 *Jähnke*, in: LK-StGB, 10. Aufl., § 219a Rn. 8; Fischer StGB, § 219a Rn. 5; *Rogall* in: SK-StGB, § 219a Rn. 15; *Merkel* in: SSW-StGB, § 219a. Rn. 11.

986 *Merkel* in: SSW-StGB, § 219a Rn. 11.

987 *Merkel* in: SSW-StGB, § 219a Rn. 12.

988 *Eser/Weißer* in: Schönke/Schröder StGB, § 219a Rn. 12.

989 *Gropp* in: MüKo StGB, § 219a Rn. 12; *Safferling*, in: Matt/Renzikowski-StGB, § 219a Rn. 8; *Eschelbach* in: BeckOK StGB, § 219a Rn. 24.

grob anstößiger Weise erfolgt, dann muss eine Bereicherungsabsicht vorhanden sein.[990] Bezüglich eines Vermögensvorteils sollen die Voraussetzungen für § 263 StGB analog verwendet werden. Demnach ist Absicht (dolus directus 1. Grades) erforderlich.[991]

IV. Rechtsfolgen

Im Entwurf des § 217a StGB ist eine Freiheitsstrafe bis zu zwei Jahren oder eine Geldstrafe vorgesehen.

Sowohl das Werbematerial als auch die Vermögensvorteile können nach §§ 73, 74 StGB eingezogen werden.[992]

---

990 *Eschelbach* in: BeckOK StGB, § 219a Rn. 24.

991 Siehe *Eser/Weißer* in: Schönke/Schröder StGB, § 219a Rn. 12; *Merkel* in: SSW-StGB, §219a Rn. 11.

992 *Gropp* in: MüKo StGB, § 219a Rn. 14; *Merkel* in: SSW-StGB, Rn. 12.

Zusammenfassung und Stellungnahme

Sterbehilfe ist ein altes Problem. Die Perspektiven der Gesellschaften in dieser Frage variieren je nach Zeit und Ort. Selbst unter den Menschen, die derselben Gesellschaft angehören, gibt es diesbezüglich Meinungsverschiedenheiten aufgrund der sozialen und religiösen Phänomene, die das menschliche Leben betreffen. Auf der anderen Seite kann sogar anhand der Begriffe, mit denen der Suizid bezeichnet wird, verstanden werden, was die Gesellschaft von Suizid und Sterbehilfe hält. Beispielsweise stammt das Wort Euthanasie aus dem Griechischen und bedeutet sanftes und leichtes Sterben, während das Wort Euthanasie in der deutschen Gesellschaft Erinnerungen an die bitteren Erfahrungen im Dritten Reich hervorruft, weshalb überwiegend das Wort Sterbehilfe in Alltag und Literatur bevorzugt wird. Auf der anderen Seite klingt „Hilfe" positiv und erscheint begrüßenswert.[993] Auch für den Suizid wurden verschiedene Wörter wie Selbstmord oder Freitod verwendet, die eine Einordnung der Handlung entweder als gut oder schlecht anzeigen.

Im Wandel der Zeit wurde mithilfe unterschiedlicher Theorien versucht zu verstehen, warum Menschen Suizid begehen. Diese Gründe wurden bis zur Theorie Durkheims meist als Geisteskrankheit, psychologische Probleme und Alkoholismus angegeben. Durkheim sah den Suizid jedoch als ein soziales Phänomen, denn er bemerkte, dass in einer bestimmten Periode eine bestimmte Anzahl von Menschen Suizid begangen haben. Der Mensch ist in der Tat ein „bio-psycho-soziales Wesen". Durkheims Nachfolger, wie z. B. Halbwachs, akzeptierten daher die Idee, nach der Suizid ein psychosoziales Phänomen ist, und griffen sie in interdisziplinären Themen auf. Seitdem gibt es zahlreiche Theorien im Bereich der Physiologie, Soziologie, Biochemie, Genetik oder Theologie, die untersuchen, aus welchen Gründen weniger oder mehr Menschen den Suizid als Lösung ihrer Probleme ansehen. Dinge wie soziale Integration, soziale Isolation (Alleinleben und Verlust von Unterstützung), religiöse Zugehörigkeit, psychiatrische und neurologische Erkrankungen, das Leid und schwerer psychischer Stress aufgrund unheilbarer Erkrankungen, Alkohol und Drogenmissbrauch, finanzielle Probleme, eine gewalttätige Umgebung und Modelllernen (sozialkognitive Lerntheorie) werden als Faktoren für die Suizidalität angesehen.

993 *Roggendorf*, Indirekte Sterbehilfe, S. 27.

Wie das Thema Suizid in den Medien behandelt wird, hat eine große Wirkung auf die Gesellschaft. Nach der sozial-kognitiven Lerntheorie lernen Menschen entweder durch direkte Erfahrungen oder indirekt durch die Erfahrung anderer, und dies wird in der Literatur meist als Lernen am Modell bezeichnet. Die Studien zeigen, dass Suizidnachrichten oder Serien, die den Suizid in skandalöser Weise thematisieren, einen Nachahmungseffekt in der Gesellschaft auslösen.[994] Konstruktive Medienberichterstattung auf der anderen Seite hat eine präventive Wirkung auf die Gesellschaft. Menschen, die sich ihren Religionen zugehöriger fühlen, begehen weniger häufig Suizid, und ihre Einstellung zur Sterbehilfe ist negativer.[995] Diese Theorien sind nur einige von vielen, und alle sind wichtig für den Umgang mit und die Verhinderung von Suiziden, die auch von der WHO als globales Problem gesehen wird. Je mehr sich die Gesellschaft über die Ursachen des Suizids bewusst wird, desto eher kann eine präventive Lösung dafür gefunden werden.

Es gibt viele Studien, die den Nachahmungseffekt bei Suiziden untersuchen. Beim Thema Sterbehilfe ist der Nachahmungseffekt jedoch nicht gut untersucht. Um zu verstehen, welche Wirkung Sterbehilfeberichte und Filme über die Arbeit der Organisationen auf Schwerkranke hat, braucht man mehr Forschung. Was aber feststeht, ist, dass in Ländern, in denen der assistierte Suizid umfassend erlaubt ist, die Suizidzahlen insgesamt zunehmen.[996]

Der deutsche Gesetzgeber will daher nicht, dass suizidale Handlungen als Problemlösestrategie betrachtet werden. Denn nach der sozial-kognitiven Theorie besteht die Gefahr, dass suizidale Menschen von anderen lernen, den Suizid als Problemlösestrategie bzw. als Ausflucht zu sehen. Nach dem Gesetzgeber könnte der staatlich geförderte assistierte Suizid oder Sterbehilfe dazu führen, dass der Suizid in der Gesellschaft nicht als Ausnahmefall, sondern als normal gesehen wird.[997] Der Gesetzgeber zitiert den Deutschen Ethikrat, wonach Sterbehilfeleistungen eines Vereins den Respekt vor dem Leben schwächen können.[998] In diesem Zusammenhang kommt die staatliche Schutzpflicht in Bezug auf das Leben ins Spiel.

---

994 *Schmidtke/Häfner*, Psychol Med 1988, 665.

995 *Lester*, Why people kill themselves; *Kralovec, Plöderl et al.*, Psychiatrie und Psychotherapie 2009, 17.

996 *Taupitz*, in: Assistierter Suizid, S. 115.

997 BT-Drs. 18/5373, S. 11.

998 *Deutscher Ethikrat*, Ad-hoc-Empfehlung, S. 4.

In der deutschen Rechtstradition ist der Suizid gesetzlich nicht strafbar. Folglich muss auch die Suizidteilnahme wegen des Akzessorietätsprinzips straflos bleiben. Die Beihilfe zum Suizid wird jedoch lange Zeit von der Rechtsprechung nicht unterstützt, und ein Suizidhelfer oder sogar eine Person, die den Suiziderfolg nicht verhindert, kann nach anderen Strafvorschriften verfolgt werden. Das Bundesverfassungsgericht leitete jedoch eine neue Phase der Liberalisierung ein.

Sterbehilfe ist ein moralisch strittiges Thema und ist daher in den europäischen Ländern nicht einheitlich reguliert. In moralisch strittigen Themen ist der Standpunkt des Gesetzgebers wichtig, da Gesetze auch den Charakter haben, die Moral in der Gesellschaft zu befördern. Auf der anderen Seite treten Probleme auf, wenn die Gesellschaft das geschaffene Gesetz als nicht legitim ansieht. In diesem Fall verlieren Gesetze ihre moralbefördernde Funktion, und deren Anwendung erweist sich als problematisch. Der Gesetzgeber muss daher „den Puls" der Gesellschaft erspüren und gleichzeitig die Bedrohungen und Gefahren für das Gemeinwohl beseitigen. In einer nicht-homogenen Gesellschaft, deren Moral nicht auf gleichen Wurzeln beruht, ist dies schwieriger zu verwirklichen. Daher sollte der Gesetzgeber möglichst nicht in das Selbstbestimmungsrecht des Individuums Freiheiten eingreifen.

§ 217 war ein Gesetz, das theoretisch für seinen Zweck gut erschien, das aber faktisch die Suizidhilfe verbot. Denn in der Praxis war es kaum möglich, jemandem Suizidbeihilfe zu leisten ohne Angst vor Strafe. Wenn Ärzte keine Medikamente verschreiben dürfen, wenn die Abgabe des betreffenden Medikaments bereits durch ein anderes Gesetz verboten ist, wenn auch Sterbehilfeorganisationen ausgeschlossen sind und wenn der Staat selbst die Abgabe des tödlichen Medikaments verweigert, auf welche Weise kann jemand dann anderen helfen, Suizid zu begehen?

Möglicherweise um dieses Hindernis zu mildern, hat das Bundesverwaltungsgericht 2017 entschieden, dass der Staat die Abgabe von tödlichen Substanzen zum Zwecke des Suizids nicht verweigern kann, wenn sich ein Suizidwilliger aufgrund einer schweren und unheilbaren Krankheit in einer extremen Notlage befindet. Diese Entscheidung scheint jedoch in mehreren Aspekten fraglich. Im Jahr 2020 hat das Verwaltungsgericht Köln zu Recht in einem Urteil festgestellt, die ausnahmslose Ablehnung einer Erwerbserlaubnis von Natrium-Pentobarbital zwecks Suizids aufgrund der geänderten Situation durch die Aufhebung des § 217 des Strafgesetzbuches sei derzeit verfassungswidrig.[999]

999 VG Köln, Beschluss vom 11.12.2020- 7 L 1054/20.

Im Jahr 2019 hat der 5. Strafsenat des BGH im Fall „Berlin“ zutreffend entschieden, die Verschreibung tödlicher Suizidmittel durch einen Arzt stelle eine straflose Teilnahme am tatbestandslosen Suizid dar.[1000] In demselben Urteil hat der BGH auch zu Recht entschieden, dass die ärztliche Garantenstellung im Falle einer vereinbarten Sterbebegleitung erlischt. Weil in diesem Fall der Arzt nicht mehr der Garant war, habe sich der Arzt nach Eintritt der Bewusstlosigkeit der Frau wegen versuchter Tötung auf Verlangen durch Unterlassen nicht strafbar gemacht. In diesem Fall hatte der BGH die Tatherrschaftswechsellehre nicht diskutiert und sprach den Arzt aus sachlichen Gründen vom Vorwurf eines Tötungsdelikts durch Unterlassen wegen Unterlassung der Rettungsmaßnahmen nach Eintritt der Bewusstlosigkeit frei. Tatherrschaftswechsellehre erscheint immer noch plausibel im Hinblick auf Suizide, bei denen nicht offensichtlich ist, dass sie auf freiem Willen beruhen.

Im Jahr 2020 erklärte das Bundesverfassungsgericht § 217 StGB für nichtig. Dies war in Fachkreisen kaum erwartet worden, wurde aber weitgehend begrüßt. Die Entscheidung des Bundesverfassungsgerichts vom 26. Februar 2020 ist in vielerlei Hinsicht wegweisend. Vom BVerfG wurde festgestellt, dass nach Art. 2 Abs. 1 i. V. m. Art. 1 Abs. 1 GG das herleitende Selbstbestimmungsrecht auch das Recht auf Sterben umfasst, und erachtete den Suizid als natürliche Folge der Ausübung dieses Rechts.[1001] Laut Beschluss schließt dies auch die Freiheit ein, sich an Dritte zu wenden, und die zu diesem Zweck gewährte Hilfe in Anspruch zu nehmen.[1002]

Zwar wurde das Recht auf selbstbestimmtes Sterben breiter akzeptiert, aber ein Anspruch auf Suizidbeihilfe wurde bis in die Rechtsprechung diskutiert. Entgegen der Entscheidung des Bundesverwaltungsgerichts unterschied das Bundesverfassungsgericht bei der Suizidhilfe nicht zwischen Patienten und Nichtpatienten. Damit hat das Bundesverfassungsgericht eine seit Jahren in der Literatur diskutierte Frage gelöst und die Kriterien festgelegt, unter denen Suizid als freiwillig betrachtet werden kann.

Das Bundesverfassungsgericht hat zwar keine feste Altersgrenze für die Beihilfe zum Suizid festgelegt, aber einen strengen und umfassenden Maßstab für die freie Entscheidung zum Suizid aufgestellt. Diese Kriterien sind im Hinblick

1000 BGH, Urteil von 03.07.2019- 5 StR 132/18.
1001 BVerfGE 153, 182, S. 208.
1002 BVerfGE 153, 182, S. 208.

auf die Vereinbarkeit der Verfassung mit den Grundsätzen der Menschenwürde und der Schutzpflicht des Staates für das Leben absolut erforderlich und angemessen.

Aus dieser Entscheidung sollte jedoch nicht abgeleitet werden, dass Menschen jeden Alters das Recht auf Beihilfe zum Suizid haben. Fehlt dem Minderjährigen die hinreichende Einsichts-, Urteils- und Steuerungsfähigkeit, dann zählt das Kind als einwilligungsunfähig, womit in diesem Fall nicht von einem freiwilligen Suizid gesprochen werden kann. In solchen Konstellationen soll nicht davon ausgegangen werden können, dass die Einwilligung zum Suizid in die Zuständigkeit der sorgeberechtigten Eltern fällt oder dass eine familiengerichtliche Genehmigung erteilt werden kann.

Auf der anderen Seite sollten einwilligungsfähige Minderjährige, die hinreichende Einsichts- Urteils- und Steuerungsfähigkeit besitzen, ihren Suizidentschluss unter gesetzlichen und vom Bundesverfassungsgericht klar gestellten Voraussetzungen fassen können. Da der Tod jedoch irreversibel ist und Minderjährige schutzberechtigt sind, sollte der Entschluss in dieser Konstellation daher sowohl von Sorgeberechtigten bewilligt als auch vom Familiengericht genehmigt werden. Sorgeberechtigte und Familiengericht sollten die Entscheidung zum Suizid gegen strenge Maßstäbe des Kindeswohls abwägen. Denn bei allen kindorientierten Maßnahmen gilt nach Artikel 3 Abs. 1 der UN-Kinderrechtskonvention: „*Maßnahmen, gleichviel ob (…)* [sie von) *Gerichten, Verwaltungsbehörden oder Gesetzgebungsorganen getroffen werden, ist das Wohl des Kindes ein Gesichtspunkt, der vorrangig zu berücksichtigen ist.*“[1003]

Nach der Entscheidung des Bundesverfassungsgerichts wurden in der Literatur zahlreiche Gesetzentwürfe vorgelegt, die angeblich mit der Entscheidung vereinbar waren. Manche fanden die Lösung im Strafrecht, andere schlugen mildere oder gar keine Sanktionen vor.

Die in der 20. Wahlperiode im Bundestag diskutierten drei Entwürfe versuchten, Suizidbeihilfe umfassend zu regulieren. Während zwei der Entwürfe eine prozedurale Absicherung des eigenverantwortlichen Suizids grundsätzlich für ausreichend hielten, sah einer sowohl strafrechtliche Sanktionen als auch verfahrensrechtliche Schutzvorschriften als Lösung vor.

Ebenso steht dies im Einklang mit der verfassungsgerichtlichen Entscheidung. Denn unter Berücksichtigung der präventiven Wirkung von Strafgesetzen und des

1003 *Die UN-Kinderrechtskonvention*, abrufbar unter: https://www.unicef.de/informieren/ueber-uns/fuer-kinderrechte/un-kinderrechtskonvention, letzter Zugriff am 25.09.2021.

verfassungsrechtlich höheren Ranges des Prinzips des Schutzes auf Leben sowie der Autonomie des Suizidwilligen darf der Gesetzgeber organisierte Suizidhilfe durch das Strafrecht beschränken, so besagt es das Bundesverfassungsgericht.

Unter den Gesetzentwürfen stechen folgende Diskussionspunkte durch ihre Häufigkeit hervor: das Recht von Jugendlichen auf Suizid und das damit verbundene Verfahren sowie das ärztliche Entscheidungs- und Verschreibungsmonopol. Die Frage, ob detaillierte Schutzverfahren dem Recht auf Suizid entgegenstehen. Die Frage, ob die Beratungspflicht dem Leitsatz des BVerfGE entspricht. Denn die eigenständige Entscheidung zur Selbsttötung nach diesem Grundsatz bedarf keiner weiteren Begründung oder Rechtfertigung.

Im Ergebnis scheint in den drei Gesetzentwürfen der 20. Legislaturperiode, abgesehen von der Altersgrenzenproblematik, im Entwurf Bt-Drs 20/904 kein schwerwiegendes verfassungsrechtliches Problem zu liegen. Denn die in den Entwürfen vorgestellten und vom Bundesverfassungsgericht in seiner Entscheidung vorgeschlagenen Schutzmechanismen zielen darauf ab, die Freiwilligkeit des Suizids sicher festzustellen. Ebenso macht die Entscheidung eine eigenverantwortliche Selbsttötung in der Praxis nicht unmöglich.

Zusammenfassend ist festzuhalten, dass es jetzt in Deutschland eines umfassenden Projekts zum Thema Suizidbeihilfe bedarf.

Zusätzlich zu den Vorschriften im Strafgesetz muss ein Sterbehilfegesetz erlassen werden, das die Begrifflichkeiten des Themas und auch die Voraussetzungen bestimmt, die für die Berechtigung der Inanspruchnahme medizinischer Hilfe beim Sterben erforderlich sind. Folgendes muss vorausgesetzt sein: Der Suizidwillige

- sollte in der Regel volljährig und in der Lage sein, Entscheidungen in Bezug auf seine Gesundheit zu treffen;
- muss einen freiwilligen Antrag auf medizinische Hilfe beim Sterben ohne äußeren Druck gestellt haben;
- muss eine informierte Einwilligung abgeben, medizinische Hilfe beim Sterben erhalten zu wollen.
- Der Suizidentschluss eines einwilligungsfähigen Minderjährigen ab 14 Jahren sollte mit der Einwilligung von Sorgeberechtigten und des Familiengerichts genehmigt sein.

Darüber hinaus sollte sichergestellt sein, dass niemand dazu gezwungen werden kann, einem Suizid Beihilfe zu leisten. Die Ärzte sollten ohne Angst Pentobarbital zum Zwecke der freiwilligen Selbsttötung verschreiben dürfen, indem die relevanten Vorschriften des BtMG geändert werden. Die Absicherungsmechanismen zu einem freiverantwortlichen Suizid sowie der Umfang der Aufklärungs- und

Beratungspflicht sollten bestimmt werden. Suizid-Tourismus nach Deutschland sollte verhindert werden, indem die Suizidbeihilfe auf diejenigen beschränkt wird, die sich in den letzten sechs Monaten in Deutschland aufgehalten und Zugang zum deutschen Gesundheitssystem haben. Die Geschäftsmäßige Hilfe zur Selbsttötung sollte versagt werden, falls der Suizid-entschluss nicht auf dem freien Willen des Suizidwilligen beruht. Um einen Werther-Effekt zu vermeiden, sollte ein § 217a in das Strafgesetzbuch aufgenommen werden, der Werbung zur Suizidbeihilfe verbietet.

Literaturverzeichnis

Achenbach, H., Suizidbeteiligung und Euthanasie im Strafrecht: Eine Übersicht über Probleme und Lösungsansätze. in: Randolph (Hrsg.) Ochsmann (Hrsg.) Lebens-Ende. Über Tod und Sterben in Kultur und Gesellschaft. Heidelberg 1991 (zitiert: *Achenbach*, in: Über Tod).

Adam, C.,; Heichel, S., und Knill, C, Moralpolitik, In: Wenzelburger G., Zohlnhöfer R. (Hrsg.) Handbuch Policy-Forschung, Wiesbaden 2015, S. 699-722 (zitiert: *Adam/Heichel*, in: Moralpolitik).

Ajdacic-Gross, V., Suizid–Generelle Aspekte, Epidemiologie, Risikofaktoren, in: Therapeutische Umschau (Ther Umsch) 2015, S. 603-609 (zitiert: *Ajdacic-Gross*, Ther Umsch 2015).

Albrecht, G.; Groenemeyer, A., Stallberg, F. (Hrsg.), Handbuch Soziale Probleme, Wiesbaden 1999 (zitiert: *Albrecht/Groenemeyer*, Handbuch soziale Probleme).

Alexy, R., Theorie der Grundrechte. Baden-Baden 1985 (zitiert: *Alexy*, Theorie der Grundrechte).

Antoine, J, Aktive Sterbehilfe in der Grundrechtsordnung, Berlin 2004 (zitiert: *Antoine*, Aktive Sterbehilfe).

Arzt, G., Weber, Heinrich, B, et al., Strafrecht Besonderer Teil, 3. Auflage, Bielefeld 2015, (zitiert: *Arzt/Weber*, StR BT).

Augsberg, S., Stellungnahme, Öffentliche Anhörung im Ausschuss für Recht und Verbraucherschutz des Deutschen Bundestages am 23.09.2015. 2015 (zitiert: *Augsberg*, Stellungnahme).

Aydın, M., Hacımusalar, Y, und Hocaoğlu, Ç, in: Neurobiology of Suicidal Behaviour, in: Current Approaches in Psychiatry 2019, S. 1-23 (zitiert: *Aydın/Hacımusalar*, Current Approaches in Psychiatry 2019).

Bandura, A., Die sozial-kognitive Theorie der Massenkommunikation, in: *Schorr, A.* (Hrsg.) Publikums-und Wirkungsforschung, Wiesbaden 2000, S. 153-180 (zitiert: *Bandura*, in: Die sozial-kognitive Theorie der Massenkommunikation).

Bandura, A., Sozial-kognitive Lerntheorie, Stuttgart 1979 (zitiert: *Bandura*, Sozial-kognitive Lerntheorie).

Barzilay, S., und Apter, Al., Psychological Models of Suicide, in: Archives of Suicide Research (Arch Suicide) 2014, S. 295-312 (zitiert: *Barzilay/Apter*, Arch Suicide Res 2014).

Bateman, D. N., Limiting Paracetamol Pack Size: Has It Worked in the UK?, In: Clinical Toxicology (Clin Toxicol) 2009, S. 536-541 (zitiert: *Bateman*, Clin Toxicol 2009).

Bauer, A. W., Suizidbeihilfe durch Ärzte und Angehörige, in: Die Zeitschrift für Lebensrecht (ZfL) 2016, S. 38 - 45 (zitiert: *Bauer*, ZfL 2016)

Bauer, A. W., Normative Entgrenzung: Themen und Dilemmata der Medizin- und Bioethik in Deutschland. Wiesbaden 2016 (zitiert: *Bauer*, Normative Entgrenzung).

Baumann, U., Vom Recht auf den eigenen Tod: die Geschichte des Suizids vom 18. bis zum 20. Jahrhundert. Weimar 2001 (zitiert: *Baumann*, Vom Recht auf den eigenen Tod).

Baume, P., Cantor, C. H, und Rolfe, A., Cybersuicide: The Role of Interactive Suicide Notes on the Internet, In: The Journal Of Crisis Intervention And Suicide Prevention (Crisis) 1997, S. 73 (zitiert: *Baume/Cantor*, Crisis 1997).

Baumgarten, H. G., Neuroanatomie und Neurophysiologie des zentralen 5-HT-Systems, in: Serotonin—ein funktioneller Ansatz für die psychiatrische Diagnose und Therapie?. Springer, Berlin, Heidelberg, 1991. S. 17-44 (zitiert: *Baumgarten*, in: Neuroanatomie und Neurophysiologie des zentralen 5-HT-Systems).

Beauchamp, T. L., The Four Principles Approach to Health Care Ethics, in: *Ashcroft, R. E.; Dawson, A.; Draper, H.; McMillan, J. R.*, (Hrsg.) Principles of Health Care Ethics. West Sussex 2007 (zitiert: *Beauchamp,* The Four Principles).

Beauchamp, T. L., Childress, J. F., Principles of Biomedical Ethics, Newyork 2001. (zitiert: *Beauchamp/Childress,* Principles of Biomedical Ethics).

Beckert, F., Strafrechtliche Probleme um Suizidbeteiligung und Sterbehilfeunter besonderer Berücksichtigung historischer und ethischer Aspekte, Aachen 1996 (zitiert: Beckert, Suizidbeteiligung).

Benton, T., Buttel, F., Catton Jr, W. R., et al., Sociological Theory and the Environment: Classical Foundations, Contemporary Insights. US-Bundesstaat 2001 (zitiert: *Benton, Buttel et al.*, Sociological theory).

Benzenhöfer, U., Der gute Tod? Geschichte der Euthanasie und Sterbehilfe, Göttingen 2009 *(zitiert: Benzenhöfer,* Der gute Tod).

Benzin, T., Der Ausklang-Edition 2015: Leitfaden für Selbstbestimmung am Lebensende. Norderstedt 2015 (zitiert: *Benzin*, Der Ausklang).

Berger, G. E., Della C. A., und Pauli, D., Suizidalität bei Adoleszenten–Prävention und Behandlung, in: Therapeutische Umschau (Ther Umsch) 2015, S. 619-632 (zitiert: *Berger/Della Casa,* Ther Umsch 2015).

Berghäuser, G., Der „Laien-Suizid" gemäß § 217 StGB–eine kritische Betrachtung des Verbots einer geschäftsmäßigen Förderung der Selbsttötung, in: Zeitschrift für die gesamte Strafrechtswissenschaft (ZStW) 2016, S. 741-784 (zitiert: *Berghäuser*, ZStW 2016).

Bertolote, J. M., Fleischmann, A., Suicide and psychiatric diagnosis: a worldwide perspective, in: World Psychiatry 2002, S. 181–185 (zitiert: *Bertolote/Fleischmann*, World Psychiatry 2002).

Bertolote J. M., Fleischmann A., De Leo, D., Wasserman D., Psychiatric diagnoses and suicide: revisiting the evidence. in: Crisis 2004, S. 147–155 (zitiert: *Bertolote et al.*, Crisis 2004).

Birnbacher, D., Tod, Berlin 2017 (zitiert: *Birnbacher*, Tod, S. 61).

Blasco-Fontecilla, H., und Oquendo, M. A. Biomarkers of Suicide: Predicting the Predictable?, in: Philippe C. (Hrsg.) Understanding Suicide: From Diagnosis to Personalized Treatment. Cham 2016, S. 77-83 (zitiert: *Blasco-Fontecilla/ Oquendo*, in: Biomarkers of Suicide?).

Bobbert, M., Werner, M. H., Autonomie/Selbstbestimmung, in: Christian L., Gunnar D., Heiner F. (Hrsg.), Handbuch Ethik Und Recht Der Forschung Am Menschen, Heidelberg 2014, S. 105-115 (zitiert: Bobbert/*Werner*, Autonomie/Selbstbestimmung)

Bock, D., Strafrecht Besonderer Teil 2: Vermögensdelikte, Berlin- Heidelberg 2018 (zitiert: *Bock*, StR BT 2).

Boer, Theo A, Euthanasia, Ethics and Theology: A Dutch Perspective, in: Review of Ecumenical Studies (Sibiu) 2014, S. 197-213 (zitiert: *Boer*, Sibiu 2014).

Bondolfi, A., Anlässe und Annäherungen zu einem neuen Thema. in: *Bondolfi, A. und Grotofeld, S.* (Hrsg.) Ethik und Gesetzgebung. Stuttgart 2000, S. 13-22 (zitiert: *Bondolfi*, in: Anlässe und Annäherungen).

Borasio, G. D., Jox, R. J., Taupitz, J., Wiesing, U., Selbstbestimmung im Sterben – Fürsorge zum Leben, Stuttgart 2014, (zitiert: *Borasio et al.*, Selbstbestimmung im Sterben).

Borasio, G. D., Jox, R. J. und Gamondi, C., Regulation of Assisted Suicide Limits the Number of Assisted Deaths, in: The Lancet 2019, S. 982-983 (zitiert: *Borasio/Jox/Gamondi*, The Lancet *2019).*

Borasio, G. D., Jox, R. J., Taupitz, J., Wiesing, U., Selbstbestimmung im Sterben – Fürsorge zum Leben, 2. Aufl., Stuttgart 2020. (zitiert: *Borasio et al.*, Selbstbestimmung im Sterben, 2.Aufl.).

Borchardt, Die Freigabe der Vernichtung lebensunwerten Lebens, in: Deutsche Strafrechtszeitung (DStrZ) 1922, S. 292 – 293 (zitiert: *Borchardt*, DStrZ 1922)

Bormann, Franz-Josef, und Wiesing, Urban, Die Ethik und ihre Herausforderungen in einer pluralistischen Gesellschaft. in: *Borasio, G. D., Jox, R. J., Taupitz, J., Wiesing, U.* (Hrsg.) Assistierter Suizid: Der Stand der Wissenschaft, Berlin-Heidelberg 2017, S. 85-93 (zitiert: *Bormann/Wiesing*, in: Assistierter Suizid).

Bosshard, G, Assistierter Suizid in der Schweiz: Ursprung, Entwicklungen, empirische Befunde. in: *Borasio, G. D., Jox, R. J., Taupitz, J., Wiesing, U.* (Hrsg.) Assistierter Suizid: Der Stand der Wissenschaft, Berlin und Heidelberg 2017 (zitiert Bosshard, in: Assistierter Suizid).

Bottke, W., Suizid und Strafrecht, Berlin 1982 (zitiert: *Bottke*, Suizid).

Bottke, W., Probleme der Suizidbeteiligung, in: Goltdammer's Archiv für Strafrecht (GA) 1983, S. 22 – 37 (zitiert: *Bottke*, GA 1983).

Breault, K. D., Suicide in America: A Test of Durkheim's Theory of Religious and Family

Integration 1933- 1980, American Journal of Sociology (AJS) 1986, S. 628-655). (zitiert: *Breault*, AJS 1986).

Bringewat, P., Die Strafbarkeit der Beteiligung an fremder Selbsttötung als Grenzproblem der Strafrechtsdogmatik, in: Zeitschrift für das gesamte Strafrecht 87 (1975), S. 623-649 (zitiert: *Bringewat*, ZStW 1975).

Britzke, S., § 217 StGB im Lichte des strafrechtlichen Rechtsgutskonzeptes: Legitimität und Auslegung der Norm, Baden-Baden 2019 (zitiert: *Britzke*, Legitimität und Auslegung der Norm, S. 139).

Bronisch, T., und Wittchen, H. U., Suicidal Ideation and Suicide Attempts: Comorbidity With Depression, Anxiety Disorders, and Substance Abuse Disorder, In: European Archives Of Psychiatry And Clinical Neuroscience (Eur Arch Psychiatry Clin Neurosci) 1994, S. 93-98 (zitiert: *Bronisch/Wittchen*, Eur Arch Psychiatry Clin Neurosci 1994).

Brower, K. J., McCammon, R. J., Wojnar, M., et al., Prescription Sleeping Pills, Insomnia, and Suicidality in the National Comorbidity Survey Replication, in: The Journal of Clinical Psychiatry (J Clin Psychiatry) 2011, S. 515-521 (zitiert: *Brower, McCammon et al.*, J Clin Psychiatry 2011).

Brown, G. K, Beck, A. T., Steer, R. A, et al., Risk Factors for Suicide in Psychiatric Outpatients: a 20-year Prospective study, in: Journal of Consulting and Clinical Psychology (J Consult Clin Psychol) 2000, S. 371 (zitiert: *Brown, Beck et al.*, J Consult Clin Psychol 2000).

Bundesärztekammer, Grundsätze zur ärztlichen Sterbebegleitung, in: Deutsches Ärzteblatt (DÄ) 2011, S. A 346-A 348 (zitiert: *Bundesärztekammer*, DÄ 2011).

Bundesärztekammer, Verbot der geschäftsmäßigen Förderung der Selbsttötung (§ 217 StGB): Hinweise und Erläuterungen für die ärztliche Praxis, in: *Deutsches Ärzteblatt (DÄ)* 2017, S. A334-A336 (zitiert: *Bundesärztekammer*, DÄ 2017).

Camenzind, P., und Petrini, L., Personen ab 55 Jahren im Gesundheitssystem: Schweiz und internationaler Vergleich 2014, Neuchâtel 2014 (zitiert: *Camenzind/Petrini*, Personen ab 55 Jahren im Gesundheitssystem).

Cantor, C. H, und Baume, P. J. M., Access to Methods of Suicide: What Impact?, In: Australian & New Zealand Journal of Psychiatry (Aust N Z J) 1998, S. 8-14 (zitiert: *Cantor/Baume*, Aust N Z J 1988).

Carlsten, A., und Waern, M., Are Sedatives and Hypnotics Associated with Increased Suicide Risk of Suicide in the Elderly?, in: BMC Geriatrics (BMC Geriatr) 2009, S. 20 (zitiert: *Carlsten/Waern*, BMC Geriatr 2009).

Carlsten, A., Waern, M., Ekedahl, A., et al., Antidepressant Medication and Suicide in Sweden, in: Social Psychiatry and Psychiatric Epidemiology (Soc Psychiatry Psychiatr Epidemiol) 2001, S. 525-530 (zitiert: *Carlsten, Waern et al.*, Soc Psychiatry Psychiatr Epidemiol 2001).

Chambaere, Kenneth, Vander Stichele, Robert, Mortier, Freddy, et al., Recent Trends in Euthanasia and other End-Of-Life Practices in Belgium, in: New England Journal of Medicine (N Engl J Med) 2015, S. 1179-1181 (zitiert: *Chambaere, Vander Stichele, et al.*, N Engl J Med 2015).

Chatzikostas, Konstantinos, Die Disponibilität des Rechtsgutes Leben in ihrer Bedeutung für die Probleme von Suizid und Euthanasie, Frankfurt am Main 2001 (zitiert: *Chatzikostas*, Disponibilität).

Chen, Y. Y., Liao, S. F., Teng, P. R., Tsai, C. W., et al., The Impact of Media Reporting of the Suicide of a Singer on Suicide Rates in Taiwan, in: Social Psychiatry and Psychiatric Epidemiology (Soc Psychiatry Psychiatr Epidemiol) 2012, 215-221 (zitiert: *Chen, Liao* et al., Soc Psychiatry Psychiatr Epidemiol 2012).

Christ-Friedrich, A., Der verzweifelte Versuch zu verändern. Suizidales Handeln als Probleme der Seelsorge. Göttingen 1998 (zitiert: *Christ-Friedrich*, Suizidales Handeln.

Conwell, Y, Duberstein, P. R., Hirsch, J. K., et al., Health Status and Suicide in the Second Half of Life, in: International Journal of Geriatric Psychiatry (Int J Geriatr Psychiatry) 2010, S. 371-379 (zitiert: *Conwell, Duberstein et al.*, Int J Geriatr Psychiatry 2010).

Cooper, J. M., Greek Philosophers on Euthanasia and Suicide, in: Suicide and Euthanasia 1989, S. 9-38 (zitiert: *Cooper*, Suicide and Euthanasia).

Demling, J. Neurobiochemie suizidalen Verhaltens. in: Manfred Wolfersdorf und Wolfgang P Kaschka (Hrsg.) Suizidalität: Die biologische Dimension. Berlin 1996, S. 47-72 (zitiert: *Demling* in: Suizidalität).

Deutscher Ethikrat, Zur Regelung der Suizidbeihilfe in einer offenen Gesellschaft: Deutscher Ethikrat empfiehlt gesetzliche Stärkung der Suizidprävention - Ad-hoc-Empfehlung. Berlin 2014 (zitiert: *Deutscher Ethikrat,* Ad-hoc-Empfehlung).

Di Fabio, U., Erwerbserlaubnis letal wirkender Mittel zur Selbsttötung in existenziellen Notlagen Rechtsgutachten zum Urteil des Bundesverwaltungsgerichts vom 2. März 2017 - 3 C 19/15 - im Auftrag des Bundesinstituts für Arzneimittel und Medizinprodukte. Bonn 2017 (zitiert: *Di Fabio*, Erwerbserlaubnis).

Dölling, D., Suizid und unterlassene Hilfeleistung, Neue Juristische Wochenschrift (NJW) 1986, 1011-1017 (zitiert: *Dölling*, NJW 1986).

Dölling, D., Zur Strafbarkeit der Tötung auf Verlangen. in: *Kern, B., Wadle, E., Schroeder, K. P. und Katzenmeier, C.* (Hrsg.), Humanoria Medizin-Recht-Geschichte. Festschrift für Adolf Laufs zum 70. Geburtstag. Heidelberg 2006, 767-780 (zitiert: *Dölling*, in: FS Laufs).

Dörner, K., Hält der BGH die „Freigabe der Vernichtung lebensunwerten Lebens“ wieder für diskutabel?, in: Zeitschrift für Rechtspolitik (ZRP) 1996, S. 93-96 (zitiert: *Dörner*, ZRP 1996).

Dreier, H. (Hrsg.), Grundgesetz Kommentar, Band 1: Präambel, Art. 1 - Art. 19, 2. Aufl., Tübingen 2004 (zitiert: *Bearbeiter*, in: H. Dreier (Hrsg.))

Duberstein, P. R., Conwell, Y., Conner, K. R., et al., Suicide at 50 Years of Age and Older: Perceived Physical Illness, Family Discord And Financial Strain, in: Psychological Medicine (Psychol Med) 2004, S. 137-146 (zitiert: *Duberstein, Conwell et al.*, Psychol Med 2004).

Dunsch, B., Sortitus exitum facilem: Der Tod des Augustus bei Sueton, in: Philologus 2015, S. 327-364 (zitiert: *Dunsch*, Philologus 2015).

Durkheim, É, Der Selbstmord. Berlin 1983 (zitiert: Durkheim, Selbstmord (1983)).

Durkheim, É, Der Selbstmord. Frankfurt am Mai 1993 (zitiert: Durkheim, Selbstmord.

Duttge, G., Anmerkung zu OLG Hamburg, Beschl. v. 8.6. 2016–1 Ws 13/16 (LG Hamburg), in: Medizinrecht (MedR) 2017, S. 145-147 (zitiert: *Duttge*, MedR 2017).

Duttge, G., Der assistierte Suizid: Ein Dilemma nicht nur der Ärzteschaft, in: Medizinrecht (MedR) 2014, S. 621-625 (zitiert: *Duttge*, MedR 2014).

Duttge, G., Strafrechtlich reguliertes Sterben. Der neue Straftatbestand einer geschäftsmäßigen Förderung der Selbsttötung, in: Neue Juristische Wochenschrift (NJW) 2016, S. 120-125 (zitiert: Duttge, NJW 2016).

Eberth, A., Müller, E., und Schütrumpf, M., Verteidigung in Betäubungsmittelsachen, Heidelberg 2013 (zitiert: *Eberth/Müller*, Verteidigung in Betäubungsmittelsachen.

Eidam, L., Nun wird es also Realität: § 217 StGB n.F. und das Verbot der geschäftsmäßigen Förderung der Selbsttötung, in: Zeitschrift für Medizinstrafrecht 2016, S. 17-22 (zitiert: Eidam, Medstra 2016).

Elger, B. S., und Grabherr, S, Assistierter Suizid und Sterbehilfe in einer alternden Gesellschaft, in: Rechtsmedizin 2018, S. 87-93 (zitiert: *Elger/Grabherr*, Rechtsmedizin 2018).

Elster, U., Euthanasie, in: Zeitschrift für die gesamte Strafrechtswissenschaft (ZStW) 1915, S. 595-597 (zitiert: *Elster*, ZStW 1915).

Epping, V., Grundrechte, 5. Aufl. Heidelberg 2014 (zitiert: *Epping*, Grundrechte).

Epping, V., Hillgruber, C., (Hrsg.), Beck'scher Online-Kommentar GG, 50. Edition, München 2020 (zitiert: *Bearbeiter*, in: BeckOK GG, Art.)

Erlemeier, N., und Wirtz, M., Suizidalität und Suizidprävention im Alter, Stuttgart 2001 (zitiert: *Erlemeier/Wirtz*, Suizidprävention im Alter, S. 58)

Ernst, C., Exposé zu neueren epidemiologischen Studien zum Suizid, 1999 (zitiert: Ernst, Exposé zu neueren epidemiologischen Studien).

Eser, A., Sterbewille und ärztliche Verantwortung. Zugleich Stellungnahme zum Urteil des BGH im Fall Dr. Wittig, in: Medizinrecht (MedR), S. 6 -17, (zitiert: Eser, MedR 1985).

Eskin, M., The Effects of Religious Versus Secular Education on Suicide Ideation and Suicidal Attitudes in Adolescents in Turkey, in: Social Psychiatry and Psychiatric Epidemiology (Soc Psychiatry Psychiatr Epidemiol) 2004, S. 536-542 (zitiert: *Eskin*, Soc Psychiatry Psychiatr Epidemiol 2004).

Esquirol, J. É. D., Die Geisteskrankheiten in Beziehung zur Medizin und Staatsarzneikunde. Berlin 1838 (zitiert: *Esquirol*, Geisteskrankheiten).

Etzersdorfer, Elmar, und Sonneck, Gernot, Suizidprävention durch Beeinflussung von Medienberichten, in: Psychotherapie 1999, S. 199-205 (zitiert: *Etzersdorfer/Sonneck*, Psychotherapie 1999).

Faden, R. R., Beauchamp, T. L., A History and Theory of Informed Consent. Newyork 1986 (zitiert: *Faden/Beauchamp*, Theory of Informed Consent)

Feggetter, G., Suicide in Opera, in: The British Journal of Psychiatry (Br J Psychiatry) 1980, S. 552-557 (zitiert: *Feggetter*, Br J Psychiatry 1980).

Fink, D. S., Santaella-Tenorio, J., und Keyes, K. M., Increase in Suicides the Months after the death of Robin Williams in the US, in: PloS one 2018, S. 1-12 (zitiert: *Fink/Santaella-Tenorio/Keyes*, PloS one 2018).

Fischer, A. C., Straflose Mitwirkung am Suizid oder strafbare Fremdtötung?, Strafrecht in Forschung und Praxis. Hamburg 2011 (zitiert A.C. Fischer, Mitwirkung.

*Fischer T. (*Hrsg.): Strafgesetzbuch mit Nebengesetzen, 64. Auflage, München 2017 zitiert: Fischer StGB).

Fittkau, L., und Gehring, P., Zur Geschichte der Sterbehilfe, in: Aus Politik und Zeitgeschichte (APuZ) 2008, S. 25-31 (zitiert: Fittkau/Gehring, APuZ 2008).

Fletcher, J., Morals and Medicine, The Moral Problems of the Patient's Right to Know the Truth, Contraception, Artificial Insemination, Sterilization, Euthanasia. New Jersey 2015 (zitiert: *Fletcher*, Morals and Medicine).

Frewer, A., Der Tod als Medizin?, Euthanasie und Sterbehilfe in der Geschichte, in: Zeitschrift für Bürgerrechte und Gesellschaftspolitik (Vorgänge) 2006, Sterben und Selbstbestimmung, S. 24–35 (zitiert: *Frewer*, Vorgänge 2006).

Frewer, A., Euthanasie als Sterbebegleitung? Zur Geschichte und Ethik des Guten Todes. in: *Suin de Boutemard, C.* (Hrsg.) Von Deutschen überhaupt: Mentalitätswandel zwischen aufklärerischem Kosmopolitismus und Nationalismus. Leipzig 2009 (zitiert: *Frewer*, in: Euthanasie als Sterbebegleitung?).

Frisch, W., Tatbestandsmäßiges Verhalten und Zurechnung des Erfolgs. Heidelberg 2012 (zitiert: *Frisch*, Tatbestandsmäßiges Verhalten).

Gächter, T., und Truong, T. X., Die Rolle der Ärzteschaft in der Sterbehilfe, insbesondere bei der Verschreibung von Natrium-Pentobarbital, in: Praxis 2019, S. 193-197 (zitiert: *Gächter/Truong*, Praxis 2019).

Gaede, K., Die Strafbarkeit der geschäftsmäßigen Förderung des Suizids - § 217 StGB, in: Juristische Schulung (JuS) 2016, S. 385-480 (zitiert: *Gaede*, JuS 2016).

Gaede, K., Geschäftsmäßige Suizidförderung – auf Umwegen zum alten Recht?, in: Zeitschrift für Rechtspolitik (ZRP) 2022, S. 73-76 (zitiert: *Gaede*, ZRP 2022).

Gallas, W., Strafbares Unterlassen im Fall einer Selbsttötung, in: JuristenZeitung (JZ) 1960, S. 689-692 (zitiert: *Gallas*, JZ 1960).

Ganzini, L. und Dobscha, S. K, Clarifying Distinctions between Contemplating and Completing physician-assisted Suicide, in: Journal of Clinical Ethics (J Clin Ethics) 2004, S. 119-122 (zitiert: *Ganzini/Dobscha*, J Clin Ethics 2004).

Ganzini, L., Heidi, D., Schmidt, T. A., et al., Physicians' Experiences with the Oregon Death with Dignity Act, in: N Engl J Med 2000, S. 557-563 (zitiert: *Ganzini, Nelson*, et al., N Engl J Med).

Gärditz, K. F., Das Verbot der geschäftsmäßigen Sterbehilfe - Anmerkungen zu einem neuen Straftatbestand, in: Zeitschrift für Lebensrecht (ZfL)2015, S. 114-115 (zitiert: *Gärditz*, ZfL 2015).

Gauthier, S., Mausbach, J., Reisch, T., et al., Suicide Tourism: a Pilot Study on the Swiss Phenomenon, Journal of Medical Ethics (J Med Ethics) 2015, S. 611-617 (zitiert: *Gauthier, Mausbach et al.*, J Med Ethics 2015).

Gavela, K., Ärztlich assistierter Suizidund organisierte Sterbehilfe, Heidelberg 2013 *(zitiert: Gavela*, Ärztlich assistierter Suizid).

Geiger, K. A., Der Selbstmord im klassichen Altertum: Historisch-kritische Abhandlung. Augsburg 1888 (zitiert: *Geiger*, Der Selbstmord im klassichen Altertum).

Gerkan, R., Euthanasie, in: Das monistische Jahrhundert 1913 S: 169-172 (zitiert: *Gerkan*, Das monistische Jahrhundert 1913).

Glaesmer, H., Spangenberg, L., Scherer, A., et al., Die Erfassung von Suizidwünschen: Erste psychometrische Befunde zur deutschen Version des Interpersonal Needs Questionnaire (INQ), in: Psychiatrische Praxis 2014, S. 250-256 (zitiert: *Glaesmer, Spangenberg et al.*, Psychiatrische Praxis 2014).

Goos, C., Strafbarkeit der Suizidbeihilfe – verfassungswidrig?, in: Zeitschrift für Lebensrecht (ZfL) 2015, S. 49-51 (zitiert: *Goos*, ZfL 2015).

Gould, M. S., Suicide and the media, Annals of the New York Academy of Sciences (Ann N Y Acad Sci) 2001, S. 200-224 (zitiert: *Gould*, Ann N Acad Sci 2001).

Gössel, K., Dölling, D., Strafrecht Besonderer Teil 1: Straftaten gegen Persönlichkeits- und Gemeinschaftswerte, 2. Aufl. Heidelberg 2004 (zitiert: Gössel/Dölling, StR BT 1).

Gössel, K. H., Das neue Sexualstrafrecht: eine systematische Darstellung für die Praxis. Berlin 2005 (zitiert: *Gössel*, Das neue Sexualstrafrecht).

Götze, P., Narzissmus und Suizidalität im höheren Lebensalter, Psychotherapie im Dialog (PiD) 2004, S. 278-282 (zitiert: *Götze*, PiD 2014).

Greening, L.i, und Stoppelbein, L., Religiosity, attributional style, and social support as psychosocial buffers for African American and White adolescents' perceived risk for suicide, Suicide and life-threatening behavior (Suicide Life Threat Behav) 2002, S. 404-417 (zitiert: *Greening/Stoppelbein*, Suicide Life Threat Behav 2002).

Groenewoud, J. H., van der Heide, A., Onwuteaka-Philipsen, B. D., et al., Clinical problems with the performance of euthanasia and physician-assisted suicide in the Netherlands, in: New England Journal of Medicine (N Engl J Med) 2000, S. 551-556 (zitiert: *Groenewoud, van der Heide et al.*, N Engl J Med 2000).

Gropp, W., Strafrecht Allgemeiner Teil, 4. Auflage, Berlin 2015 (zitiert: *Gropp*, StR AT).

Grotefeld, S., Wie wird Moral ins Recht gesetzt?, Archiv für Rechts-und Sozialphilosophie (ARSP) 2003, S. 299-317 (zitiert: *Grotefeld*, ARSP 2003).

Grünberg, J., Der Wert des Lebens?: Euthanasie in der historischen Rückschau, im aktuellen Diskurs sowie in der heutigen Praxis der Sterbehilfe; eine Aufgabe für die Soziale Arbeit. Diss. Hannover 2003 (zitiert: *Grünberg*, Der Wert des Lebens?).

Grünewald, A., Straflose Suizidassistenz–eine Besprechung von BGH 5 StR 132/18 und BGH 5 StR 393/18 in diesem Heft S. 203 und 209, in: Juristische Rundschau (JR) 2020, S. 167-174 (zitiert: *Grünewald*, JR 2020).

Grünewald, A., Zur Strafbarkeit der geschäftsmäßigen Förderung der Selbsttötung, in:

Juristen Zeitung (JZ), S. 938-947 (zitiert: *Grünewald*, JZ 2016).

Gunnell, D., Fernando, R., Hewagama, M., et al., The impact of pesticide regulations on suicide in Sri Lanka, in: International journal of epidemiology (Int J Epidemiol) 2007, S. 1235-1242 (zitiert: *Gunnell, Fernando et al.*, Int J Epidemiol 2007).

Gunzelmann, T., Beutel, M., Kliem, S., et al., Suizidgedanken, Hoffnungslosigkeit und Einsamkeit bei Älteren, in: Zeitschrift für Psychosomatische Medizin und Psychotherapie (Z Psychosom Med Psychother) 2016, S. 366-377 (zitiert: *Gunzelmann, Beutel et al.*, Z Psychosom Med Psychother 2016).

Günzel, F., Das Recht auf Selbsttötung, seine Schranken und die strafrechtlichenKonsequenzen, Frankfurt am Main 2000 (zitiert: *Günzel*, Das Recht auf Selbsttötung).

Gvion, Y., Horresh, N., Levi-Belz, Y., et al., Aggression–Impulsivity, Mental Pain, and Communication Difficulties in Medically Serious and Medically Non-Serious Suicide Attempters, in: Comprehensive Psychiatry 2014, S. 40-50 (zitiert: *Gvion, Horresh et al.*, Comprehensive psychiatry 2014).

Haenel, T., Suizidhandlungen. Neue Aspekte der Suizidologie, Berlin 2013 (zitiert: *Haenel*, Suizidhandlungen).

Halbwachs, M., The Causes of Suicide. Newyork 1978 (zitiert: *Halbwachs*, The Causes of Suicide).

Härle, W.. Menschenwürde, in: *Nderheiden, M.; Eckart., Wolfgang U., Schmitt, E.*, (Hrsg.), Handbuch Sterben und Menschenwürde, Berlin Boston 2012, S. 237-257 (zitiert: *Härle*, in: Menschenwürde).

Hawton, K., Townsend, E., Deeks, J., et al., Effects of Legislation Restricting Pack Sizes of Paracetamol And Salicylate on Self Poisoning in the United Kingdom: Before and After Study, in: Britisch Medical Journal (BMJ 2001), S. 1203-1207 (zitiert: *Hawton, Townsend et al.*, BMJ 2001).

Hecker, B., Das strafrechtliche Verbot geschäftsmässiger Förderung der Selbsttötung (217 StGB), in: Goltdammer's Archiv für Strafrecht (GA) 2016, S. 455-471 (zitiert: *Hecker*, GA 2016).

Henseler, H., Narzisstische Krisen: Zur Psychodynamik des Selbstmords. 4. Aufl., Wiesbaden 2013 (zitiert: *Henseler*, Zur Psychodynamik des Selbstmords).

Heikkinen, M, Aro, H, und Lönnqvist, J, Recent life events, social support and suicide, Acta Psychiatrica Scandinavica (Acta Psychiatr Scand) 1994, S. 65-72 (zitiert: *Heikkinen/Aro*, Acta Psychiatr Scand 1994).

Heintschel-Heinegg, B. (Hrsg.), Beck´scher Online Kommentar StGB, 34. Aufl. München, 2017 (zitiert: *Bearbeiter*, in: BeckOK StGB).

Heintschel-Heinegg, B. (Hrsg.), Beck´scher Online Kommentar StGB, 39. Aufl. München, 2018 (zitiert: *Bearbeiter*, in: BeckOK StGB).

Hendin, H., und Klerman, G., Physician-assisted suicide:the dangers of legalization, in: American Journal of Psychiatry (Am J Psychiatry) 1993, S. 143 (zitiert: *Hendin/Klerman*, Am J Psychiatry 1993).

Henking, T., Der ärztlich assistierte Suizid und die Diskussion um das Verbot von Sterbehilfeorganisationen, in: Juristische Rundschau (JR) 2015, S. 174-183 (zitiert: *Henking*, JR 2015).

Higginbotham, G., et al., Assisted-Suicide Tourism: is it Tourism?, in: An International Multidisciplinary Journal of Tourism (Tourismos) 2011, S. 177-185; zitiert: *Higginbotham*, Tourismos 2011).

Hillenkamp, T, 217 StGB nF: Strafrecht unterliegt Kriminalpolitik, in: Kriminalpolitische. Zeitschrift (KriPoZ) 2016, S. 3-10 (zitiert: *Hillenkamp*· KriPoZ 2016).

Hillenkamp, T, Ist § 219a ein Fall für den Gesetzgeber, in: Hessisches Ärzteblatt 2018, S. 92-94 (zitiert: *Hillenkamp*· Hessisches Ärzteblatt 2018).

Hillenkamp, T., Anmerkung zu BGH, Urteil v. 3. 7. 2019 – 5 StR 132/18 (LG Hamburg) und BGH, Urteil v. 3. 7. 2019 – 5 StR 393/18 (LG Berlin), in: Juristenzeitung (JZ) 2019, S. 1053-1056 (zitiert: *Hillenkamp*, JZ 2019).

Hillgruber, C.,: Die Bedeutung der staatlichen Schutzpflicht für das menschliche Leben bezüglich einer gesetzlichen Regelung zur Suizidbeihilfe, in: Zeitschrift für Lebensrecht (ZfL) 2013, S. 70 - 80 (zitiert: *Hillgruber*, ZfL 2013).

Hillgruber, C., Die Bedeutung der staatlichen Schutzpflicht für das menschliche Leben und der Garantie der Menschenwürde für eine gesetzliche Regelung zur Suizidbeihilfe. In: *Hoffmann T., Knaup M.* (Hrsg.) Was heißt: In Würde sterben? Wiesbaden 2015, S. 115-140 (zitiert: *Hillgruber*, in: Die Bedeutung der staatlichen Schutzpflicht).

Hillgruber, C., Schriftliche Stellungnahme zu dem Entwurf eines Gesetzes zur Strafbarkeit der geschäftsmäßigen Förderung der Selbsttötung, Berlin 2015 (zitiert: *Hillgruber*, Schriftliche Stellungnahme).

Hillgruber, C., Die Erlaubnis zum Erwerb eines Betäubungsmittels in tödlicher Dosis für Sterbenskranke: grundrechtlich gebotener Zugang zu einer Therapie im weitere Sinne?: Besprechung von BVerwG, Urteil v. 2.3. 2017-3 C 19.15. Juristenzeitung (JZ) 2017, S. 777-785 (zitiert: *Hillgruber*, JZ 2017).

Hirsch, H. J., Anmerkung Anmerkung zu BGH, Urteil vom 18.7.1978 – 1 StR 209/78, in: JuristenZeitung (JZ) 1979, S. 429-433 (zitiert: *Hirsch*, JZ 1979).

Hirsch, H. J.,Behandlungs Abbruch und Sterbeehilfe in: Küper, Wilfried; Puppe, Ingeborg; Tenckhoff, Jörg (Hrsg.), Festschrift für Karl Lackner zum 70. Geburtstag am 18. Februar 1987, Berlin 1987, S. 597-621 (zitiert: *Hirsch*, in: FS für Karl Lackner).

Hoche, A. E., Vom Sterben: Kriegsvortrag gehalten in der Universität am 6. November 1918, Jena 1919 (zitiert: *Hoche*, Vom Sterben).

Hoven, E., Suizidbeihilfe in Deutschland. Die Perspektive der Strafrechtswissenschaft, in: Medizinrecht (MedR) 2018, S. 741-749 (zitiert: *Hoven*, MedR 2018).

Höfling, W., Forum: „Sterbehilfe" zwischen Selbstbestimmung und Integritätsschutz, *in:* Juristische Schulung (JuS) 2016, S. 111-117 (zitiert: *Höffling*, JuS 2013).

Hufen, F., In dubio pro dignitate - Selbstbestimmung und Grundrechtsschutz am Ende des Lebens, in: Neue juristische Wochenschrift (NJW) 2001, S. 849-857 (zitiert: *Hufen*, NJW 2001).

Isacsson, G., Suicide prevention—a medical breakthrough?, in: Acta Psychiatr Scand 2000, S. 113-117 (zitiert: *Isacsson*, Acta Psychiatr Scand 2000).

Isensee, J., Grundrechte in Deutschland - Einzelgrundrechte I, in: Merten/Papier (Hrsg.): Handbuch der Grundrechte in Deutschland und Europa, Band IV, Heidelberg 2011 (zitiert: *Isensee*, Handbuch der Grundrechte)

Jäger, C., Der Arzt im Fadenkreuz der juristischen Debatte um assistierten Suizid, in: Juristenzeitung (JZ) 2015, S. 875-885 (zitiert: *Jäger*, JZ 2015).

Jakobs, G., Strafrecht Allgemeiner Teil. Die Grundlagen und die Zurechnungslehre, 2. Auflage, Berlin 1991 (zitiert: *Jakobs*, StR AT).

Jaros, J., Der Ausklang-Edition 2022: Das Glück des Grünen Lichts. Norderstedt 2022 (zitiert: *Jaros*, der Ausklang).

Jellinek, G., Allgemeine Staatslehre, Berlin 1914. (zitiert: *Jellinek*, Allgemeine Staatslehre).

Joiner T. E., Van Orden K. A., Witte T.K., Rudd M.D., The Interpersonal Theory of Suicide: Guidance for Working with Suicidal Clients. Washington, DC 2009 (zitiert: *Joiner Jr, Van Orden et al.*, The interpersonal theory of suicide).

Joiner, Thomas, Why People Die by Suicide. Cambridge 2007 (zitiert: *Joiner*, Why People Die by Suicide).

Joubert, C. E., Catholicism and Indices of Social Pathology In The States, Psychological Reports 1995, S. 573-574. (zitiert: *Joubert*, Psychological Reports 1995).

Kampmann, T., Die Pönalisierung der geschäftsmässigen Förderung der Selbsttötung-eine kritische Analyse: zugleich ein Reformvorschlag zur Normierung ärztlicher Suizidassistenz, Diss., Münster 2017 (zitiert: *Kampmann*, Normierung ärztlicher Suizidassistenz).

Kaspar, J., Verhältnismäßigkeit und Grundrechtsschutz im Präventionsstrafrecht, Baden-Baden 2014 (zitiert: *Kaspar, J.*, Verhältnismäßigkeit).

Katzenmeier, C., und Bergdolt, K., Das Bild des Arztes im 21. Jahrhundert, Köln 2009 (zitiert: *Katzenmeier/Bergdolt*, Das Bild des Arztes im 21. Jahrhundert).

Kind, J., Suizidal: Die Psychoökonomie einer Suche. Göttingen 1992 (zitiert: *Kind*, Psychoökonomie einer Suche).

Kindhäuser, U., Strafrecht Algemeiner Teil, 7. Aufl. Baden-Baden 2015 (zitiert: *Kindhäuser*, StR AT).

Kindhäuser, U., Neumann, U., Paeffgen, H. U. (Hrsg.), Strafgesetzbuch, Band 2: Besonderer Teil, §§ 80 - 231 StGB, 5. Auflage, Baden-Baden 2017 (zitiert: *Bearbeiter* in: NK-StGB).

Klinger, A., Die Strafbarkeit der Beteiligung an einer durch Täuschung herbeigeführten Selbsttötung. Bielefeld 1992 (zitiert: *Klinger*, Strafbarkeit).

Klinkenberg, H., Die Rechtspflicht zum Weiterleben und ihre Grenzen, in: Juristische Rundschau (JR) 1978, S. 441-445 (zitiert: *Klinkenberg*, JR 1978).

Klohss, C. L., Die Euthanasie oder die Kunst den Tod zu erleichtern. Berlin 1835 (zitiert: *Klohss*, Kunst den Tod).

Klomek, A. B., Nakash, O, G., N, et al., Completed Suicide and Suicide Attempts in the Arab Population in Israel, in: Social Psychiatry and Psychiatric Epidemiology (Soc Psychiatry Psychiatr) 2016, S. 869-876 (zitiert: *Klomek, Nakash et al.*, Soc Psychiatry Psychiatr 2016).

Koch, H., G., Invieweit ist aktive Sterbehilfe Strafwürdig? In: Franz-Josef Illhardt/ Hermann Wolfgang Heiss/Martin Dornberg (Hrsg.): Sterbehilfe - Handeln oder Unterlassen? Stuttgart/New York 1998, S. 137-152 (zitiert: *Koch*, Invieweit ist aktive Sterbehilfe Strafwürdig?).

Koivumaa-Honkanen, H., Honkanen, R., Viinamaeki, H., et al., Life Satisfaction and Suicide: A 20-Year Follow-Up Study, in: American Journal of Psychiatry (Am J Psychiatry) 2001, S. 433-439 (zitiert: *Honkanen, Viinamaeki et al.*, Am J Psychiatry 2001).

Koranyi, J., und Verrel, T., Die straf-und standesrechtliche Bewertung ärztlicher Suizidbeihilfe, Forensische Psychiatrie, Psychologie, Kriminologie (FPPK) 2013, S. 273-281 (zitiert: *Koranyi/Verrel*, FPPK 2013).

Kralovec, K, Plöderl, M., Yazdi, K., et al., Die Rolle von Religion und Religiosität in der Suizidologie, in: Psychiatrie und Psychotherapie 2009, S. 17-20 (zitiert: *Kralovec, Plöderl et al.*, Psychiatrie und Psychotherapie 2009).

Krause, N., und Booth, A., Religious Influences on Health and Well-Being in the Elderly. New York 2004 (zitiert: *Krause/Booth*, Religious influences).

Kubiciel, M., Tötung auf Verlangen und assistierter Suizid als selbstbestimmtes Sterben?, in: JuristenZeitung (JZ) 200t, S. 600-608 (zitiert: *Kubiciel*, JZ 2009).

Kubiciel, Michael: Neufassung des Mordtatbestands und Kriminalisierung der Suizidbeihilfe, in: Zeitschrift für Rechtspolitik (ZRP) 2015, S. 194 - 198 (zitiert: *Kubiciel*, ZRP 2015).

Kubiciel, M., Zur Verfassungskonformität des § 217 StGB, in: Zeitschrift für Internationale Strafrechtsdogmatik (ZIS) 2016, S. 396-404 (zitiert: *Kubiciel*, ZIS 2016).

Kubiciel, Reform des Schwangerschaftsabbruchsrechts?, in: Zeitschrift für Rechtspolitik (ZRP) 2018, S. 13- 15 (zitiert: *Kubiciel*, ZIS 2018).

Kusch, R., Der Ausklang: Edition 2016: § 217 StGB verändert Deutschland. Norderstedt 2016 (zitiert: *Kusch*, der Ausklang).

Kushner, H., Suicide, Gender, and the Fear of Modernity in Nineteenth-Century Medical and Social Thought, in: Journal of Social History (J Soc Hist)1993, S. 461-490 (zitiert: *Kushner*, J Soc Hist 1993).

Kutzer, K., Patientenautonomie und Strafrecht–aktive und passive Sterbehilfe, in: Familie Partnerschaft Recht (FPR) 2007, S. 59-63 (zitiert: *Kutzer*, FPR 2007).

Kutzer, K., Strafrechtliche Rechtsprechung des BGH zur Beteiligung an einem freiverantwortlichen Suizid, in: Zeitschrift für Rechtspolitik (ZRP) 2012, S. 135-139 (zitiert: *Kutzer*, ZRP 2012).

Kühl, K., Strafrecht Allgemeiner Teil, 7. Auflage München 2012 (zitiert: Kühl, StR AT.

Kühl, K., Lackner M. (Hrsg.): Strafgesetzbuch, 29. Aufl. München, 2018 (zitiert: *Bearbeiter*, in: Lackner/Kühl StGB).

Küpper, G., und Börner, R., Strafrecht Besonderer Teil 1: Delikte gegen Rechtsgüter der Person und Gemeinschaft. 4. Aufl. Berlin, 2017 (zitiert: Küpper/ Börner, StR BT I).

Landt, A. K., Bauer, A. W., und Schneider, R. Wir sollen sterben wollen/Todes Helfer/Über den Selbstmord. Warum die Mitwirkung am Suizid verboten werden muss. Leipzig 2013 (zitiert: *Landt/Bauer/Schneider*, über den Selbstmord).

Laufhütte H. W, Tiedemann, K.und Rissing-van Saan R. (Hrsg.), Leipziger Kommentar Strafgesetzbuch, 11. Aufl. Berlin, 2005 (zitiert: *Bearbeiter*, in: LK-StGB).

Laufhütte H. W, Tiedemann, K.und Rissing-van Saan R (Hrsg.), Leipziger Kommentar StGB Online, 2009 (zitiert: *Bearbeiter*, in: LK-StGB).

Laufhütte H. W, Tiedemann, K.und Rissing-van Saan R. (Hrsg.): Leipziger Kommentar Strafgesetzbuch, 12. Aufl. Berlin, 2018 (zitiert: *Bearbeiter*, in: LK-StGB).

Laux, J., Nahrmann, J., und Parzeller, M., Ärztliche Sterbehilfe in der strafrechtlichen Praxis, in: Rechtsmedizin 2018, S. 112-122 (zitiert: *Laux/Nahrmann/ Parzeller*, Rechtsmedizin 2018).

Lester, David, Why People Kill Themselves: a Summary off Research Findings on Suicidal Behavior. Illinois 1972 (zitiert: *Lester*, Why people kill themselves).

Lichert, Frank, Untersuchung zum Zusammenhang zwischen Religion und Suizid, in: Fortschritte der Neurologie-Psychiatrie (Fortschr Neurol Psychiatr) 2017, S. 126-127 (zitiert: *Lichert*, Fortschr Neurol Psychiatr 2017).

Lin, Jin-Jia, und Lu, Tsung-Hsueh, Trends in Solids/Liquids Poisoning Suicide Rates in Taiwan: A Test of the Substitution Hypothesis, in: (BMC Public Health) 2011, S. 712 (zitiert: *Lin/Lu*, BMC Public Health 2011).

Lind, Vera, Selbstmord in der frühen Neuzeit: Diskurs, Lebenswelt und kultureller Wandel am Beispiel der Herzogtümer Schleswig und Holstein, Göttingen 1999 (zitiert: *Lind*, Selbstmord in der frühen Neuzeit).

Lindner, J. F., Verfassungswidrigkeit des – kategorischen – Verbots ärztlicher Suizidassistenz, in: Neue Juristische Wochenschrift (NJW) 2013, S. 136 - 139, (zitiert: *Lindner*, NJW 2013).

Lindner, J. F., Sterbehilfe in Deutschland – mögliche Regelungsoptionen, in: Zeitschrift für Rechtspolitik (ZRP) 2020, S. 66 (zitiert: *Lindner*, ZRP 2020).

Lindner, R., Drinkmann A., et al., Suizidalität im Alter, in: Zeitschrift für Gerontologie und Geriatrie (Z Gerontol Geriat) 2022chn, S. 157-164 (zitiert: *Lindner, Drinkmann et al.*, Z Gerontol Geriat 2022).

Linnoila, V Markku, und Virkkunen, Matti, Aggression, Suicidality, and Serotonin, in: The Journal Of Clinical Psychiatry (J Clin Psychiatry) 1992, S. 46-51 (zitiert: *Linnoila/Virkkunen*, J Clin Psychiatry 1992).

Magnus, D., Gelungene Reform der Suizidbeihilfe (§ 217 StGB)?, in: Zeitschrift für Medizinstrafrecht 2016, S. 210-218 (zitiert: Magnus, Medstra 2016).

Magnus, D., Patientenautonomie im Strafrecht, 5. Tübingen 2015 (zitiert: *Magnus*, Patientenautonomie).

Mann, J. J, Role of the Serotonergic System in the Pathogenesis of Major Depression and Suicidal Behavior, in: Neuropsychopharmacology 1999, S. 99-105 (zitiert: *Mann*, Neuropsychopharmacology 1999).

Mann, J. J., Apter, A., Bertolote, J. et al., Suicide Prevention Strategies: A Systematic Review, in: JAMA 2005, S. 2064-2074 (zitiert: *Mann, Apter et al.*, JAMA 2005).

Maskill, C., Hodges, I., McClellan, V., et al., Explaining Patterns of Suicide: A Selective Review of Studies Examining Social, Economic, Cultural and other Population-Level Influences. Wellington 2005 (zitiert: *Maskill, Hodges et al.*, Explaining Patterns of Suicide).

Materstvedt, L. J., Clark, D., Ellershaw, J., et al., Euthanasie und ärztlich unterstützter Suizid: eine Stellungnahme der Ethics Task Force der European Association for Palliative Care (EAPC), in: Zeitschrift für Palliativmedizin 2004, S. 102-106 (zitiert: Materstvedt, *Clark et al.*, Zeitschrift für Palliativmedizin 2004).

Maunz, T., Dürig, G., Herzog, R., Herdegen, M. u.a. (Hrsg.), Grundgesetz Kommentar, 87. Auflage,München 2019 (zitiert: *Bearbeiter*, in: Maunz/Dürig GG, Art)

Meier, K., Wie wirkt Konstruktiver Journalismus?: ein neues Berichterstattungsmuster auf dem Prüfstand, in: Journalistik 2018, S. 1-23 (zitiert: *Meier*, Journalistik 2018).

Menke, A, und Domschke, K, Genetic Test to Predict Suicidality with Antidepressant Use, in Reactions 2014, S. 4-8 (zitiert: *Menke/Domschke*, Reactions 2014).

Meyer, M. K., Ausschluß der Autonomie durch Irrtum: ein Beitrag zu mittelbarer Täterschaft und Einwilligung. Köln 1984 (zitiert: *Meyer*, Ausschluß der Autonomie).

Merkel, R., Früheuthanasie. Rechtsethische und strafrechtliche Grundlagen ärztlicher Entscheidungen über Leben und Tod in der Neonatalmedizin, Baden-Baden 2001 (zitiert: Merkel, Früheuthanasie).

Maurach, R., Schroeder, F. C., Maiwald, M. Strafrecht Besonderer Teil, Teilband 1: Straftaten gegen Persönlichkeits- und Vermögenswerte, 11. Auflage, Heidelberg 2019 (zitiert: Maurach/Schroeder/Maiwald, StR BT 1).

Moghadam F., Suizidbeihilfe: Grenzen der Kriminalisierung, in: Zeitschrift für Bürgerrechte und Gesellschaftspolitik (Vorgänge) 2015, S. 53-68 (zitiert: *Fateh-Moghadam*, Vorgänge 2015).

Mowbray, A., The Development of Positive Obligations under The European Convention on Human Rights by The European Court of Human Rights. Oregon 2004 (zitiert: *Mowbray*, the European Convention on Human Rights).

Murmann, U., Die Selbstverantwortung des Opfers im Strafrecht. Berlin, Heidelberg 2005 (zitiert: *Murmann*, Selbstverantwortung).

Nationaler Ethikrat, Selbstbestimmung und Fürsorge am Lebensende, Berlin 2006 (zitiert: *Nationaler Ethikrat*, Selbstbestimmung).

Neitzke, G., Coors, M., Diemer, W., et al., Empfehlungen zum Umgang mit dem Wunsch nach Suizidhilfe. Arbeitsgruppe „Ethik am Lebensende" in der Akademie für Ethik in der Medizin e. V., in: Ethik in der Medizin (Ethik Med) 2013, S. 349-365 (zitiert: *Neitzke, Coors et al.*, Ethik Med 2013).

Nelson, G., Hanna, R., Houri, A., & Klimes-Dougan, B., Protective Functions of

Religious Traditions for Suicide Risk, Suicidology Online 2012, S. 59-71 (zitiert: *Nelson, Hanna et al.i.*, Suicidology 2012).

Neumann U., Kindhäuser, Ul., Paeffgen, H. U. (Hrsg.): Strafgesetzbuch Kommentar, 5. Aufl. Baden-Baden, 2017 (zitiert: *Bearbeiter*, in: NK-StGB).

Neumann U., Vier Gesetzentwürfe zur Neuregelung der Suizidhilfe – eine Bewertung, in: Neue Juristische Online-Zeitschrift (NJOZ) 2021, S. 385-390 (zitiert: *Neumann*, NJOZ 2021)

Niederkrotenthaler, T., 20 A Suicide-Protective Papageno Effect of Media Portrayals of Coping With Suicidality, in: Injury Prevention (Inj Prev) 2016, S. A8-A9 (zitiert: *Niederkrotenthaler*, Inj Prev 2016)

Niederkrotenthaler, T., Voracek, M. H., A., et al., Role of Media Reports In Completed and Prevented Suicide: Werther V. Papageno Effects, in: The British Journal of Psychiatry (BJPsych) 2010, S. 234-243 (zitiert: *Niederkrotenthaler, Voracek et al.*, BJPsych 2010).

Notredame, C. E., Papageno Program: When Learners Collaborate for a Safer Coverage of Suicide, In: European Psychiatry (Eur Psychiatry) 2016, S. S29 (zitiert: *Notredame*, Eur Psychiatry 2016).

Odenwald, S., Die Einwilligungsfähigkeit im Strafrecht unter besonderer Hervorhebung ärztlichen Handelns, Frankfurt am Main 2004 (zitiert: *Odenwald*, Die Einwilligungsfähigkeit)

Oduncu, F. S., Geschichte und Bedeutung des Begriffs Sterbehilfe, In: *Junginger, T., Perneczky, A., Vahl, C. F., Werner, C.* (Hrsg.), Grenzsituationen in der Intensivmedizin, Berlin 2008 (zitiert: *Oduncu*, Sterbehilfe).

Oduncu, F. S., Ärztliche Sterbehilfe im Spannungsfeld von Medizin, Ethik und Recht, in: Medizinrecht 2005, S. 437-445 (zitiert: *Oduncu*, MedR 2005).

Oduncu, F. S., und Eisenmenger, Wolfgang, Euthanasie, Sterbehilfe, Sterbebegleitung, in: Medizinrecht (MedR) 2002, S. 327-337 (zitiert: *Oduncu*, MedR 2002).

Olfson, M., Shaffer, D., Marcus, S. C., et al., Relationship Between Antidepressant Medication Treatment and Suicide in Adolescents, Archives of General Psychiatry (Arch Gen Psychiatry) 2003, S. 978-982 (zitiert: *Olfson, Shafferet al.*, Arch Gen Psychiatry 2003).

Otto, H., Patientenautonomie und Strafrecht bei der Sterbebegleitung, in: Neue Juristische Wochenschrift (NJW) 2006, S. 2217-2222 (zitiert: *Otto*, NJW 2006).

Pandey, G. N., Biological Basis of Suicide and Suicidal Behavior, in: Bipolar disorders (Bipolar Disord) 2013, S. 524-541 (zitiert: *Pandey*, Bipolar Disord 2013).

Papadimitriou, J. D., Skiadas, P., Mavrantonis, C. S., et al., Euthanasia and Suicide in Antiquity: Viewpoint of the Dramatists and Philosophers, in: Journal of the Royal Society of Medicine 2007, S. 25-28 (zitiert: *Papadimitriou, Skiadas et al.*, JRSM 2007).

Paschke, M., Medienrecht, 3. Aufl. Hamburg 2009 (zitiert: *Paschke*, Medienrecht).

Pauly, K., Die rechtlichen Rahmenbedingungen der Sterbehilfe unter besonderer Berücksichtigung der Sterbehilfe bei Minderjährigen, Kiel, Univ., Diss., 2019 *(zitiert: Pauly,* Sterbehilfe bei Minderjährigen).

Pawlik, M., Erlaubte aktive Sterbehilfe? Neuere Entwicklungen in der Auslegung von § 216 StGB, in: *Zöller, Mark A. et al, (Hrsg.),* Gesamte Strafrechtswissenschaft in internationaler Dimension. Festschrift für Jürgen Wolter zum 70. Geburtstag am 7. September 2013, S. 627-642, Berlin 2013 *(zitiert: Pawlik,* FS Wolter).

Peeck, S., Suizid und Seelsorge: die Bedeutung der anthropologischen Ansätze VE Frankls und P. Tillichs für Theorie und Praxis der Seelsorge an suizidgefährdeten Menschen, Stuttgart 1991 (zitiert: *Peeck,* Suizid und Seelsorge).

Pelckmann, F., Euthanasie, in: Monatsschrift für Kriminalpsychologie und Strafrechtsreform (MschKrim) 1923, S. 178-199 (zitiert: *Pelckmann,* MschKrim 1923).

Pescosolido, B., A, und Georgianna, S., Durkheim, Suicide, and Religion: Toward a Network Theory of Suicide, in: American Sociological Review (Am Sociol Rev) 1989, S. 33-48 (zitiert: *Pescosolido/Georgianna,* Am Sociol Rev 1989).

Pescosolido, B. A., The Social Context of Religious Integration and Suicide: Pursuing the Network Explanation, in: The Sociological Quarterly (TSQ) 1990, S. 337-357 (zitiert: *Pescosolido,* TSQ 1990).

Peters, U., Wörterbuch der Psychiatrie und medizinischen Psychologie, 3. Aufl. München 1984 (zitiert: *Peters,* Wörterbuch der Psychiatrie).

Pfeifer, P., Perspektiven der Suizidbeihilfe in Deutschland Eine Anmerkung zum interfraktionellen Abgeordnetenentwurf eines Suizidhilfegesetzes und zum Diskussionsentwurf des BMG zur Neufassung der Strafbarkeit der Hilfe zur Selbsttötung, Kriminalpolitische Zeitschrift (KriPoZ) 2021, S.172-181 (zitiert: *Pfeifer,* KriPoZ 2021)

Phillips, D. P., The Influence of Suggestion on Suicide: Substantive and Theoretical Implications Of The Werther Effect, in: American Sociological Review (Am Sociol Rev) 1974, S. 340-354 (zitiert: *Phillips,* Am Sociol Rev 1974).

Phillips, D. P., The Werther Effect, in: The Sciences 1985, S. 32-40 (zitiert: *Phillips,* The Sciences 1985).

Piltz, M., Der Suizid in der deutschsprachigen Erzählliteratur, dargestellt in ausgewählten Werken des 19. und 20. Jahrhunderts. (Diss.) Saarbrücken 2013 (zitiert: *Piltz,* Der Suizid in der deutschsprachigen Erzählliteratur).

Pitman, A., Osborn, D.,, King, M., et al., Effects of Suicide Bereavement on Mental Health and Suicide Risk, in: Lancet 2014, S. 86-94 (zitiert: *Pitman, Osborn et al.,* Lancet 2014).

Pohlmeier, H., Depression und Selbstmord, Düsseldorf, Bonn 1995 (zitiert: *Pohlmeier,* Depression und Selbstmord).

Pope, W., Durkheim's Suicide: A classic analyzed. Chicago 1976 (zitiert: *Pope*, Durkheim's Suicide: A classic analyzed).

Proctor, R. N., Racial hygiene: Medicine under the Nazis. Cambridge, MA und London 1988 (zitiert: *Proctor*, Racial hygiene: Medicine under the Nazis).

Rengier, R., Strafrecht Besonderer Teil - Delikte gegen die Person und die Allgemeinheit, II. 16. Aufl. München 2015 (zitiert: *Rengier*, StR BT II).

Richards, N., Assisted Suicide As a Remedy For Suffering? The End-Of-Life Preferences of British "Suicide Tourists", in: Medical Anthropology (Med Anthropol) 2017, S. 348-362 (zitiert: *Richards*, Med Anthropol 2017).

Richter, P., Hohendorf G. und Rotzoll M., Die nationalsozialistische Euthanasieaktion T4, in: Der Nervenarzt (Nervenarzt) 2010, S. 1326-1332 (zitiert: *P. Richter/M. Rotzoll*, Nervenarzt 2010).

Riemer, M., Der Suizident und sein(e) Helfer–Vom Verbot der geschäftsmäßigen Suizidförderung nach § 217 StGB nF, in: Bonner Rechtsjournal (BRJ) 2016, S. 96-107 (zitiert: *Riemer*, BRJ 2016).

Ringel, E., Der Selbstmord - Appell an die anderen. München 1974 (zitiert: *Ringel*, der Selbstmord - Appell an die anderen).

Ringel, E., Der Selbstmord. Abschluss einer krankhaften psychischen Entwicklung. Wien 1953 (zitiert: *Ringel*, der Selbstmord).

Rissing-van Saan, R., Stellungnahme, Öffentliche Anhörung im Ausschuss für Recht und Verbraucherschutz des Deutschen Bundestages am 23.09.2015. 2015 (zitiert: *Rissing-van Saan*, Stellungnahme).

Robinson, J., Cox, G., Bailey, E., et al., Social Media and Suicide Prevention: A Systematic Review, in: Early Intervention Psychiatry (Early Interv Psychiatry) 2016, S. 103-121 (zitiert: *Robinson, Cox et al.*, Early Interv Psychiatry 2016).

Roggendorf, S., Indirekte Sterbehilfe: medizinische, rechtliche und ethische Perspektiven. Freiburg 2011 (zitiert: *Roggendorf*, Indirekte Sterbehilfe).

Rohlfing-Dijoux, S., Sterbehilfe in Frankreich: Das neue Gesetz vom Februar 2016–, in: Medizinrecht (MedR) 2016, S. 606-609 (zitiert: *Rohlfing-Dijoux*, MedR 2016).

Rosenau, H., Sorge, I., Gewerbsmäßige Suizidförderung als strafwürdiges Unrecht? Kritische Anmerkungen zum Regierungsentwurf über die Strafbarkeit der gewerbsmäßigen Förderung der Selbsttötung (§ 217 StGB-E), In: Neue Kriminalpolitik 2013, S. 108-119 (zitiert: *Rosenau/Sorge*, NK 2013).

Rosenau, H., Strafnorm gegen selbstbestimmtes Sterben, NJW-Editorial Heft 49/2015 (zitiert: *Rosenau*, NJW-Editorial Heft 49/2015).

Rosenau, H., Ethik in der Medizin Rosenau: § 217 Strafgesetzbuch – Neue Strafnorm gegen ein selbstbestimmtes Sterben in Deutschland, in: Bayerisches Ärzteblatt 2016, (zitiert: *Rosenau,* Bayerisches Ärzteblatt 2016)

Roxin, C., Tötung auf Verlangen und Suizidteilnahme - Geltendes Recht und Reformdiskussion, in: Goltdammer's Archiv für Strafrecht (GA) 2013, S. 312 – 327 (zitiert: *Roxin*, GA 2013).

Roxin, C., Die geschäftsmäßige Förderung einer Selbsttötung als Straftatbestand und der Vorschlag einer Alternative, in: NStZ 2016, S. 185 - 192 (zitiert: *Roxin* NStZ 2016).

Roxin, C., Die Mitwirkung am Suizid - ein Tötungsdelikt?, in: Jescheck, Hans-Heinrich, L. H. (Hrsg.), Festschrift für Euduard Dreher zum 70. Geburtstag am 29. April 1977, S. 331-355, Berlin 1977 (zitiert: Roxin, FS Dreher).

Roxin, C., Strafrecht Allgemeiner Teil, Band 1: Grundlagen. Der Aufbau der Verbrechenslehre, 4. Auflage, München 2006 *(zitiert: Roxin,* StR AT I).

Roxin, C., Strafrecht Allgemeiner Teil, Band 2: Besondere Erscheinungsformen der Straftat, München 2003 *(zitiert: Roxin,* StR AT II).

Roxin, C., Zur strafrechtlichen Beurteilung der Sterbehilfe, in: Roxin, C., Schroth, U. (Hrsg.), Handbuch des Medizinstrafrechts, 4. Auflage, Stuttgart 2010, S. 75-121 (zitiert: *Roxin in: Roxin/Schroth,* Handbuch des MedStR).

Satzger, H. Schluckebier, W. und Widmaier, G. (Hrsg.), Strafgesetzbuch Kommentar, 3. Aufl. Köln, 2016 (zitiert: *Bearbeiter*, in: SSW-StGB).

Satzger, H. Schluckebier, W. und Widmaier, G. (Hrsg.), Strafgesetzbuch Kommentar, 4. Aufl. Köln, 2018 (zitiert: *Bearbeiter*, in: SSW-StGB).

Schönke, A. Schröder, H. Eser, A. (Hrsg.), Strafgesetzbuch Kommentar, 29. Aufl., München 2014 (zitiert: *Bearbeiter*, in: Schönke/Schröder StGB).

Schmidt-Bleibtreu B., Hofmann H. und Henneke H. G. (Hrsg.): Grundgesetz Kommentar, 14. Aufl. Köln, 2017 (zitiert: *Bearbeiter*, in: Schmidt-Bleibtreu/Hofmann/Henneke, Art).

Schmidt-Bleibtreu B., Hofmann H. und Henneke H. G. (Hrsg.): Grundgesetz Kommentar, 15. Aufl. Köln, 2022 (zitiert: *Bearbeiter*, in: Schmidt-Bleibtreu/Hofmann/Henneke, Auf. 15., Art).

Schweiger, T., Werbeverbot für Schwangerschaftsabbrüche – Das nächste rechtspolitische Pulverfass?, in: Zeitschrift für Rechtspolitik (ZRP) 2018, S. 98-101(zitiert: *Schweiger*, ZRP 2018).

Siegrist, M., Church Attendance, Denomination and Suicide Ideology, The Journal of Social Psychology (J Soc Psychol) 1996, S. 559-566 (zitiert: *Siegrist,* J Soc Psychol 1996).

Spickhoff, A. (Hrsg.): Medizinrecht, 2. Aufl. München, 2014 (zitiert: *Bearbeiter*, in: Spickhoff-MedR).

Ranft, O., Rechtsprechungsbericht zu den Unterlassungsdelikten – Teil 2, in: JuristenZeitung (JZ) 1987, S. 908 – 917 (zitiert: *Ranft*, JZ 1987)

Roy, A., Family History of Suicide, in: Archives Of General Psychiatry (Arch Gen Psychiatry) 1983, S. 971-974 (zitiert: *Roy*, Arch Gen Psychiatry 1983).

Roy, A., Family History of Suicide in Manic-Depressive Patients, in: Journal of Affective Disorders (J Affect Disord) 1985, S. 187-189 (zitiert: *Roy*, J Affect Disord 1985).

Roy, A., De Jong, Judith, und Linnoila, Markku, Cerebrospinal Fluid Monoamine Metabolites and Suicidal Behavior in Depressed Patients: A 5-Year Follow-Up Study, in: Archives of general psychiatry (Arch Gen Psychiatry) 1989, S. 609-612 (zitiert: *Roy/De Jong*, Arch Gen Psychiatry 1989).

Rubenowitz, E., Waern, M, Wilhelmson, K, et al., Life Events and Psychosocial Factors in Elderly Suicides–A Case–Control Study, In: Psychological Medicine (Psychol Med) 2001, S. 1193-1202 (zitiert: *Rubenowitz, Waern et al.*, Psychol Med 2001).

Rudd, M. D., The Suicidal Mode: A Cognitive-Behavioral Model of Suicidality, in: Suicide and Life-Threatening Behavior (Suicide Life-Threat Behav) 2000, S. 18-33 (zitiert: *Rudd*, Suicide Life-Threat Behav 2000).

Ruddigkeit, A., Der umgekehrte Werther-Effekt, in Publizistik 2010, S. 253-273 (zitiert: *Ruddigkeit*, Publizistik 2010).

Rudlof, M., Das Gesetz zur Strafbarkeit der geschäftsmäßigen Förderung der Selbsttötung (§ 217 StGB n.F.) Berlin 2018 (zitiert: *Rudlof*, Strafbarkeit).

Rupp, E., Das Recht auf den Tod. (Diss.) Stuttgart 1913 (zitiert: *Rupp*, Das Recht auf den Tod).

Rymowicz, R., und Joshi, P., Physician Assisted Suicide Influences Suicide Rates among Older Adults in Oregon, in: The American Journal of Geriatric Psychiatry (Am J Geriatr) 2018, S. 113-114 (zitiert: *Rymowicz/Joshi*, Am J Geriatr Psychiatry 2018).

Sachs, M. (Hrsg.), Grundgesetz Kommentar, 8. Aufl., München 2018 (zitiert: Sachs GG, *Bearbeiter*).

Sachs, M., Verfassungsrecht II-Grundrechte, 2. Aufl. Berlin-Heidelberg 2003 (zitiert: *Sachs*, Verfassungsrecht II).

Saliger, F., Freitodbegleitung als Sterbehilfe- Fluch oder Segen?, in:. Zeitschrift für Medizinstrafrecht (Medstra) 2015, S. 132-138 (zitiert: *Saliger*, Medstra 2015).

Saliger, F., Selbstbestimmung bis zuletzt. Rechtsgutachten zum Verbot organisierter Sterbehilfe, Norderstedt 2015 *(zitiert: Saliger,* Selbstbestimmung).

Santos-Stubbe, C. dos. Selbsttötung. in: Christoph; Bernard Auffarth, J; Mohr, H (Hrsg.)

Metzler Lexikon Religion. Gegenwart, Alltag, Medien. Bad 3 Stuttgart 2000, S. 285-288 (zitiert: *Santos-Stubbe*, in: Metzler Lexikon).

Sarchiapone, M., Mandelli, L., Iosue, M., et al., Controlling Access to Suicide Means, In: International Journal of Environmental Research and Public Health (Int J Environ) 2011, S. 4550-4562 (zitiert: *Sarchiapone, Mandelli et al.*, Int J Environ 2011).

Saß, H., Cording, C, Begutachtung der „freien Willensbestimmung" bei Suizid in der Lebensversicherung, in: Der Nervenarzt (Nervenarzt) 2009, S. 1070-1077 (zitiert: *Cording/Saß*, Nervenarzt 2009).

Sattler, S., Der U-Bahnsuizid in München: eine retrospektive, epidemiologische Studie eines 20 jährigen Zeitraumes (1980-2001) und Evaluation eines U-Bahnsuizidpräventionsprojekts (2000-2001) nach dem Vorbild der Stadt Wien. (Diss.) München 2005 (zitiert: *Sattler*, Der U-Bahnsuizid in München).

Satzger H, Schluckebier W. und Widmaier G. (Hrsg.): Strafgesetzbuch Kommentar, 3. Aufl., Köln 2016 (zitiert: *Bearbeiter*, in: SSW-StGB).

Schäfer, D., Der Tod und die Medizin: Kurze Geschichte einer Annäherung, Berlin 2015 (zitiert: *Schäfer*, Der Tod und die Medizin).

Schäfer, M., und Quiring, O., Vorbild auch im Tod, Neue Hinweise auf einen Werther-Effekt nach Prominentensuiziden. Suizidprophylaxe 2013, S. 66-74 (zitiert: *Schäfer/Quiring*, Suizidprophylaxe 2013).

Schäfer, M, und Quiring, O., Gibt es Hinweise auf einen „Enke-Effekt "? Die Presseberichterstattung über den Suizid von Robert Enke und die Entwicklung der Suizidzahlen in Deutschland, in: Publizistik 2013, S. 141-160 (zitiert: *Schäfer/Quiring*, Publizistik 2013).

Scherr, S., und Steinleitner, A., Zwischen dem Werther- und Papageno-Effekt, in: Der Nervenarzt (Nervenarzt) 2015, S. 557-565 (zitiert: *Scherr/Steinleitner*, Nervenarzt 2015).

Schildmann, J., Junghanss, C., et al., Role and responsibility of oncologists in assisted suicide. Practice and views among members of the German Society of Haematology and Medical Oncology. in: European Society for Medical Oncology Zeitschrift (ESMO open) 2021, S.1-8 (zitiert: *Schildmann, Junghanss, et al.*, ESMO open 2021).

Schmidhäuser, E., Selbstmord und Beteiligung am Selbstmord in strafrechtlicher Sicht, in: Stratenwerth, G. et al. (Hrsg.), Festschrift für HansWelzel zum 70. Geburtstag, Berlin 1974, S. 801–822 (zitiert: *Schmidhäuser*, in: FS Welzel).

Schmidtke, A., und Häfner, H., The Werther Effect After Television Films: New Evidence for an Old Hypothesis, in: Psychological Medicine (Psychol Med) 1988, S. 665-676 (zitiert: *Schmidtke/Häfner*, Psychol Med 1988).

Schmitt, R., Der Arzt und sein lebensmüder Patient, in: JuristenZeitung (JZ) 1984, S. 866 – 869 (zitiert: *Schmitt*, JZ 1984)

Schneider, B., Georgi, K., Weber, B., et al., Risikofaktoren für Suizid bei Störungen im Zusammenhang mit psychotropen Substanzen, in: Psychiatrische Praxis (Psychiatr Prax) 2006, S. 81-87 (zitiert: *Schneider, Georgi et al.*, Psychiatr Prax 2006).

Schneider, B., Pallenbach, E., Wetterling, T., et al., Sucht und Suizid /Bericht über einen Workshop der AG Suchterkrankungen des NASPRO bei den Tübinger Suchttherapietagen, in: Suizidprophylaxe 2007, S. 187-189 (zitiert: *Schneider, Pallenbach et al.*, Suizidprophylaxe 2007).

Schneider, B., Wächtler, C., Schaller, S., et al. Einflussfaktoren für Suizid und Suizidalität im Alter, in: Suizidgefährdung und Suizidprävention bei älteren Menschen 2014, S. 35-45 (zitiert: *Schneider, Wächtler et al.*, in: Einflussfaktoren für Suizid).

Schöch, H., Verrel, T., Alternativ-Entwurf Sterbebegleitung (AE-StB), in: Goltdammer's Archiv für Strafrecht (GA) 2005, S. 553 - 586 (zitiert: *Schöch/Verrel* GA 2005).

Schöch, H., Das Recht auf selbstbestimmtes Sterben. Konsequenzen aus dem Urteil des BVerfG vom 26.2. 2020 zur Förderung der Selbstötung für den Gesetzgeber, in: Goltdammer's Archiv für Strafrecht (GA) 2020, S. 423-433 (zitiert: *Schöch*, GA 2020).

Schöch, H., Strafbarkeit einer Förderung der Selbsttötung?, in: Heger, M. et al. (Hrsg.), Festschrift für Kristian Kühl zum 70. Geburtstag, S. 585-602, München 2014 (zitiert: Schöch, FS Kühl).

Schroth, U., (Medizinisch) Assistierter Suizid aus juristischer und ethischer Sicht. in: Andreas; Kossak Spickhoff, Volodymyr; Kvit, Natalia (Hrsg.) Aktuelle Fragen des Medizinrechts: Ein Ost-West-Vergleich. Berlin, Heidelberg 2018, 157-174 (zitiert: *Schroth*, in: (Medizinisch) Assistierter Suizid).

Scobel, W. A., Suizid-Freiheit oder Krankheit, in: Henseler H., Reimer C. Selbstmordgefährdung–Zur Psychodynamik und Psychotherapie, Stuttgart 1981 (zitiert: *Scobel*, Suizid-Freiheit oder Krankheit).

Seiden, R. H., Where are they now? A follow-up study of suicide attempters from the Golden Gate Bridge, in: Suicide and Life-Threatening Behavior 1978, S. 203-216 (zitiert: *Seiden*, Suicide Life Threat Behav 1978).

Simpson, M. E, und Conklin, G. H., Socioeconomic development, suicide and religion: a test of Durkheim's theory of religion and suicide, in: Social Forces (Soc Forces) 1989, S. 945-964 (zitiert: *Simpson/Conklin*, Soc Forces 1989).

Sitte, T., Stellungnahme des Vorstandsvorsitzenden der Deutschen PalliativStiftung zur Diskussion um ein Gesetz zur Sterbebegleitung, Öffentliche Anhörung im Ausschuss für Recht und Verbraucherschutz des Deutschen Bundestages am 23. 09. 2015 (zitiert: *Sitte*, Stellungnahme).

Sofair, A. N., und Kaldjian, L. C., Eugenic sterilization and a qualified Nazi analogy: the United States and Germany, 1930-1945, in: Annals of internal medicine (Ann Intern Med) 2000, S. 312-319 (zitiert: *Sofair/Kaldjian*, Ann Intern Med 2000).

Sommer, U. Verselbständigte Beihilfehandlungen und Straflosigkeit des Gehilfen, in: Juristische Rundschau (JR) 1981, S. 490-495 (zitiert: *Sommer*, JR 1981).

Sonneck, G., Ringel, E. in: Albin (Hrsg.), Bringewat (Mit.), Eser (Hrsg.), Suizid und Euthanasie als human- und sozialwissenschaftliches Problem, S.77-88, Stuttgart 1976 (zitiert: *Sonneck*, in: Suizid und Euthanasie).

Spaemann, R., Hohendorf, G. und Oduncu, F. S., Vom guten Sterben: warum es keinen assistierten Tod geben darf, in: Ethik in der Medizin (Ethik Med) 2016, S 169-170 (zitiert: *Spaemann/Hohendorf*, Ethik Med 2016).

Stack, S. Celebrities and Suicide: A Taxonomy and Analysis, 1948-1983, in: American Sociological Review (Am Sociol Rev) 1987, S. 401-412 (zitiert: *Stack*, Am Sociol Rev 1987).

Stack, S., Suicide: A 15-Year Review of the Sociological Literature Part II: Modernization and Social Integration Perspectives, In: Suicide And Life-Threatening Behavior (Suicide Life Threat Behav) 2000, S. 163-167 (zitiert: *Stack*, Suicide Life Threat Behav 2000.

Stack, S., Suicide: A Decade Review of the Sociological Literature, in: Deviant Behavior (Deviant Behav) 1982, S. 41-66 (zitiert: *Stack*, Deviant Behav 1982).

Stark, R., Doyle, D. P., und Rushing, J. L., Beyond Durkheim: Religion and Suicide, in: Journal for the Scientific Study of Religion (JSSR) 1983, S. 120-131 (zitiert: *Stark/Doyle* JSSR 1983).

Stein, C., Die Psychodynamik der Suizidalität, in: Psychotherapie Forum (Psychother Forum), 2019, S. 81-86 (zitiert: *Stein,* Psychother Forum 2012).

Stern, K., Das Staatsrecht der Bundesrepublik Deutschland Bd. III/2. München 1994 (zitiert: *Stern,* Staatsrecht, Bd. III/2).

Taupitz, J., Das Gesetz zur Strafbarkeit der geschäftsmäßigen Förderung der Selbsttötung: Die seit dem 10. Dezember 2015 geltende Rechtslage, in: Borasio, G. D., Jox, R. J., Taupitz, J., Wiesing, U. (Hrsg.), Assistierter Suizid: Der

Stand der Wissenschaft, Berlin und Heidelberg 2017, S. 115-136 (zitiert: *Taupitz* in: Assistierter Suizid).

Taupitz, J., Das Gesetz zur Strafbarkeit der geschäftsmäßigen Förderung des Suizids-im Widerspruch mit sich selbst, in: Zeitschrift für Medizinstrafrecht (Medstra) 2016, S. 323-330 (zitiert: *Taupitz* Medstra 2016).

Taylor, S. E., und Brown, J. D., Illusion and well-being: a Social Psychological Perspective on Mental Health, in: Psychological Bulletin (Psychol Bull) 1988, S. 193 (zitiert: *Taylor/Brown*, Psychol Bull 1988).

Teising, M., Psychoanalytische Überlegungen zur Suizidalität im höheren Lebensalter, in: Suizidprophylaxe 1994, S. 26-33 (zitiert: *Teising*, Suizidprophylaxe).

Till, B., Suizid in Filmen: Über die Wirkung von in Spielfimen dargestellten Suiziden auf den Rezipienten/die Rezipientin. Diss. Wien 2009 (zitiert: *Till*, Suizid in Filmen).

Travis, R., Halbwachs and Durkheim: A Test of Two Theories of Suicide, in: British Journal of Sociology (BJS) 1990, S. 225-243 (zitiert: *Travis*, BJS 1990).

Truebner, K., Noch einmal: Tod in der Badewanne. Nach Barschels Selbstmord eine Häufung ähnlicher Fälle, in: Kriminalistik 1988, S. 414-418 (zitiert: *Truebner*, Kriminalistik 1988).

Turvey, C. L., Conwell, Yeates, Jones, Michael P, et al., Risk Factors for Late-Life Suicide: A Prospective, Community-Based Study, in: The American Journal of Geriatric Psychiatry (Am J Geriatr Psychiatry) 2002, S. 398-406 (zitiert: *Turvey, Conwell et al.*, Am J Geriatr Psychiatry 2002).

Ulsenheimer, K, Ärztliche Hilfe beim bzw. zum Sterben–Gesetzliche Grenzziehung (aus der Sicht des Juristen), in: Zeitschrift für Evidenz, Fortbildung und Qualität im Gesundheitswesen (Z Evid Fortbild Qual Gesundhwes) 2008, S. 176-183 (zitiert: *Ulsenheimer*, Z Evid Fortbild Qual Gesundhwes 2008).

Van der Burg, W., und Brom, F., Legislation on Ethical Issues: Towards an Interactive Paradigm, in: Ethical Theory and Moral Practice 2000, S. 57-75 (zitiert: *Van der Burg/Brom*, Theory Moral Pract 2000).

Van der Maas, P. J, Van Delden, J. J., Pijnenborg, L., et al., Euthanasia and other Medical Decisions Concerning the End of Life, in: The Lancet 1991, S. 669-674 (zitiert: *Van der Maas, Van Delden et al.*, The Lancet 1991).

Van der Maas, P. J., Van Der Wal, G., Haverkate, I., et al., Euthanasia, Physician-Assisted Suicide, and other Medical Practices Involving The End Of Life In The Netherlands, 1990-1995, New England Journal of Medicine (N Engl J Med) 1996, S. 1699-1705 (zitiert: *Van der Maas, Van Der Wal et al.*, N Engl J Med 1996).

Van Heeringen, C., Audenaert, K.,, Van Laere, K., et al., Prefrontal 5-HT2a Receptor Binding Index, Hopelessness and Personality Characteristics in

Attempted Suicide, In: Journal Of Affective Disorders (J Affect Disord) 2003, S. 149-158 (zitiert: *Van Heeringen, Audenaert et al.*, J Affect Disord 2003).

Van Hooff, A. J. L., Ancient Euthanasia: 'Good Death' and The Doctor in the Graeco-Roman World, in: Social Science & Medicine (Soc Sci Med) 2004, S. 975-985 (zitiert: *Van Hooff*, Soc Sci Med 2004).

Van Houwelingen, C. A. J., und Kerkhof, Ad J. F. M., Mental Healthcare Status and Psychiatric Diagnoses Of Train Suicides, in: Journal of affective disorders (J Affect Disord) 2008, S. 281-284 (zitiert: *Van Houwelingen/Kerkhof*, J Affect Disord 2008).

Van Orden, K. A, Cukrowicz, K. C., Witte, T. K., et al., Thwarted Belongingness and Perceived Burdensomeness: Construct Validity and Psychometric Properties of the Interpersonal Needs Questionnaire, in Psychological assessment (Psychol Assess) 2012, S. 197-215 (zitiert: *Van Orden, Cukrowicz et al.*, Psychol Assess 2012).

Van Orden, K. A., Witte, T. K, Cukrowicz, K. C, et al., The Interpersonal Theory of Suicide, In: Psychological Review (Psychol Rev) 2010, S. 575 (zitiert: *Van Orden, Witte et al.*, Psychol Rev 2010).

Vollmann, J., Patientenselbstbestimmung und Selbstbestimmungsfähigkeit: Beiträge zur Klinischen Ethik, Stuttgart 2008 (zitiert: *Vollmann*, Selbstbestimmungsfähigkeit).

Vöhringer, C., Tötung auf Verlangen, Die Abgrenzung des § 216 StGB zur straflosen Beihilfe zum Suizid sowie das Verhältnis von privilegierenden zu qualifizierenden Tötungsumständen, Frankfurt am Main 2008 (zitiert: *Vöhringer*, Abgrenzung des § 216 StGB).

Wachtel, S., und Teismann, T., Die Interpersonale Theorie suizidalen Verhaltens, in:

Zeitschrift für Klinische Psychologie und Psychotherapie (Z Klin Psychol Psychother) 2013, S. 96-106 (zitiert: *Wachtel/Teismann*, Z Klin Psychol Psychother 2013).

Wagner, J., Selbstmord und Selbstmordverhinderung, Karlsruhe 1975 (zitiert: Wagner, Selbstmord und Selbstmordverhinderung)

Watzka, C., Soziale Bedingungen von Selbsttötungen in Österreich. Eine Übersicht zu Risiko-und Schutzfaktoren, in: Neuropsychiatrie 2012, S. 95-102 (zitiert: *Watzka*, Neuropsychiatrie 2012).

Weaver, J. C., und Wright, David, Histories of Suicide: International Perspectives on Self-Destruction in the Modern World, Toronto 2009 (zitiert: *Weaver/Wright*, Histories of suicide).

Weigend, T., und Hoven, E., § 217 StGB – Bemerkungen zur Auslegung eines zweifelhaften Tatbestandes, in: Zeitschrift für Internationale Strafrechtsdogmatik (ZIS) 2016, S. 681-691 (zitiert: *Weigend/Hoven*, ZIS 2016).

Weischenberg, S., Nachrichtenschreiben: Journalistische Praxis zum Studium und Selbststudium. 2. Aufl. Opladen, 2013 (zitiert: *Weischenberg*, Journalistische Praxis).

Weißer, B., Entscheidungsanmerkung zu BVerfG, Beschl. v. 21.12. 2015–2 BvR 2347/15, in: Zeitschrift für das juristische Studium (ZSJ 2016), S. 525-53 (zitiert: *Weißer*, ZSJ 2016).

Weissman, M. M., The Epidemiology of Suicide Attempts, 1960 to 1971, in: Archives of General Psychiatry (Arch. Gen. Psychiatry) 1974, S. 737-746 (zitiert: *Weissman*, Arch. Gen. Psychiatry 1974).

Wessels, J. Beulke, W. Satzger, H., Strafrecht Allgemeiner Teil. Die Straftat und ihr Aufbau, 46. Auflage, Heidelberg 2016 (zitiert: *Wessels/Beulke/Satzg*er, StrR AT).

Wessels, J., Hettinger, M., Strafrecht Besonderer Teil 1: Straftaten gegen Persönlichkeits- und Gemeinschaftswerte, 38. Auflage, Heidelberg 2014 (zitiert: *Wessels/Hettinger*, StR BT 1).

Wienbracke, M., Der Verhältnismäßigkeitsgrundsatz, in: Zeitschrift für das juristische Studium (ZSJ) 2013, S. 148-155 (zitiert: *Wienbracke*, ZSJ 2013).

Wilks, M. F., Fernando, R., Ariyananda, PL, et al., Improvement in Survival After Paraquat Ingestion Following Introduction of A New Formulation in Sri Lanka, in: PLoS Med 2008, S. e49 (zitiert: *Wilks, Fernando et al.*, PLoS Med 2008).

Wissenschaftliche Dienste Deutscher Bundestag, BT-Drucks 18/5373 Gesetzgebungskompetenz des Bundes und Bestimmtheitsgebot., WD 3 - 3000 - 155/15 (zitiert: *Wissenschaftliche Dienste*, WD 3 - 3000 - 188/15).

Wissenschaftliche Dienste Deutscher Bundestag, Zur Verfassungsmäßigkeit der Neufassung von § 219a StGB, WD 3 - 3000 - 043/19 (zitiert: *Wissenschaftliche Dienste*, WD 3 - 3000 - 043/19).

Wissenschaftliche Dienste Deutscher Bundestag, Medikamente zur Selbsttötung Insbesondere zu Regelungen über die Verschreibung von Natrium-Pentobarbital in Deutschland, der Schweiz, den Niederlanden und Belgien, WD 9 - 3000 - 020/20 (zitiert: *Wissenschaftliche Dienste*).

Wissenschaftliche Dienste Deutscher Bundestag, Fragen zur Verfassungsmäßigkeit des Verbots kommerzieller Sterbehilfe und Werbung für Sterbehilfeangebote Vor dem Hintergrund des Urteils des Bundesverfassungsgerichts zur Sterbehilfe vom 26. Februar 2020, WD 3 - 3000 - 055/20 (zitiert: *Wissenschaftliche Dienste*, WD 3 - 3000 - 055/20).

Wolfersdorf, M, Suizidbeihilfe bzw. ärztlich assistierter Suizid, in: Nervenheilkunde 2015, S. 451-458 (zitiert: *Wolfersdorf*, Nervenheilkunde 2015).

Wolfersdorf, M., Straub, R., Keller, F. et. al., Elektrodermale Reaktivitat bei Suizidversuch und Suizid Depressiver. in: Wolfersdorf M. und Kaschka W. P. (Hrsg.) Suizidalität: Die biologische Dimension 2013, S. 99-110 (zitiert: *Wolfersdorf*, in: Suizidalität).

Wolfersdorf, M., Depression und Suizid, in: Bundesgesundheitsblatt-Gesundheitsforschung-Gesundheitsschutz, 2008, S. 443-450 (zitiert: *Wolfersdorf*, Bundesgesundheitsblatt).

Wolfersdorf, M., Suizidalität, in: Der Nervenarzt (Nervenarzt) 2008, S. 1319-1336 (zitiert: *Wolfersdorf*, Nervenarzt 2008).

Wolfgang, M., Joecks, K. (Hrsg.): Münchener Kommentar zum Strafgesetzbuch, 3. Aufl. München, 2017 (zitiert: *Bearbeiter*, in: MüKo-StGB).

Wong, P. W.C., Liu, P. M.Y., Chan, W. S.C., et al., An Integrative Suicide Prevention Program for Visitor Charcoal Burning Suicide and Suicide Pact, in: Suicide and Life Threat Behav 2009, S. 82-90 (zitiert: *Wong, Liu* et al., Suicide Life Threat Behav 2009).

World Health Organization, Preventing Suicide: A Resource for Media Professionals, 2017 (zitiert: Organization, Preventing Suicide: a Global İmperative).

Yip, P. S.F., Caine, E., Yousuf, S., et al., Means Restriction for Suicide Prevention, in: The Lancet 2012, S. 2393-2399 (zitiert: *Yip, Caine* et al., The Lancet 2012).

Yip, P. S.F., Law, C., Fu, K., et al., Restricting the Means of Suicide by Charcoal Burning, in: The British Journal of Psychiatry (Br J Psychiatry) 2010, S. 241-242 (zitiert: *Yip, Law*, et al., Br J Psychiatry 2010).

Zalsman, G., Hawton, K., Wasserman, D. et al., Suicide Prevention Strategies Revisited: 10-Year Systematic Review, in: Lancet 2016, S. 646-659 (zitiert: *Zalsman, Hawton et al.*, Lancet 2016).

Ziegler, W., und Hegerl, U., Der Werther-Effekt Bedeutung, Mechanismen, Konsequenzen, in: Der Nervenarzt (Nervenarzt) 2002, S. 41-49 (zitiert: *Ziegler/Hegerl*, Nervenarzt 2002).

Zinn, Christopher, Australian Voluntary Euthanasia Law is Overturned, in: BMJ 1997, S. 994 (zitiert: *Zinn*, BMJ 1997

Anhang

A. Statistiken

I. Statistiken zur Schweiz[1004]

Jahr	EXIT	DIG-NITAS	Gesamtzahl des Assistierten Suizids	Suizid	Bevölkerung	Todeszahlen
1999		5	63	1234	7 123 537	62 503
2000		7	86	1293	7 164 444	62 528
2001		50	123	1209	7 197 638	61 228
2002		76	123	1331	7 255 653	61 768
2003		100	187	1093	7 313 853	63 070
2004		105	203	1138	7 364 148	60 180

1004 In der Schweiz gibt es sechs Euthanasie-Organisationen. Neben den bekannten EXIT (deutschsprachige Schweiz) und Dignitas existieren EXIT A.D.M.D. (in Genf für die französische Schweiz) Ex International, Life Circle/Eternal Spirit sowie Liberty Life im Kanton Tessin. Daher stimmt die Gesamtzahl der assistierten Suizide nicht mit der Summe der Suizidhilfen von EXIT und Dignitas überein., EXIT, Jahresbericht 2018, abrufbar unter: https://exit.ch/verein/jahresberichte/jahresbericht-2018/, letzter Zugriff 25.09.2021; EXIT, Jahresbericht 2015, abrufbar unter: https://exit.ch/verein/jahresberichte/jahresbericht-2015/, letzter Zugriff 25.09.2021; Freitodbegleitungen von DIGNITAS-Mitgliedern nach Jahr und Wohnsitz, abrufbar unter: http://www.dignitas.ch/images/stories/pdf/statistik-ftb-jahr-wohnsitz-1998-2018.pdf, letzter Zugriff 25.09.2021; Für weitere Informationen: Schweizerisches Bundesamt für Statistik, Todesursachenstatistik 2017,abrufbar unter: https://www.bfs.admin.ch/bfs/de/home/statistiken/gesundheit/gesundheitszustand/sterblichkeit-todesursachen/spezifische.assetdetail.11227248.html, letzter Zugriff 25.09.2021; Schweizerisches Bundesamt für Statistik, Suizid- und Sterbehilferate, abrufbar unter: https://www.obsan.admin.ch/de/indikatoren/suizid, letzter Zugriff 25.09.2021.

Jahr	EXIT	DIG-NITAS	Gesamtzahl des Assistierten Suizids	Suizid	Bevölkerung	Todeszahlen
2005		138	205	1109	7 415 102	61, 124
2006		195	230	1098	7 459 128	60 283
2007		138	249	1124	7 508 739	61 089
2008		132	253	1060	7 593 494	61 233
2009		89	297	1105	7 701 856	62 476
2010	257	97	352	1004	7 785 806	62 649
2011	305	160	431	1034	7 870 134	62 091
2012	356	198	508	1037	7 954 662	64 173
2013	459	205	587	1070	8 039 060	64 961
2014	583	204	742	1028	8 139 631	63 938
2015	782	222	965	1071	8 237 666	67 606
2016	722	201	928	1016	8 327 126	64 964
2017	734	222	1009	1043	8 419 550	66 971
2018	905	221				

II. Statistiken zu Oregon, Vereinigte Staaten von Amerika[1005]

Jahr	Erhaltenes Rezept	Assistierter Suizid	Suizid	Bevölkerung	Todeszahlen
1993			472	3 038 000	27 596

1005 Oregon Public Health Division, Death with Dignity Act 2018 Data Summary, S. 14, abrufbar unter:https://www.oregon.gov/oha/PH/PROVIDERPARTNERRESOURCES/EVALUATIONRESEARCH/DEATHWITHDIGNITYACT/Documents/year21.pdf, letzter Zugriff am 25.05.2021. Suicide Mortality by State, abrufbar unter: https://

Jahr	Erhaltenes Rezept	Assistierter Suizid	Suizid	Bevölkerung	Todeszahlen
1994			525	3 082 000	27 361
1995			526	3 132 000	28 190
1996			533	3 181 000	28 900
1997			538	3 217 000	28 750
1998	24	16	569	3 267 550	29 346
1999	33	27	499	3 300 800	29 356
2000	39	27	502	3 436 750	29 541
2001	44	21	524	3 471 700	30 128
2002	58	38	517	3 504 700	31 082
2003	68	42	589	3 541 500	20 813
2004	60	37	555	3 582 600	30 201
2005	65	38	560	3 631 440	30 854
2006	65	46	573	3 690 505	31 304
2007	85	49	590	3 745 455	31 433
2008	88	60	581	3 791 075	32 020
2009	95	59	641	3 823 465	31 547
2010	97	65	685	3 844 195	31 889
2011	114	71	656	3 857 625	32 731
2012	116	85	717	3 883 735	32 475
2013	121	73	701	3 919 020	33 931

www.cdc.gov/nchs/pressroom/sosmap/suicide-mortality/suicide.htm, letzter Zugriff 25.09 2021; Country Economy (online), Oregon Population, abrufbar unter: https://countryeconomy.com/demography/population/usa-states/oregon, letzter Zugriff 25.09.2021.

Jahr	Erhaltenes Rezept	Assistierter Suizid	Suizid	Bevölkerung	Todeszahlen
2014	155	105	748	3 962 710	34 160
2015	218	135	762	4 013 845	35 709
2016	204	139	772	4 076 350	35 799
2017	219	158	825	4 141 100	36 640
2018	249	168	772		36 191

III. Statistiken zu Washington, Vereinigte Staaten von Amerika[1006]

Jahr	Erhaltenes Rezept	Assistierter Suizid	Suizid	Bevölkerung	Todeszahlen
2000			727	5 894 121	43 904
2001			710	5 974 900	44 563
2002			811	6 041 710	45 244
2003			801	6 098 300	45 807
2004			823	6 167 800	44 703
2005			814	6 256 400	46 015

1006 Public Health Division, Center for Health Statistics - Washington, Death with Dignity Act Report, 2018, S. 7.; abrufbar unter: https://www.doh.wa.gov/Portals/1/Documents/Pubs/422-109- DeathWithDignityAct2018.pdf, letzter Zugriff: 25.09.2021; Washington State Department of Health, death by topics, abrufbar unter: https://www.doh.wa.gov/DataandStatisticalReports/HealthStatistics/Death/DeathTablesbyTopic, letzter Zugriff, 27.09.2021; Washington Office of Financia Management, Total population and Percent Change, abrufbar unter: https://ofm.wa.gov/washington-data-research/statewide-data/washington-trends/population-changes/total-population-and-percent-change, letzter Zugriff: 27.09.2021; Washington State, Suicide, abrufbar unter: https://www.doh.wa.gov/Portals/1/Documents/1500/IV-SUI2013.pdf, letzter Zugriff, 27.09.2021.

Jahr	Erhaltenes Rezept	Assistierter Suizid	Suizid	Bevölkerung	Todeszahlen
2006			796	6 337 600	45 878
2007			857	6 488 000	47 115
2008			884	6 587 600	48 551
2009	47	36	915	6 668 200	48 202
2010	87	51	947	6 724 540	47 981
2011	103	70	992	6 767 900	49 386
2012	121	83	1035	6 817 770	50 057
2013	173	119	1008	6 882 400	51 038
2014	176	126	1111	6 968 170	52 028
2015	213	166	1136	7 061 410	54 514
2016	248	192	1123	7 183 700	54 748
2017	212	164	1292	7 310 300	57 012
2018	267	203	1254	7 427 570	56 913

IV. Statistiken zu den Niederlanden[1007]

Jahr	Assistierter Suizid	Tötung auf Verlangen	Kombination von beiden	Gesamtzahl der Sterbehilfe	Suizid	Bevölkerung	Todeszahlen
1998							137 482

1007 Netherlands Regional Euthanasia Review Committees, Annual Reports, abrufbar unter: https://english.euthanasiecommissie.nl/the- committees/documents/publications/annual- reports/2002/annual-reports/annual-reports, letzter Zugriff: 25.09.2021; Zelfdoding in Nederland, een statistisch overzicht, abrufbar unter: https://www.lentis.nl/wp-content/uploads/2014/08/Zelfdoding-in-Nederland-een-statistisch- overzicht.pdf, letzter Zugriff: 27.09.2021; Cbs Statline, Bevolking;

Jahr	Assistierter Suizid	Tötung auf Verlangen	Kombination von beiden	Gesamtzahl der Sterbehilfe	Suizid	Bevölkerung	Todeszahlen
1999					1520	15 760 225	140 487
2000					1500	15 863 950	140 527
2001					1473	15 987 075	140 377
2002				1882	1567	16 105 285	142 355
2003	148	1626	41	1885	1500	16 192 572	141 936
2004	141	1714	31	1886	1514	16 258 032	136 553
2005	143	1765	25	1933	1572	16 305 526	136 402
2006	132	1765	26	1923	1524	16 334 210	135 372
2007	167	1923	30	2120	1353	16 357 992	133 022
2008	152	2146	33	2331	1435	16 405 399	135 136
2009	156	2443	37	2636	1525	16 485 787	134 235
2010	182	2910	44	3136	1600	16 574 989	136 058
2011	196	3446	53	3695	1647	16 655 799	135 741
2012	185	3965	38	4188	1753	16 730 348	140 813
2013	286	4501	42	4829	1857	16 779 575	141 245
2014	242	5033	31	5306	1839	16 829 289	139 223
2015	208	5277	31	5516	1871	16 900 726	147 134
2016	216	5856	19	6091	1893	16 979 120	148 997
2017	250	6303	29	6585	1917	16 829 289	150 214
2018	212	5898	16	6126	1829	17 181 084	153 363

geslacht, leeftijd en burgerlijke staat, abrufbar unter: https://opendata.cbs.nl/statline/#/CBS/nl/dataset/7461BEV/table?fromstatweb, letzter Zugriff: 27.09.2021.

www.ingramcontent.com/pod-product-compliance
Ingram Content Group UK Ltd.
Pitfield, Milton Keynes, MK11 3LW, UK
UKHW021849290926
8980IPUK00005B/736

9 783631 896600